“中国资源型城市转型发展与乡村振兴研究中心(高端智库)”等资助

资源枯竭型城市转型发展研究

吴子豪　闫庆武　李桂娥　著

中国矿业大学出版社

·徐州·

内 容 提 要

本书是中国矿业大学中国资源型城市转型发展与乡村振兴研究中心(高端智库)系列研究成果之一。以国家公布的 69 个全国资源枯竭型城市(地区)为研究对象,聚焦中国资源枯竭型城市转型发展现状、转型能力评估、发展潜力评价及协调度分析等内容,旨在全面了解资源枯竭型城市转型期间的经济发展、人口结构、生态环境和转型效果等。

本书可供大专院校、科研院所、政府管理部门从事国土空间规划、人文地理、区域经济、区域规划等领域的科研工作者参考。

图书在版编目(CIP)数据

资源枯竭型城市转型发展研究 / 吴子豪,闫庆武,李桂娥著. —徐州 :中国矿业大学出版社,2023.9

ISBN 978-7-5646-5911-0

Ⅰ. ①资… Ⅱ. ①吴… ②闫… ③李… Ⅲ. ①城市经济—转型经济—研究—中国 Ⅳ. ①F299.21

中国国家版本馆 CIP 数据核字(2023)第 149331 号

书　　名　资源枯竭型城市转型发展研究
著　　者　吴子豪　闫庆武　李桂娥
责任编辑　夏　然
出版发行　中国矿业大学出版社有限责任公司
(江苏省徐州市解放南路　邮编 221008)
营销热线　(0516)83885370　83884103
出版服务　(0516)83995789　83884920
网　　址　http://www.cumtp.com　**E-mail**:cumtpvip@cumtp.com
印　　刷　江苏凤凰数码印务有限公司
开　　本　787 mm×1092 mm　1/16　**印张** 14　**字数** 282 千字
版次印次　2023 年 9 月第 1 版　2023 年 9 月第 1 次印刷
定　　价　56.00 元
(图书出现印装质量问题,本社负责调换)

前　言

资源枯竭型城市转型发展是一个世界性难题。随着资源开采业进入衰退期，我国资源枯竭型城市正面临着生态环境恶化、可采资源量减少和产业经济发展停滞等一系列问题。加快资源枯竭型城市转型步伐，破解资源诅咒，实现城市产业升级，是新时期推动我国经济高质量发展的重要抓手之一。然而，目前我国资源枯竭型城市的生态环境、产业结构和发展现状尚不明确，也缺乏对其转型效果和发展潜力的科学评价体系。考虑到我国的现实国情，不能直接照搬发达国家资源枯竭型地区转型的经验，因此，探明我国资源枯竭型城市的发展现状，科学评价它们的转型能力和发展潜力，并提出适用于我国资源枯竭型城市转型发展的对策和建议，是亟待解决的现实问题。

《资源枯竭型城市转型发展研究》以国家公布的 69 个资源枯竭型城市（地区）为研究对象，聚焦中国资源枯竭型城市发展现状、转型能力、发展潜力和发展协调度等内容，构建较科学的评价指标体系，探明了我国各资源枯竭型城市的经济发展、人口结构和生态环境状况，揭示了它们的发展现状和转型效果，系统评估了这些城市的转型能力、发展潜力和发展协调度，并针对性地提出了我国资源枯竭型城市转型发展的对策和建议。

本书共分 7 章：第 1 章介绍了资源枯竭型城市转型发展研究的背景与意义、国内外研究现状、研究内容和技术路线，由吴子豪、闫庆武、王文铭等完成；第 2 章介绍了研究区概况、资源枯竭型城市转型发展的理论等，由闫庆武、李桂娥、陈杏闪等完成；第 3 至 5 章分别介绍了各资源枯竭型城市发展现状、转型能力和发展潜力的综合评价结果，其中，第 3 章由吴子豪、潘秦珂、马小淞等完成，第 4 章由闫庆武、移明昊、刘政婷等完成，第 5 章由李桂娥、陈宇涵、赵蒙恩等完成；第 6 章在 3 至 5 章的基础上，介绍了资源枯竭型城市的发展现状、转型能力和发展潜力三方面的耦合协调程度，由吴子豪、欧剑雄、移明昊等完成；第 7 章在上述研究结果的基础上，提出了我国资源枯竭型城市转型发展的对策和建议，由闫庆武、潘秦珂、赵子龙等完成。

值此出版之际，感谢中国资源型城市转型发展与乡村振兴研究中心（高端智库）（2021WHCC03）、国家自然科学基金项目（42201447、42101459）、第三次新疆科考项目(2022xjkk1004)、中央高校基本科研业务费项目(2021ZDPY0205)等资助,感谢中国矿业大学公共管理学院各位领导和同事的支持,特别感谢李效顺教授、李永峰教授、陈龙高教授等的帮助。另外,感谢冯向阳和吕苏在文字校对和勘误方面所做的工作。

本研究成果历经一定的时间周期,部分城市名称存在变更,已尽力查证并使用最新名称;另外,为叙述方便,有时使用地名简称。由于作者水平有限,加之时间仓促,书中难免存在疏漏和不当之处,恳请各位专家和读者朋友批评指正。

著　者

2023 年 8 月

目　录

1 绪 论

1.1 研究背景与意义

1.1.1 研究背景

20世纪50年代以来，伴随我国现代化工业的推进，相继产生一批依托资源禀赋、依赖矿产资源开采及加工的资源型城市。这类资源型城市为我国社会主义现代化建设提供了大量化石能源和矿物原料，并为社会提供了大量的就业机会，其历史地位和作用尤为突出。至2013年，我国共有262个资源型城市，约占全国城市总数的39.5%。资源型城市工业系统主导产业普遍以资源消耗高、污染排放大的资源加工业为主，由于资源的有限性和不可再生性，20世纪80年代中期以来，我国资源型城市的资源开采业相继进入成熟期和衰退期。可采资源储量日趋减少，矿产优势逐渐衰退，使资源型城市相继陷入产业经济发展困境。同时，矿区生态环境恶化、下岗失业人员增加、社会矛盾突出等一系列区域性和结构性问题，导致资源型城市陷入了因资源而兴、受资源所困的"资源诅咒"怪圈。"矿山、矿业、矿工、矿城"的问题严重阻碍了资源型城市的可持续发展以及区域经济和国民经济的协调增长。加快资源型城市转型步伐，摆脱"矿竭城衰"的困境，克服资源有限性对城市发展的影响和约束，是当前国家由高碳经济向低碳经济发展过程中的重要任务。

国家十分重视资源枯竭型城市的转型问题。我国于2008年4月、2009年3月、2011年11月，分别确定了12个、32个和25个城市为全国资源枯竭型城市（地区）可持续发展试点城市（地区）。除森林资源外，这些城市的资源类型几乎都是不可再生资源，其中煤炭资源枯竭城市近50%。这一行动目的在于扶持和引导资源枯竭型城市顺利转型，摆脱资源枯竭阻碍，走可持续发展道路。近年来，我国一些资源枯竭型城市在不断探索城市转型的发展模式，取得了一定的转型效果，但在资源枯竭型城市总数中仅占少数，大部分的资源枯竭型城市仍然面临着一系列难题，如转型发展的基础不牢固、转型的内生动力不足、生态环境遭到破坏、经济发展缓慢等，如何有效解决这些问题不仅是促进社会经济发展的关键之举，更是保障资源枯竭型城市可持续健康发展和维护社会和谐稳定的重中之重。党的十八大以来，党和国家高度重视资源枯竭型城市的发展问题，在推进资源枯竭型城市转型和可持续发展上采取了一系列举措。从宏观上制定政策规划，到微观上因地制宜地进行具体指导，多方面、全方位地为资源型城市的转型发展创造各种有利条件。2013 年 11 月，国务院印发《全国资源型城市可持续发展规划（2013—2020 年）》（以下称为《规划》），这是中国首部资源型城市可持续发展规划，具有开创性意义，标志着我国资源型城市转型已提升为国家战略，将探索资源型城市的健康可持续发展的路径作为新时代资源型城市解决问题的主要任务。《规划》的内容中，一方面充分肯定了资源型城市在维护能源资源安全、推动新型工业化建设以及促进社会和谐稳定中的重要作用；另一方面，具体指出了当前资源型城市存在的转型发展内生动力不足、资源富集地区各类矛盾凸显等严重问题。明确了资源型城市的范围界定、资源型城市的发展目标与主要任务，提出了建立多层次的政策体系、加快资源型城市可持续发展立法等措施[1]，标志着我国资源枯竭型城市转型发展进入了一个崭新的历史阶段。党的十八大以来，国家将生态文明建设摆在突出位置，致力于发展绿色经济，打造美丽家园。2015 年 5 月，中共中央国务院颁布《关于加快推进生态文明建设的意见》，提到“从根本上缓解经济发展与资源环境之间的矛盾，必须构建科技含量高、资源消耗低、环境污染少的产业结构，加快推动生产方式绿色化，大幅提高经济绿色化程度”[2]，强调在经济发展过程中加强生态环境保护，以最大限度降低经济发展给资源环境造成的负面影响。2016 年，《中华人民共和国国民经济和社会第十三个五年规划纲要》提出把“去产能”作为供给侧结构性改革的重要任务之一，其中提到“以煤炭、钢铁及水泥等矿业产能过剩最为严重”，通过去产能促进产业结构优化升级，实现产业的绿色转型发展。党的十九大报告提出，“支持资源型地区经济转型发展”，着力“推进能源生产和消费革命，构建清洁低碳、安全高效的能源体系。推进资源全面节约和循环利用，实施国家节水行动，降低能耗、物耗，实现生产系统和生活系统循环链接。”[3]将推进绿色发展与资源枯竭型城市的转型发展作为新时代中国特色社会主义建设的关键性内容，要将推动资源枯竭型城市的绿色转型发展作为实现人们对美好生活期盼的重要路径。党的二十大报告也指出：“必须牢固树立和践行绿水青山就是金山银山的理念，站在人与自然和谐共生的高度谋划发展。”以促进人与自然和谐共生为目标，构建科技含量高、资源消耗低、环境污染少的产业结构。实现经济社会发展和生态环境保护协调统一、人与自然和谐共生，是党中央立足全面建成社会主义现代化强国、实现第二个百年奋斗目标，以中国式现代化全面推进中华民族伟大复兴作出的重大战略部署。总之，由于资源的不可再生性，一些资源型城市进入发展的衰退期,与之相伴随的是生态环境破坏、环境污染等问题,在这种情况下,促进发展转型是资源枯竭型城市实现健康、可持续发展的根本出路。通过发展转型,将城市经济社会发展与生态环境保护作为重要工作,以此推动资源型城市的永续发展。鉴于此,在当前国家政策支持和资源枯竭型城市面临困境的双重背景下,加强对资源枯竭型城市转型发展问题的研究,对于进一步探索我国资源枯竭型城市转型发展新路径具有重要的现实价值。作为科研人员有必要对资源型城市转型和发展策略进行深层次分析研究,为资源型城市产业调整和可持续发展提供理论依据和指导。

1.1.2 研究意义

资源枯竭型城市产业转型是一个国际性难题,不仅是经济学需要研究的问题,还涉及社会学、地理学、生态学等多个学科领域,研究具有交叉性和复杂性。虽然从世界范围来看,发达国家在对衰退产业地区的改造中积累了不少成功的经验,但是由于面临的制度环境不同、工业化发展的阶段不同以及我国特殊的国情,这些经验对我国资源枯竭型城市产业转型的指导还具有一定的局限性。因此,研究我国资源枯竭型城市的转型发展问题,在我国不仅是一个带有重要理论意义的研究课题,还是亟须破解的现实问题。

(1) 本研究以国家公布的 69 个全国资源枯竭型城市(地区)可持续发展试点城市(地区)所在的 63 个地级市为对象,开展转型发展能力与现状评价,旨在全面了解各资源枯竭型城市转型发展期间经济发展、人口结构、生态环境状况以及分析资源枯竭背景下城市转型效果,对调整转型思路具有重要现实意义。

(2) 资源枯竭型城市生态脆弱、资源匮乏、产业结构单一,不可预见因素较多,转型发展比一般城市面对更多约束和阻碍,因此,对转型能力、现状以及潜力进行分析评价尤为重要,这一方面有利于检验现有转型策略的优劣;另一方面有利于及时调整转型发展对策,使转型发展少走弯路,更快步入创新、协调、绿色、开放、共享的新发展阶段。

(3) 依据新发展理念,从创新、协调、绿色、开放、共享五个维度展开资源枯竭型城市转型发展现状的多维评价,弥补从系统单一角度进行考察的缺陷,丰富了资源枯竭型城市转型发展评价的理论和方法。从创新、协调、绿色、开放、共享五个维度进行评价,既增加了评价指标的多样性,更重要的是对城市系统的发展状态能够进行多方位、更直观的判断。

1.2 研究现状

1.2.1 国外研究综述

(1) 关于资源枯竭型城市开创性研究

受工业革命的影响,外国工业水平发展起始时间较早且先于我国,伴随着工业化进程的发展,资源枯竭带来的经济问题、社会问题逐步暴露出来也比较早,英国西密德兰、日本九州、法国洛林、德国鲁尔区等地区先后走上了资源枯竭转型之路,并开创了各自地区特点的不同转型发展模式,这些地区通过成立产业协调机构,制定相关转型规划和政策等措施来达到经济社会可持续发展的目标,这些国家的先人之举,为其他地区或城市在转型经验上树立了良好的范式和参照路径。首次对资源枯竭型城市的开创性研究是以加拿大学者英尼思(H. A. Innis)在其著作《加拿大的毛皮贸易》(1930)和《加拿大的原材料生产问题》(1933)中提出的以有限的动物资源产生暂时性繁荣的"毛皮经济"现象为研究切入点。同一时期学者赫特林(Hotelling,1931)提出对资源型城市发展的一个重要论断:在有限资源的设定下,每开采一批资源则生产成本将会随之提高,进而导致资源的价格上涨,因此随着资源的可供利用的数量减少,冶炼加工的原料供不应求,原材料价格上升,造成开发资源的利润空间缩减,最终使得城市走向衰败。预言着这一类依托资源而形成发展的城市,未来会有一个悲观的结果。

(2) 关于资源型城市生命周期理论的研究

在众多关于国外资源枯竭型城市转型研究中,以加拿大学者的研究理论比较系统和引人注目,主要是以鲁卡斯、布莱德伯里为代表,两位学者从矿业城市生命周期发展角度分析,都以加拿大的资源枯竭城市转型为个案展开研究,学者鲁卡斯(R. A. Lucas,1971)从矿业生命周期变化角度进行研究,提出关于矿区的兴起与衰落经历着生命周期的演变过程[4]。布莱德伯里(J. Bradbury,1983)认为在矿山到了枯竭期后,社区外迁率上升,社区的稳定性下降,很有可能会导致矿山或工厂倒闭,最后整个矿业城市面临着废弃和消亡的悲剧[5]。根据矿山开采的自然过程,米尔沃德(H. Millward,1985)以加拿大布雷顿矿区为研究对象,对其历史形成和区域位置进行分析和归纳,形成了更为完整的资源枯竭型城市生命周期理论[6]。后期学者们从生态环境和气候角度拓宽了资源枯竭型城市研究理论。亚历山德拉(Alexandra Paige Fischer,2018)研究美国俄勒冈州资源依赖社区为研究对象,分析自然资源的减少和恶劣的气候环境可能加剧社会经济混乱,因此要选择创新路径,制定长期的规划战略,重视环境变化,降低社区脆弱性,改善民生和提升民众适应能力[7]。昆藏和乔登等人(Kunzang,Choden and Rodney et al.,2020)运用计量经济学方法以不丹国的资源依赖度高的家庭为研究单位,评估其气候适应能力,研究发现海拔较高的家庭更容易受到气候变化的影响,通过建立新的评价指标,分析予以确定弱势家庭和地区适应能力的政策和行动[8]。

(3) 关于社会学和心理学的研究

布莱德伯里(J. Bradbury,1984)的研究引入了大量的社会学、心理学等学科的研究方法,运用依附和欠发展理论来分析矿业城镇的起源和衰退以及发展变化特点。他提出当矿产资源的价值被开发出来时,各级政府都会对其采取积极的支持,但在资本积累顺畅的情况下,城市中产业的规划、公共政策、财税体制没有对未来资源枯竭所带来的困境有所预见的话,一旦投资环境逆转变化,则对矿业城市来说将发生毁灭性的打击[9]。在资源枯竭型城市转型理论的研究不断深入之时,伊斯玛等人(Isma Rosyida and Wahidullah Khan et al.,2018)以资源型地区边缘化为切入点,研究印尼锡矿地区民众对锡矿开采的态度,在资源分配上由于存在不公平的矿产权分配导致开采许可融入了灰色参与,而灰色参与作为社会政策竞争的产物,很有可能会导致地区的边缘化[10]。亚当(Adam Mayer,2019)研究发现美国境内各个州对石油天然气等资源的开采持不同态度,通过调查收集相关数据表明,经济利益以及税收收入对石油天然气的开采表现出较好的偏好,丰富的资源使得地区盲目地追求资源开采带来的经济利益,忽视了地区的社会治理[11]。梅斯和皮尼(Mayes R and Pini B,2010)从澳大利亚矿区女性劣势的社会地位和女性心理变化的角度进行研究分析,他们关注随着矿业的转型,企业中正掀起一场女性地位的革命[12]。同样也是澳大利亚丰富的矿产资源地区,由于地广人稀,造成澳大利亚的矿业城市发展有其本身特点,学者霍顿(Houghton,1993)就提出了比较新颖的一个模式——"长距离通勤模式(Long-distance commuting,LDC)",为早期研究矿业城市发展提出了典范。这一模式突出了矿业城市发展的特点,矿区与居民家属生活区存在着距离,城市发展依托着矿区,矿区员工通过城市与矿区之间的长距离通勤来为企业节省建设城镇化的开支[13]。

(4) 关于人口特征的研究

1980年以后,对资源枯竭型城市的研究逐步转到了劳动结构方面,这一时期的代表人物主要是欧菲奇力格、海特以及巴恩斯。欧菲奇力格(C. O'fairobeallaigh,1988)对资源型城镇中的劳动力流动与吸附现象进行了详尽分析[14]。海特和巴恩斯(Hayter and Barnes,1992)则提出了劳动力供给与灵活的专业生产相对应,在资源型城市中容易衍生出专业化的劳动力供给[15]。布莱德伯里(J. Bradbury,1984)从矿业城镇中的人口移动轨迹角度分析指出在资源型城市发展到兴盛期,劳动力市场繁荣,提供岗位量多,能吸引大量人口迁入;当进入衰败期，劳动力市场萧条，劳动力外迁规模大，此时如果没有一套适时的就业和再就业补偿机制，会造成人力成本上涨，城市所依赖的矿业难以运转，给矿业经济带来致命打击。

(5) 关于资源枯竭城市转型的研究

国外学者从社会学、心理学和人口学等多学科展开了对资源枯竭型城镇或地区的大量的实证研究，研究形式以案例剖析居多。学者班姆斯(Barnes，2000)进一步研究了加拿大的资源枯竭型城镇和产业，他从产业重组、经济变动以及居民生活等五个方面总结了因过度开发资源而造成的不良影响[16]。学者马丁内兹·吴(Martinez-Fernandezand C，2012)引用了“萎缩城市”的概念借以分析澳大利亚矿业萎缩的问题及原因，建议政府和非政府部门积极沟通协作，共同科学地解决城市萎缩问题[17]。Akpan(2014)和 Zidouemba(2018)两位学者同样研究“资源诅咒”，他们通过运用计量回归分析提出了丰富的自然资源通过三种途径，分别是贪婪效应、“荷兰病”以及排挤效应的作用给人力资本的积累带来负面影响，使得经济增长缓慢[18,19]。塔里甘等人(Tarigan and Ari et al.，2017)分析以石油工业为主的印尼城市经济转型，建议要结合公共政策、知识的创造和城市基础设施建设三个影响因素来制定转型的战略规划[20]。瑞安(Ryan Dennis Bergstrom，2019)研究美国明尼苏达州允许放开铜矿开采的决定影响着该地区几十年的经济和环境命运，通过研究发现要实现持续发展必须处理好地区发展与自然资源管理之间的问题[21]。

1.2.2 国内研究综述

由于我国进入工业化时期较晚，资源枯竭带来的问题显现得较晚，国内关于资源型城市的研究随着经济发展的阶段变化，研究的内容也发生着变化。20 世纪 80 年代以前，以基础性的研究内容为主，研究的重点集中于资源型城市的生产布局和生产基地建设，以促进生产和开发建设为目的。80 年代之后，学者研究内容开始集中于资源枯竭型城市的产业可持续发展，逐步扩展到对民生、就业、社会保障等城市问题的研究，初步形成了资源枯竭型城市的理论框架。90 年代以后，随着我国经济进入加速发展阶段，矿产资源消耗加剧导致的人地矛盾、环境污染等问题更为突出，国家更加重视这些城市的转型和发展问题，出台了促进城市实现转型和可持续发展的政策和保障措施。有关资源枯竭型城市研究内容也更加广泛，开始出现有关经济体制和产业结构的深层次研究，并开始了城市资源与城市空间、社会发展、环境污染、经济增长之间的关系研究[22]。

按照研究的内容，国内学者的研究主要集中于这几个方面：

(1) 资源枯竭型城市转型的理论研究

理论研究主要是对资源枯竭型城市的相关特性、问题、对策等方面进行研究。资源型城市在社会主义建设过程中，肩负了重要的角色。周长庆(1994)认为资源型城市具有提供综合服务和工业生产的双重属性及二元结构特征，在发展过程中，应协调资源开发与城市建设和技术进步、城市与大企业、工业建设与基础设施、主导产业与支柱产业和接替产业、资源开发与环境等之间的关系[23]。沈镭、程静(1999)认为矿业城市具有矿区向城市演变过程突发、城市化层次低、虚假"高工业化"、基础设施建设落后、城市机制与企业之间相互约束、有限的资源等特殊性，并提出了维持矿业城市可持续发展的机理与对策[24]。张秀生、陈先勇(2001)认为我国资源型城市面临这些问题的原因有很多：历史原因导致先天建设不足，资源面临枯竭，新技术新能源对传统资源的冲击，市场经济和经济全球化的冲击以及市场改革的滞后[25]。

(2) 资源枯竭型城市转型升级要素方面的研究

国内学者研究的转型升级要素主要集中在产业、空间、生态、民生、政府等方面，且涉及方面越来越广，研究越来越深入。经济产业方面，陈慧女(2010)认为政府和企业是资源枯竭型城市产业转型的实施主体，可以协助衰退产业的退出和新产业的发展，并提出就业和社会保障、生态环境治理的对策[26]。文伟扬等(2014)认为增加二、三产业关联度并结合城市特点，能够实现城市价值链延伸，通过挖掘市场潜在需求、新技术革新，既能符合原有支柱产业发展需要又可改变产业中不合理之处[27]。杨振之(2013)认为资源枯竭型城市可将发展旅游业作为转型复兴之路，达到促进服务业发展、调整产业结构、缓解就业压力、保护生态环境的目的[28]。空间方面，赵景海等(1999)认为面临转型的资源型城市产业结构决定了其内部分散的布局和较弱的综合功能，并提出通过城镇体系、核心地区和建设用地重组达到优化格局、空间集聚、承载新产业的目的[29]。宋飏等(2012)认为矿业城市发展的不同阶段，受资源、产业、人口和城市规划影响，其空间结构和形态是动态变化的，并有一定的空间分异规律，矿业城市与非矿业城市相比，具有空间分布分散、边界不规则的特点[30]。龙灏(2019)从城市空间规划本身出发，从资源开发带来的城市问题入手，完善规划编制体系，达到推动城市转型的目的[31]。生态环境方面，杨仁宇等(2017)认为资源枯竭型城市的土地利用模式会影响生态环境，玉门市通过对老城区进行生态治理，提升老城生态品质，建设生态新城，创新工业体系，减少对生态的影响[32]。梁红岩等(2019)认为要实现经济和生态双赢，应当舍弃过去"先破坏后补偿"的方式，变为"边采边补"，构建产前、产中、产后的动态补偿机制[33]。申健等(2014)认为资源开采带不可避免地会产生负面影响，他从次生灾害、水污染、地貌破坏、土地资源四个方面提出矿山治理措施，实现资源开发与环境相协调[34]。民生方面，郝祖涛等

(2017)以民生满意度为评价标准对资源型城市转型进行评价,提出应把民生作为资源型城市转型的出发点和归宿,利用转型契机以及国家政策,转变城市发展方式,发挥政府在资源配置、统筹区域中的作用,改善民生环境[35]。韩智伟等(2014)认为把城乡一体化的发展作为载体,能够完善公共资源配置,调整农村产业结构,转移剩余劳动力,达到消解城乡间不和谐因素、解决民生问题的目的[36]。

(3) 资源枯竭型城市转型评价体系研究

指标体系构建的目的是检验政府在十余年的政策措施扶持下对转型发挥的作用,杜春丽、洪诗佳(2018)在研究湖北黄石市的转型政策绩效中,基于AHP的指标权重,重新构建了转型政策绩效评价模型及指标体系,通过模型分析发现转型问题与不足的方面,有针对性地提供解决问题的建议[37]。余建辉、张文忠、王岱(2011)则是以2004—2008年中国城市统计年鉴数据,从自身转型和经济发展地位两个方面来对我国资源枯竭型城市发展状态进行测量,发现从总体上看资源枯竭型城市转型趋于向好,但由于各资源枯竭型城市空间和类别存在不同的客观原因,使得转型效果差异明显,尚未完成可持续发展的城市仍然存在[38]。周玄德、窦文章等(2018)构建了一个涵盖转型环境、转型投入、转型绩效的综合型指标模型,用于山西省转型发展的检验,得出了随着资源枯竭型城市的发展,转型因素也随之变化,转型涉及方面较多,要找到转型的主导因素,抓住问题的主要矛盾,才能攻破转型难关[39]。刘霆、李业锦等(2019)以地市一级资源枯竭型城市为对象,通过构建转型评价体系,利用回归分析方法研究发现,尽管各个资源枯竭型城市转型的影响因素各有差异,但在市场化水平、营商环境等因素上同样表现出显著性较高的共同点[40]。

(4) 资源枯竭型城市转型实践研究

我国资源枯竭型城市数量较多,研究学者多选取具体的城市作为研究对象,研究转型发展的目标和转型实践。丁磊、施祖麟(2000)以太原市为例,分析了太原市的经济发展特征和现状问题的成因,提出调整传统产业,发展新兴产业,增强城市综合服务功能的转型思路,建立经济转型的保障措施[41]。金贤锋、董锁成等(2010)以具有产业延伸潜力的铜陵市为研究对象,研究资源开发模式和产业链延伸与资源开发、城市空间结构、生态环境之间的关系,统筹解决资源枯竭型城市发展中出现的问题,实现各要素之间的良性互动[42]。支凯龙(2014)在分析铜川市发展过程和空间发展特征、动力的基础上提出了通过合理布局建设用地、优化城市形态、完善配套服务设施等措施来优化产业空间、居住空间、公共空间发展的策略[43]。杨显明、焦华富等(2015)以淮南、淮北为例,对比分析了煤炭资源枯竭型城市在不同发展阶段中的城市形态,得出城市空间形态演化的一般过程以及影响城市空间结构演化的因素[44]。

1.2.3 国内外研究评述

通过对以上众多学者学术成果的总结和归纳，可以看出他们为推动资源枯竭型城市的转型发展提出了许多宝贵的建议，为接下来的研究奠定了坚实的基础。但必须承认的是，资源枯竭型城市转型周期性长、涉及内容多、形式复杂，在具体的转型实践过程中会遇到各种挑战，就现有的研究成果来看，存在着研究内容滞后于转型实践的现象，对转型发展过程中出现的新情况新问题研究得不够深入，理论上的不成熟难以指导具体的转型实践。除此之外，在研究资源枯竭型城市转型的深度和广度上还有待提高。

资源枯竭型城市转型是一个涉及方面广、持续时间长的过程，各地区和城市面临的转型有其共性也有其特性。随着社会经济进入不同的发展阶段，研究的重点也会随着发展的需要而发生改变，相关的研究成果也比较多。我国有关资源枯竭型城市转型发展的研究应多从实际出发，针对具体的城市资源枯竭发展中的问题进行相应的研究，形成解决问题的理论方法和转型模式，进一步完善转型的评价研究。

1.3 研究内容与技术路线

1.3.1 研究内容

资源型城市转型是一个综合复杂的系统工程，需要全面、客观地评估资源型城市转型成果。在习近平新时代生态文明理论的指引下，本研究以国家公布的69个全国资源枯竭型城市（地区）可持续发展试点城市（地区）所在的63个地级市为对象，开展转型发展能力与现状评价，旨在全面了解各资源枯竭型城市转型发展期间经济发展、人口结构、生态环境状况，分析资源枯竭背景下城市转型效果，具体内容如下：

第一章为绪论。

第二章包括三个部分：第一部分主要对中国资源枯竭型城市的基本特征进行简要描述。第二部分主要对资源型城市和资源枯竭型城市转型发展的相关基础理论进行了介绍，包括资源型城市的相关概念、分类、生命周期和发展规律，中国资源型城市的形成、分布、主要发展特征，资源枯竭型城市系统中存在的结构性和功能性缺损。

第三章主要对中国资源枯竭型城市的发展现状进行分析，包括中国资源枯竭型城市的经济发展现状、人口结构现状、生态环境现状，主要目的是对中国资源枯竭型城市进行"摸家底",搞清楚中国资源枯竭型城市的现状,以便后续对中国资源枯竭型城市进行转型发展现状、能力的评价以及转型效果的分析。

第四章主要是利用统计指标构建中国资源枯竭型城市转型发展能力评价体系,对中国资源枯竭型城市转型发展能力进行评价。评价指标体系主要由两部分构成,一部分是转型能力评价指标,另一部分是转型过程评价指标。评价过程采用熵权法确定指标权重,依据2010—2020年的各资源枯竭型城市的统计数据,从而对中国资源枯竭型城市2010—2020年的转型能力进行评价与分析。

第五章主要是对中国资源枯竭型城市的发展潜力进行评价与分析,以2020年为评价年份,基于新发展理念,从创新、协调、绿色、开放、共享五个角度建立评价体系,综合运用统计数据,通过层次分析法确定指标权重,从而得出各资源枯竭型城市的发展潜力评价结果。

第六章主要包括两个方面,一个是基于第二至第五章的中国资源枯竭型城市的发展现状、转型发展能力、发展潜力的评价结果,进行三者的耦合协调度分析,以此来衡量城市转型发展协调性变化情况,观察城市系统是否有进入新周期的迹象;另一个是对中国资源枯竭型城市的发展现状、转型发展能力、发展潜力评价结果聚类,分析不同类别的资源枯竭型城市表现出的特征和当下转型方式,分析和评价各类资源枯竭型城市的转型效果,为调整转型策略提供参考。

第七章主要是针对前面评价中发现的各个资源枯竭型城市转型发展中遇到的各种问题以及当前面临的困境进行了探讨,重点分析了资源枯竭型城市转型发展的动力来源,并基于此,为各资源枯竭型城市寻找转型发展新动能给出了措施与建议。

第八章以徐州市贾汪区为例,分析其发展现状、转型发展能力、发展潜力的评价结果,结合具体发展转型政策,分析现有转型特征的不足之处,提升城市品质,加大政策扶持,持续增强推动资源枯竭型城市绿色低碳发展的内生发展动力,推动资源枯竭型城市可持续、高质量发展。

1.3.2 技术路线

本书涉及的研究领域较多,拟沿以下研究思路展开:第一,相对全面和完整的文献检索和查阅,对以往的研究成果进行梳理和分析。第二,在文献综述的基础上,分析资源型城市理论渊源、基本内涵以及发展规律,同时分析资源枯竭型城市的形成机理、面临的挑战等,确定研究方法,为后续资源枯竭型城市转型发展研究提供理论基础。第三,查找资料,准确描述中国资源枯竭型城市人口结构、经济发展和生态环境现状,对资源枯竭型城市进行定量评价,以便后续进行定性评价。第四,从转型能力评价和转型过程评价两个角度以及新发展理念分布构建转型发展能力、现状评价指标体系，对中国资源枯竭型城市的转型发展能力、现状进行评价；基于评价结果，分析二者的耦合协调性，聚类得出各类资源枯竭型城市的转型效果评价结果。第五，从创新、协调、绿色、开放、共享这 5 个维度，将层次分析法（AHP）与模糊理论相结合，以科学健全的方式对城市发展潜力进行综合评价，分析其中的协调程度。第六，借助耦合协调理论对中国资源枯竭型城市的发展现状、发展能力、发展潜力进行耦合协调性和聚类研究，揭示其耦合协调度的作用程度。第七，基于转型效果评价结果，分析资源枯竭型城市转型发展的动力来源，目的在于探索我国资源枯竭型城市寻找转型发展新动能的对策和建议，以求为我国资源枯竭型城市转型发展提供支持。第八，以中国资源枯竭型城市——徐州市贾汪区为例，分析其发展现状、转型发展能力、发展潜力的评价结果，结合具体发展转型政策，分析现有转型特征的不足之处，推动资源枯竭型城市可持续、高质量发展。具体技术路线图如图 1-1 所示。

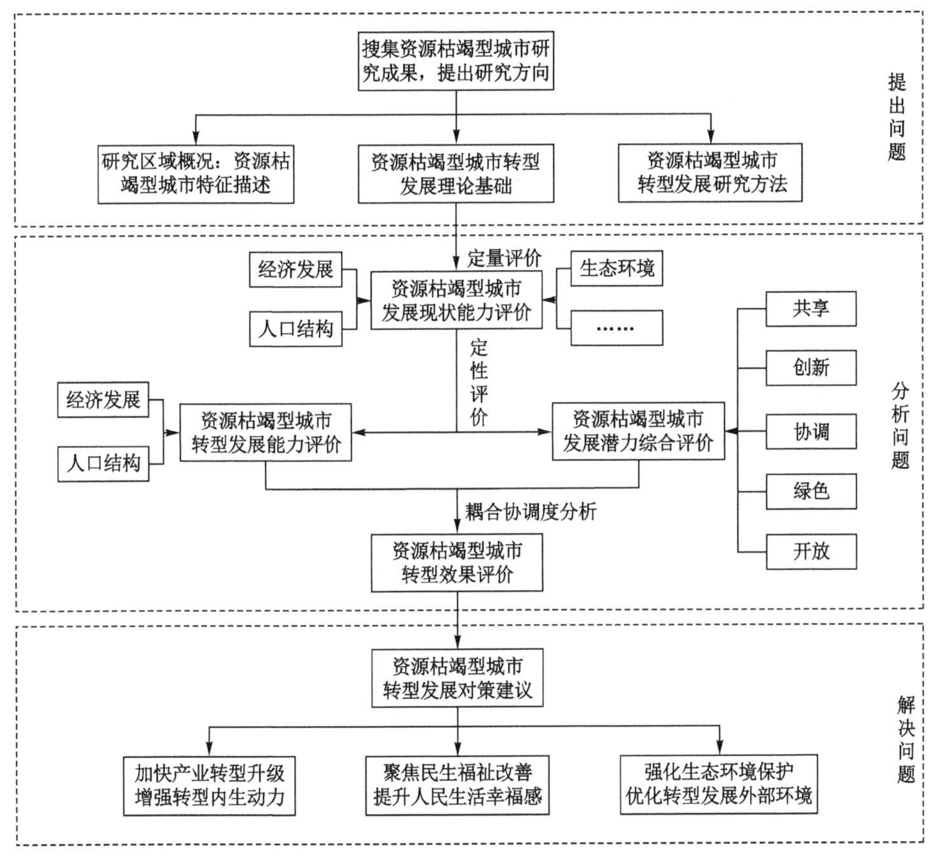

图 1-1 技术路线图

参考文献

[1] 国务院.关于印发《全国资源型城市可持续发展规划(2013—2020年)》的通知[EB/OL].(2013-11-12)[2022-1-12]. http://www.gov.cn/zwgk/2013-12/03/content_2540070.htm.

[2] 中共中央国务院关于加快推进生态文明建设的意见[N].人民日报,2015-05-06(1).

[3] 习近平.决胜全面建成小康社会 夺取新时代中国特色社会主义伟大胜利:在中国共产党第十九次全国代表大会上的报告[N].人民日报,2017-10-28(1).

[4] LUCAS R A. Minetown, Milltown, Railtown; life in Canadian communities of single industry[M]. Toronto: University of Toronto Press, 1971.

[5] BRADBURY J H, ST-MARTIN I. Winding down in a Quebec mining town: a case study of schefferville[J]. Canadian Geographer/Le Géographe Canadien, 1983, 27(2): 128-144.

[6] MILLWARD H. A model of coalfield development: six stages exemplified by the Sydney field[J]. The Canadian Geographer, 1985, 29(3): 234-248.

[7] ALEXANDRA P F. Pathways of adaptation to external stressors in coastal natural-resource-dependent communities: Implications for climate change [J]. World Development, 2018, 108: 235-248.

[8] KUNZANG C, RODNEY J K, CRAIG R N. An approach for assessing adaptive capacity to climate change in resource dependent communities in the Nikachu watershed, Bhutan [J]. Ecological Indicators, 2020, 114: 106293.

[9] BRADBURY J. The impact of industrial cycles in the mining sector: the case of the Québec-Labrador region in Canada[J]. International Journal of Urban and Regional Research, 2009, 8(3): 311-331.

[10] ISMA R, WAHIDULLAH K, MASATOSHI S. Marginalization of a coastal resource-dependent community: a study on Tin Mining in Indonesia[J]. The Extractive Industries and Society, 2018, 5(1): 165-176.

[11] ADAM M, STEPHANIE M. How should unconventional oil and gas be regulated? The role of natural resource dependence and economic insecurity[J]. Journal of Rural Studies, 2019, 65: 79-89.

[12] MAYES R,PINI B. The 'feminine revolution in mining':a critique[J]. Australian Geographer,2010,41(2):233-245.

[13] HOUGHTON D S. Long-distance commuting:a new approach to mining in Australia[J]. The Geographical Journal,1993,159(3):281.

[14] O'FAIRCHEALLAIHG C. Economic base and employment structure in northern territory mining towns[J]. Resource communities: settlement and workforce issues,1988:221-236.

[15] HAYTER R,BARNES T J. Labour market segmentation,flexibility,and recession:a British Columbian case study[J]. Environment and Planning C:Government and Policy,1992,10(3):333-353.

[16] BARNES T J,BRITTON J N H,COFFEY W J,et al. Canadian economic geography at the millennium[J]. Canadian Geographer/Le Géographe Canadien,2000,44(1):4-24.

[17] MARTINEZ-FERNANDEZ C, AUDIRAC I, FOL S, et al. Shrinking cities:urban challenges of globalization[J]. International Journal of Urban and Regional Research,2012,36(2):213-225.

[18] AKPAN G E,CHUKU C. Natural resources,human capital and economic development in Nigeria:tracing the linkages[J]. Journal of Economics and Sustainable Development,2014,5:44-50.

[19] ZIDOUEMBA P R, ELITCHA K. Foreign direct investment and total factor productivity:is there any resource curse? [J]. Modern Economy, 2018,9(3):463-483.

[20] ARI K M, TARIGAN. Balikpapan: Urban planning and development in anticipation of the post-oil industry era[J]. Cities,2017,60:246-259.

[21] DENNIS R B. Community development in the face of resource extraction in northern Minnesota, USA[J]. The Extractive Industries and Society, 2019,6(3):831-841.

[22] 张文鹏.资源枯竭型城市产业转型面临问题与对策研究:以枣庄市为例[D].乌鲁木齐:新疆大学,2016.

[23] 周长庆.浅论资源型城市属性、结构及成长中的协调发展[J].经济体制改革,1994(5):23-30.

[24] 沈镭,程静.矿业城市可持续发展的机理初探[J].资源科学,1999,21(1):44-50.

[25] 张秀生,陈先勇.论中国资源型城市产业发展的现状、困境与对策[J].经济

评论,2001(6):96-99.

[26] 陈慧女.中国资源枯竭型城市产业转型研究[D].武汉:武汉大学,2010.

[27] 文伟扬,刘玉兰,雷茜.资源枯竭型城市经济结构转型与产业价值链延伸[J].现代商业,2014(5):88-90.

[28] 杨振之.增长方式转变的实践:旅游业带动资源枯竭型城市复兴之路[J].旅游学刊,2013,28(8):18-20.

[29] 赵景海,俞滨洋.资源型城市空间可持续发展战略初探:兼论大庆市城市空间重组[J].城市规划,1999,23(8):55-56.

[30] 宋飏,王士君,叶强,等.中国矿业城市空间形态特征及其空间分异[J].地域研究与开发,2012,31(1):45-49.

[31] 龙灏.资源型城市转型期的空间规划研究:以安徽省淮北市为例[J].城市建筑,2019,16(4):5-6.

[32] 杨仁宇,刘学录.甘肃省玉门市转型过程中土地利用对生态环境影响研究[J].农技服务,2017,34(1):4-8.

[33] 梁红岩,聂亚珍.煤炭资源枯竭地区动态化生态补偿路径研究[J].湖北师范大学学报(哲学社会科学版),2019,39(2):80-88.

[34] 申健,刘晓晓,杨少华,等.资源枯竭城市矿山地质环境问题及治理措施:以四川华蓥市为例[J].资源与产业,2014,16(3):6-11.

[35] 郝祖涛,冯兵,谢雄标,等.基于民生满意度的资源型城市转型绩效测度及群体差异研究:以湖北省黄石市为例[J].自然资源学报,2017,32(8):1298-1310.

[36] 韩智伟,唐守祥.民生建设与城乡一体化发展关系分析[J].理论观察,2014(11):90-91.

[37] 杜春丽,洪诗佳.资源枯竭型城市转型政策的绩效评价[J].统计与决策,2018,34(18):70-73.

[38] 余建辉,张文忠,王岱.中国资源枯竭城市的转型路径研究[J].世界地理研究,2011,20(3):62-72.

[39] 周玄德,窦文章,李国栋,等.资源型城市转型力评价指标体系构建与测度:以山西省资源型城市为例[J].中国矿业,2018,27(4):85-90.

[40] 刘霆,李业锦,任悦悦,等.我国资源枯竭型城市转型的影响因素[J].资源与产业,2019,21(1):45-53.

[41] 丁磊,施祖麟.资源型城市经济转型:以太原为例[J].清华大学学报(哲学社会科学版),2000,15(1):52-56.

[42] 金贤锋,董锁成,刘薇,等.产业链延伸与资源型城市演化研究:以安徽省铜

陵市为例[J]. 经济地理,2010,30(3):403-408.

[43] 支凯龙. 资源枯竭型城市空间转型及发展对策研究:以铜川为例[D]. 西安:西安建筑科技大学,2014.

[44] 杨显明,焦华富,许吉黎. 不同发展阶段煤炭资源型城市空间结构演化的对比研究:以淮南、淮北为例[J]. 自然资源学报,2015,30(1):92-105.

2 资源型城市转型发展

2.1 研究区概况

资源枯竭型城市是指矿产资源开发进入后期、晚期或末期阶段，其累计采出储量已达到可采储量的70%以上的城市。2007年《国务院关于促进资源型城市可持续发展的若干意见》出台，2008年、2009年、2011年，分三批确定了69个资源枯竭型城市(地区)[1]。针对这69个资源枯竭型城市(地区)，学者开展了大量研究，如阜新、白银、黄石、淮北、枣庄等。由于区县尺度数据不全，数据可得性差，本书所研究的资源枯竭型城市统指这些资源枯竭型城市(地区)以及它们所在的地级市。本书研究69个资源枯竭型城市(县、区)所在地级市的城市发展现状、转型能力、发展潜力，将存在多个县区的城市划归为一个，得到63个地级市尺度的资源枯竭型城市，城市名称、所属区域、主要资源类型情况如表2-1所示。

表2-1 资源枯竭型城市基本信息

所在地级市	资源枯竭城市	资源类型	区域
阜新市	阜新市	煤	东北
抚顺市	抚顺市	煤	东北
朝阳市	北票市	煤	东北
辽源市	辽源市	煤	东北
白山市	白山市	煤	东北
长春市	九台区	煤	东北
通化市	二道江区	煤	东北
七台河市	七台河市	煤	东北
鹤岗市	鹤岗市	煤	东北
双鸭山市	双鸭山市	煤	东北
葫芦岛市	杨家杖子经济开发区、南票区	钼、煤	东北
吉林市	舒兰市	森工	东北
延边朝鲜族自治州	敦化市汪清县	森工	东北

表 2-1(续)

所在地级市	资源枯竭城市	资源类型	区域
伊春市	伊春市	森工	东北
大兴安岭地区	大兴安岭地区	森工	东北
黑河市	五大连池市	森工	东北
盘锦市	盘锦市	石油	东北
辽阳市	弓长岭区	铁	东北
张家口市	下花园区	煤	东
承德市	鹰手营子矿区	煤	东
石家庄市	井陉矿区	煤	东
徐州市	贾汪区	煤	东
枣庄市	枣庄市	煤	东
泰安市	新泰市	煤	东
淄博市	淄川区	煤	东
韶关市	韶关市	煤、铁	东
昌江黎族自治县	昌江黎族自治县	铁	东
景德镇市	景德镇市	瓷	中
三门峡市	灵宝市	金	中
荆门市	钟祥市	磷	中
吕梁市	孝义市	煤	中
临汾市	霍州市	煤	中
淮北市	淮北市	煤	中
萍乡市	萍乡市	煤	中
焦作市	焦作市	煤	中
荆州市	松滋市	煤	中
郴州市	资兴市	煤	中
衡阳市	耒阳市,常宁市	煤、铅、锌	中
濮阳市	濮阳市	石油	中
潜江市	潜江市	石油	中
娄底市	冷水江市,涟源市	锑、煤	中
新余市	新余市	铁	中
黄石市	大冶市,黄石市	铁、铜、煤、硅灰石	中
铜陵市	铜陵市	铜	中

表 2-1(续)

所在地级市	资源枯竭城市	资源类型	区域
赣州市	大余县	钨	中
铜仁市	万山区	汞	西
渭南市	潼关县	金	西
乌海市	乌海市	煤	西
包头市	石拐区	煤	西
来宾市	合山市	煤	西
重庆市	万盛经济技术开发区,南川区	煤	西
广安市	华蓥市	煤	西
铜川市	铜川市	煤	西
兰州市	红古区	煤	西
石嘴山市	石嘴山市	煤	西
兴安盟	阿尔山市	森工	西
酒泉市	玉门市	石油	西
泸州市	泸州市	天然气	西
昆明市	东川区	铜	西
玉溪市	易门县	铜	西
贺州市	平桂区	锡	西
红河哈尼族彝族自治州	个旧市	锡	西
白银市	白银市	银、铜	西

中国资源型城市在发展过程中逐渐受到资源枯竭的威胁,因为自然资源作为不可再生资源,资源生产量逐年减少,而且在开发建设各资源城市时只考虑资源的开采,而忽略了城市发展的条件和因素,导致了诸多问题。资源枯竭型城市主要表现出四大特点:

① 资源枯竭型城市区位条件差,自我发展能力较弱。该类城市基本上都是依资源开采地而居,缺乏一般城市的开放性,经济体系处于封闭状态,城市其他社会服务功能紧紧依附于主导资源产业,缺乏自主运营的空间。受资源长期依赖影响,接续与替代综合产业链的发展空间受到限制,单一资源发展路径在"城市自我深化"的锁定过程也使产业转型存在着不确定的风险,这些因素交织在一起增加了资源枯竭型城市经济转型的难度。

② 产业结构不合理,产业间关联度较低。资源枯竭型城市产业存在高度的单一性,或者称为非均衡性。资源型产业既是主导产业,又是支柱产业,城市对

资源产业的依赖性很大，造成城市的发展受到限制，城市功能不全，第三产业以及可替代产业发展落后。资源枯竭型城市三大产业结构的比例失调，第一产业基础薄弱，第二产业比重过分偏大，第三产业则发展缓慢、滞后。而且资源型产业都属于中间投入型产业，产业关联的特点是后向关联度低，前向关联度高，乘数效应小，难以带动下游产业及相关产业的发展，从而限制了资源型产业对地方经济的关联带动作用，使得城市经济过分依赖资源型产业，转产难度大，造成畸形的城市经济结构。

③ 资源枯竭型城市在利益机制和人口管理体制上矛盾突出。资源型城市在高速发展时，会吸引许多外来人口。资源枯竭时，外来人口和本地人口都会向外流出。城市想转型更好的产业，需要依靠人才但是本地人才留不住，吸引高素质外地人才更难。资源枯竭型城市要经营高精尖人才，处理好城市枯竭的各类问题，帮助城市实现转型发展。统筹养老问题、医疗问题、就业问题，摒弃以GDP论英雄的理念，完善人口管理体制，为大局发展贡献力量，留足空间，使资源枯竭型城市真正能够吸引人、留住人，从而提高城市人口素质，为资源枯竭时期经济转型与升级提供保证。

④ 资源枯竭型城市发展的资源环境基础出现危机。随着我国资源型城市工业化的发展，工业废气、废水、废物等“三废”的排放造成了严重的大气污染、水资源污染和土地污染等环境污染问题。资源型城市生态环境治理问题成因复杂，任务繁重。由于资源的长时间、高强度开采挖掘，资源型城市普遍面临着严重的环境污染和生态破坏等问题，采矿活动及其废弃物的排放不仅破坏土地资源，而且也带来了一系列影响深远的环境问题。如空气、地表水、地下水、土壤的质量下降，生态系统退化，生物多样性丧失，景观受到破坏，农作物减产等[3]。许多矿山在开发利用中，经常发生滑坡、崩塌、泥石流、矿坑突水、地面塌陷等地质灾害。地下采煤使地质结构发生变化，地下断层堵塞阻断了区域间地下水系的沟通，影响了地下水的分布，水质也受到不同程度的污染。伴随着资源的枯竭，生态环境恶化，耕地退化、盐碱化和沙化，水资源需求告急等问题也接踵而至。

由于资源产业与资源型城市发展的规律，资源型城市必然要经历建设——繁荣——衰退——转型——振兴或消亡的过程[4]。中国的资源型城市，为了扭转资源渐趋枯竭，减少资源开采收益下降对城市经济发展的消极影响，改变对自然资源的过度依赖，摆脱“资源富城兴、资源竭城衰”的困扰，进行经济转型是必要的。因此，资源枯竭型城市的经济转型是个世界性的难题，资源枯竭型城市都面临着如何寻找新出路的问题。

2.2 转型发展理论基础

2.2.1 资源型城市相关概念、分类及发展特征

2.2.1.1 资源型城市概念

(1) 资源的定义

关于“资源”,马克思和恩格斯都早有论述,马克思在《资本论》中曾指出劳动和土地是财富两个原始的形成要素,恩格斯认为:“其实,劳动和自然界在一起它才是一切财富的源泉,自然界为劳动提供材料,劳动把材料转变为财富”。由此我们可以看出,资源的组成不仅包括自然资源的客观存在,还包括人的因素。具体来看,“资源”有广义和狭义之分,广义的“资源”指的是“能够通过一定的形式为人类所利用的物质和能量以及与这些物能有关的技术措施和人类活动等”[5],即区域内各种物质要素的总称,包括自然资源和社会经济资源两大类。一般情况下,我们谈到“资源”指的都是前者,即广义的资源,根据联合国环境规划署的定义,即“在一定时间和技术条件下,能够产生经济价值、提高人类当前和未来福利的自然环境因素的总称”[6];而后者主要指的是包括人力、财力、智力(信息、知识)等存在于人类社会的各种物质或财富的总称。

(2) 自然资源

自然资源(Natural Resources)包括地球上一切有生命和无生命的物质资源,通常指的是在一定技术条件下对人类有益的物质,如土地、森林、草原、海洋、江河、矿藏、阳光、水分、空气、生物等。自然资源是人类从事生产活动和维持生活消费的物质基础,是构成人类生产环境的基本要素。

自然资源按照自身性质可以划分为两大类,一类是可再生自然资源,另一类是不可再生(可耗竭)自然资源,也可以简称为可再生资源和不可再生资源。

① 可再生自然资源。可再生自然资源指的是能够利用自然力以某一特定增长率保持或增加蕴藏量的自然资源,包括阳光、空气、森林、生物等。根据循环再生时间的长短,可再生自然资源可以划分为两类:一是循环时间短的可再生自然资源,这类自然资源数量巨大且循环再生时间较短,如空气、阳光、雨水、潮汐、风能和地热等。这些自然资源的再生性、蕴藏量和可持续性受人类活动的影响较小,当代人对其的消耗和利用不会对后代人产生影响。另外这些资源大都具有时段性和流动性的特征,因此,必须把握机会对其加以利用、收集(储存)或转化,否则这些资源很快就会丧失。二是循环时间比较长的可再生自然资源,这类自然资源循环再生时间相对较长,再生能力的获得受制于人类活动并依赖于其

他资源，主要指的是生物资源，包括植物、动物和微生物等。这些资源的再生性、蕴藏量和可持续性受人类活动的影响较大，尤其是人类对其的利用方式和程度。如果人类对资源利用的方式和规模合理，那么这些生物资源就能够顺利恢复和更新，其蕴藏量就能维持恒定甚至保持增长；如果利用的方式、规模不合理，那么更新过程就会受到阻碍，其蕴藏量就会不断减少，直至耗竭（灭绝）。

② 不可再生自然资源（可耗竭自然资源）：不可再生自然资源指的是在对人类有意义的时间范围内，资源质量保持不变且资源蕴藏量不再增加的自然资源，即可耗竭性资源。不可再生自然资源是一种相对的"不可再生"，而非绝对的，如石油、煤炭都属于不可再生资源，但却是古生物遗骸经过亿万年的物理和化学作用变化的产物。相对于人类的生产和消费活动来说，这个过程太过于漫长，故而会因人类对其的不断开采和利用而致使其储存量逐渐耗竭，短期内无法循环再生。因此，我们可以认为不可再生自然资源的利用过程和耗竭过程是同一过程，当资源的储藏量由于持续的开采和利用而降为零时，资源就达到了耗竭的状态。不可再生自然资源按其是否可以重复使用，进一步划分为可重复利用的不可再生自然资源和不可重复利用的不可再生自然资源。其中前者指的是资源产品经开发利用后，大部分产品、物质还能够回收进而重复利用的不可再生自然资源，主要指的是金属矿产资源。但是这类自然资源的可重复利用程度是由其蕴藏量和开采条件所决定的，即只有当可重复利用成本低于新开采成本时，重复利用才能得以实现。后者指的是开采使用之后不能恢复到原来状态和使用功能，不能进行重复利用的不可再生自然资源，主要指的是煤炭、石油和天然气等能源矿产资源。这类资源被使用后即消耗完毕，无法重复利用。

除了以上分类，自然资源按其来源可以划分为来自太阳辐射、来自地球本身贮藏和来自地球与其他天体的相互作用的自然资源；按其地理特征可划分为矿产资源、气候资源、水利资源、土地资源和生物资源等；按其在经济部门中的地位还可划分为农业资源、工业资源、地质矿产资源、交通资源、医疗卫生资源、旅游资源等。

资源型产业的概念目前尚未被学术界严格定义，从狭义的资源含义出发，我们可以认为资源型产业主要是指根据人类经济社会发展对资源的需求，以资源勘探、采选、加工、保护和再生并以资源增值为目的的经济活动，主要包括能源矿产资源的勘探和开采、土壤的改良、育林和育草、废水废气净化等。这里的资源型产业包括两大类别：一是资源开采及加工业，二是资源再生业。不过，当前资源再生业一般不作为资源型产业研究的重点，因此，不少学者都将资源的开采和加工业作为资源型产业研究的重点。国内学者陆大道（1995）将资源型产业定义为"以资源的开采和初加工为主的产业，具体包括电力、化学、冶金、石油、煤炭、建材、纺织、森林、食品和造纸等工业行业”[7]。但是，由于资源的初加工工业种类多、涵盖范围广、近似特征少且可以和资源产地完全分离，不利于结合资源型区域和资源型城市进行研究。因此，张米尔等(2002)对资源型产业的定义做出了以下修订，认为资源型产业是“从事不可再生资源开发的产业，包括国际标准产业分类中的第 2 大项矿产业和中国国民经济行业分类中的 B 类采矿业，具体包括固体矿、液体矿和气体矿藏的开采，即煤炭采选业、石油和天然气开采业、黑色金属采选业、有色金属采选业和其他矿采选业”。但是，张米尔的定义又显得过于狭隘，将部分可再生资源如森林资源的开采利用剔除在了资源型产业之外。因此，本书在结合陆大道和张米尔的资源型产业的定义的基础上，认为资源型产业是以开发利用自然资源而形成的产业，这里的自然资源既包括如矿产这样的不可再生资源，也包括如森林等这样的可再生资源。

资源型城市，又称为“资源城市”“资源指向型城市”，主要是指以自然资源开采和加工为主导产业的功能性城市，是城市分类中的一种特殊表现形式。“资源”是资源型城市的最集中体现，从中可以看出该城市类型的基本特征和主要功能，即以自然资源为依托，通过资源开采和加工产业向社会提供基础性资源和初加工产品，并在城市产业结构中占据主导性地位。一些学者的研究成果，特别是对一些典型的矿区城市、能源城市进行的研究，属于资源型城市的典型代表。其中比较特殊类型的资源型城市，即林业城市，是我国资源型城市与其他国家资源型城市差异较大的一点，因为一般来说，森林采选作业是较为分散的，所能形成的固定居民点规模小、数量少；而我国在推进工业化的过程中，森林资源的大量开采形成了一些较大规模的林业城市，由此，在分析我国资源型城市时也要将森林型城市纳入研究之中。当前，学术界对资源型城市这一概念的认识和定义并不统一，对资源型城市区分也有很多观点，由此从不同角度给出了多种定义，主要包括以下几种：其一，从资源型城市的形成角度来界定。张米尔等提到，资源型城市是一种特殊类型的城市，是依托于资源开发而兴起或发展起来的城市[8]。尹牧认为，资源型城市是随着自然资源的开采而兴起和发展壮大的，一般包括矿区城市和森工城市[9]，其经济结构以资源型产业为主导。其二，以产值占工业总产值的比例和资源型产业从业人员占城市总人口的比例来界定。学者哈里斯(Harris)提到，资源型产业产值占城市工业总产值的 10%以上，或者资源型产业从业人员占全部总人数的 15%的，可称之为资源型城市。张以诚也提到，资源型城市主要看矿业经济对城市社会经济发展的影响及所占的地位和矿业产业产值占当地工业总产值的比重[10]。其三，以城市人口所从事的工作属性和参与比例来看。王素军提到，在资源型城市中，“城市劳动力人口绝大多数从事资源开采业、资源的初级加工业及相关产业”[11]。以上三种提法从不同角度对资源型城市内涵进行解析，同时也从不同侧面阐述资源型城市所具备的一些特征。为此，本节对资源型城市内涵的全面认识和理解是尤为重要的，只有明晰核心概念才能更加深入思考相关性问题，才能更加全面细致地研究我国资源型城市的发展现状、转型特征等问题，从而提出有针对性和有实效的转型路径。

2.2.1.2 资源型城市的分类

(1) 有依托的资源型城市和无依托的资源型城市

按城市的形成过程，即城市兴起与其所依赖的自然资源开采、加工业产生的先后顺序分类，可以将资源型城市分为有依托的资源型城市和无依托的资源型城市。

无依托的资源型城市：指的是凭借城市的自然资源禀赋，通过人力后天开发、建设形成的单一资源开采和加工产业性城市，即先开矿后建城。无依托的资源型城市的建设顺序是“资源——资源型企业——资源型产业——资源型城市”。其中城市的资源禀赋是资源型城市兴起的初始原因。如新疆的克拉玛依、河南的平顶山和甘肃的白银等。

有依托的资源型城市：指的是在自然资源的开采和加工业建立之前，城市已经存在，但是由于资源的勘探和开发利用致使资源型产业的发展速度和发展规模都远远超过城市的其他产业，最终使得资源型产业在城市国民经济中的地位逐渐上升，城市的性质发生转变，从一般城市发展成为资源型城市。如山西的大同、新疆的库尔勒和安徽的铜陵等。

(2) 能源矿产资源型城市、金属矿产资源型城市、非金属矿产资源型城市和森工城市

按照资源型城市经济发展所依赖的自然资源不同，资源型城市可以分为能源矿产资源型城市、金属矿产资源型城市、非金属矿产资源型城市和森工城市。

能源矿产资源型城市：能源矿产指的是可直接或间接（通过转换）获得能量的载能体资源，主要包括煤、石油、天然气、油页岩以及地热等，能源矿产资源型城市是我国资源型城市的主要类型，根据所依附的矿产资源不同，还可进一步划分为煤炭城市、石油城市等，如图 2-1 所示。

金属矿产资源型城市：金属矿产分为黑色金属矿产和有色金属矿产两大类。其中黑色金属矿产主要指的是铁、铬、锰三种金属，而除这三种金属以外的所有金属一般都统称为有色金属。根据其密度、价格、在地壳中的储量及分布情况还可将有色金属分为以下四类：① 轻有色金属：指的是密度小于 4.5 g/cm^3 的有色金属，主要包括铝、镁、钛、钾、钠、钙、锶、钡等；② 重有色金属：指的是密度大于 4.5 g/cm^3 的有色金属，主要包括铜、铅、锌、镍、钴、锡、锑、汞、镉、铋等；③ 贵金属：指的是在地壳中含量少，开采和提取比较困难，价格比一般金属昂贵的有色金属，包括

图 2-1　贵州省盘州市矿区金佳煤矿

金、银、铂族元素等;④ 稀有金属:指的是在地壳中分布不广,开采冶炼较困难的有色金属,主要包括锂、铍、钛、钨、钼等。因此,金属矿产资源型城市一般可以细分为黑色金属资源型城市和有色金属资源型城市。如图 2-2 所示。

图 2-2　内蒙古平庄矿区赤峰亚鼎铜业

非金属矿产资源型城市:非金属矿产资源是指除了燃料矿产、金属矿产外的岩石和矿物,主要包括土砂石、化学矿和其他非金属矿。其中土砂石主要包括石灰石、建筑装饰用石和耐火土石等岩石;化学矿主要是指硫、磷、天然钾盐和硼等矿物;其他如石棉、云母、石墨、石膏、宝石、玉石等统称为非金属矿。非金属矿产资源型城市主要就是开采非金属矿产资源及进行初加工的城市,如新疆的格尔木。

森工城市:森工城市主要是从事森林采伐和加工业的地区和城市,如大兴安岭地区和黑龙江省伊春市等。

(3) 单一型资源型城市和综合型资源型城市

按照自然资源开发利用种类多少进行划分，可以将资源型城市分为单一型资源型城市和综合型资源型城市。其中单一型资源型城市指的是以一种自然资源的开采和加工为主的城市，而综合型资源型城市则指以多种自然资源的开采和加工为主导产业的城市。

(4) 新建资源型城市、中兴资源型城市和衰退资源型城市

资源型城市的发展过程必然受自然资源储量的制约，因此，其资源型产业必然会经历开发建设、兴盛繁荣和萎缩衰落三个发展过程，由此资源型城市可以划分为新建资源型城市、中兴资源型城市和衰落资源型城市三种类型。

新建资源型城市：这类资源型城市一般处于资源型产业的初开发阶段，资源蕴藏量大，可供开采时间长，城市发展处于成长期或青年期，发展潜力巨大。

中兴资源型城市：这类资源型城市的资源型产业已经发展了不短的时间，具备一定的规模，在城市产业结构中占据主导地位并带动相关的运输业和贸易及服务业迅速发展起来了，城市发展正处于鼎盛期或壮年期，发展劲头正盛。

衰退资源型城市：这类城市由于资源型产业伴随着自然资源的枯竭或者开采成本升高而出现效益低下或者濒临破产关闭，资源型产业急剧萎缩，城市经济增长乏力。城市发展进入了衰退期或暮年期，发展潜力很小。

2.2.1.3 资源型城市的生命周期和发展规律

生命周期理论最早是在生物学领域提出的。任何事物都有一个从形成到灭亡的过程，这个完整的过程即为一个生命周期。随着这一理论的外延不断扩大，该理论逐渐引入到经济学、管理学等多个领域，相继有学者提出了产品生命周期理论、矿产资源生命周期理论等。在20世纪60年代，美国学者维农(Vernon)正式提出了产品周期理论，他提到产品周期理论形成于技术创新和科技模仿的社会背景下，产品由国内生产转向国外出口，而进口国企业通过进一步的技术研发或模仿，不需要再进口，如此过程导致原始生产国的生产优势不断减少，产品生产量减少，进一步导致整个产品行业衰退甚至是消亡[12]。维农的这一理论是从市场营销的角度提出的，强调其要经历形成期、发展期、成熟期和衰退期四个阶段，这与资源型城市生命周期曲线是大致相同的。同样是在60年代，加拿大学者布莱德伯里(Bradury)从经济学角度思考和研究加拿大资源型城镇建设问题，总结和归纳了资源型城镇所具有的一些社会经济特征[13]。美国学者洛顿(Lowdon)提出了资源开发和区域发展阶段理论，随后马林鲍姆(Malenbaum)提出了矿产资源需求的生命周期理论。

由于资源型城市是在自然资源开采和利用的基础上形成、发展起来的，其生命周期与所依赖的资源产业生命周期是一致的，不可再生资源的有限性导致资源开发存在开发成本较低的增产期、稳产期和开发成本较高的减产期，相对的资源型

城市的生命周期可以划分为形成期、扩张期、繁荣期和衰退期，如图 2-3 所示。

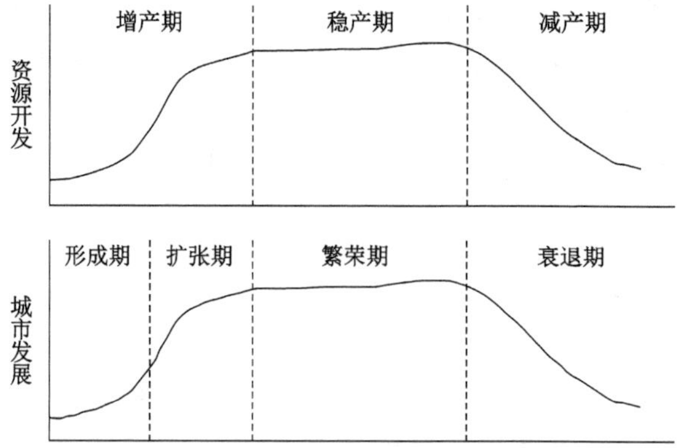

图 2-3　资源型城市生命周期[14]

(1) 资源型城市形成期

这是资源型城市生命周期的第一阶段，在这一阶段，先期工作包括勘探自然资源储量、品质和开采条件，确定开采方案，之后是资源开采企业的建立和城市基础设施的建设等。这一时期形成的资源型产业产品较为单一，生产企业数目不多，规模较小且收益水平较低。这一阶段，资源型城市处于初兴阶段，城市功能尚不完善。

(2) 资源型城市扩张期

一般来说，资源型城市扩张期从资源型企业的全面投产开始，直至企业生产达到规划规模。这一阶段随着资源开采企业资金和劳动力的不断投入，资源开发能力由弱变强，资源开采量及产量持续上升，生产规模不断扩大，通常已经形成几个矿区，城市雏形基本形成，吸引了大量劳动力和资金内流，城市开发建设加速，可以视为资源开发的增产期和城市发展的形成期。以中国典型煤炭城市抚顺市为例，1901 年兴办煤矿后，煤炭年产量快速上升，1937 年就设立了抚顺市。

(3) 资源型城市繁荣期

这一阶段伴随着资源型产业的进一步发展，资源开发产量由于资源开发企业的生产技术成熟和管理方式规范，开采成本和经济效益都趋于稳定，出现资源开发的稳产阶段和资源型城市经济的繁荣时期，这是资源型城市生命周期的第三个阶段。在这一阶段，资源型城市开始建立起与主导产业相配套的服务业和交通运输业，城市功能逐步完善。

(4) 资源型城市衰退期

随着资源型产业的继续发展，资源储量会逐步减少，开采的难度和成本反而急剧上升，这时资源型城市的发展进入了主导产业衰落的阶段，如果不能及时进行产业结构调整和经济转型，最终必然进入资源开采的减产期和资源型城市发展的衰落期，难逃“矿竭城衰”的命运，如图 2-4 所示。

图 2-4　贵州省普兴矿区废弃菜子田煤矿

由于资源型城市的主导产业是高度依赖于资源的储量和开采难度的，因此，伴随着资源型产业的发展必然存在资源储量的不断减少和资源开采难度的逐步增加。这是因为，资源型产业的加工对象多为不可再生资源，其储量随着不断地开采和利用而减少。另外，资源型企业在从事资源开采利用的过程中多遵循“先上后下”和“先易后难”的采掘方式，在资源开采初期，由于资源储量巨大，开采成本较低，伴随着资源型产业的发展，会出现在达产期之前产量逐步上升，可变成本投入不断下降的情况；到了稳产期，成本和产量多会保持一定的稳定性；及至资源型产业的衰退期即减产期时，由于资源储量濒临枯竭，开采难度加大，产量必然骤减并且伴随着开采成本的上升，资源型产业收益递减，如图 2-5 所示。

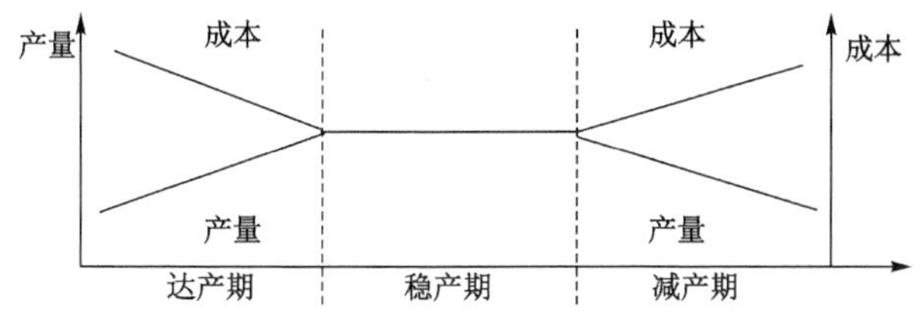

图 2-5　资源型产业收益递减规律[14]

一般来说，产业会出现衰落消亡的情况，但是由于技术的进步和不断地更新换代，产业很难出现真正的消亡，最多是出现衰落阶段，之后仍然会形成使用新技术、采用新材料、生产类似产品、重新焕发活力的新产业部门。但是资源型产业则不然，资源型产业主要从事自然资源采掘和初加工，由于对资源储量的高度依赖性，会出现因不可再生自然资源的储量枯竭而彻底衰落，而且这一过程不具有可逆性。

2.2.2 中国资源型城市的形成、分布与发展特征

2.2.2.1 中国资源型城市的形成

中国以矿业为代表的资源开采产业历史悠久，可以追溯到远古时代。但是，真正意义上的现代资源型城市的形成是在工业化过程开始之后，1878 年开办的开平煤矿是中国第一个近代资源型企业，是唐山这座资源型城市兴起主因之一。1949 年，共拥有各类资源型城市 22 座，之后经历了 20 世纪 50—60 年代和 80—90 年代两次发展高潮，现已形成了数百座大小规模不等的资源型城镇。

中国资源型城市的兴起与世界上绝大多数资源型城市一样源于自然资源的开发，不过与西方资源型城市的形成与发展最大的不同之处在于：西方资源型城市的形成从过程上看很大程度上依赖于从事资源开发活动的资源型企业，而政府在城市的形成和发展中只起到辅助作用。而新中国成立后的大多数资源型城市形成和发展都是在政府主导作用下，受国家计划控制，通过短期的、高强度的资源开发而迅速发展起来的；也有部分传统的、早已建立的资源型城市形成于清末或民国时期的近代工业化过程中，在新中国成立后也在国家统一的战略规划下经历了计划经济体制下的再繁荣过程。

资源开发的周期性规律在我国资源型城市发展与演化的过程中仍然发挥作用，但鉴于中国特殊的国情和历史背景，资源型城市都在计划经济体制下和工业化过程中经历了主动发展过程，这个过程不是一个市场化开发的过程，而是一个受政府意志控制的、主动发展的过程。这个过程可以简单概括为：国家投资矿产资源开发——资源型企业规模扩大形成资源开发基地——人口增长形成小城镇——主导产业带动关联产业发展成为小城市——服务业和农业发展形成大中城市。

由此，纵观中国资源型城市的形成过程，可以将资源型城市划分为两种类型：一种是新中国成立之前建立的资源型城市，这类城市的建立多是由于近代中国工业化的需要，其兴起来源于国外资本的投入和民族资本的聚集，城市数量不多、规模偏小。新中国成立后，这些城市大都经历了国家战略投资的再兴过程。由于这些城市具备一定的资源开采和加工工业基础，因此，在新中国成立初期对国民经济的迅速恢复与发展作出了重大贡献，如河北的唐山，辽宁的抚顺、本溪

等。另一种是新中国成立之后建立的资源型城市，这类城市是在国家战略规划下进行资源开发的产物，从事资源开发的企业多是由国家投资建成的，直属中央部委管辖并且生产经营受国家计划控制，没有企业的自主决策权。因此，其建立具有突发性和密集性，根据刘云刚(2002)的研究，可以根据我国63个资源型城市的设市时间，将新中国成立以来的资源型城市的形成时期划分为“两峰两谷”四个阶段。

20世纪50—60年代是第一高峰期。这一时期由于新中国刚刚成立，国家采用重工业化的发展战略，首先是对新中国成立前重要的工矿基地实施经济恢复和战略巩固，旨在利用和扩大这些基地原有的生产能力来发展资源工业，进行新中国的国民经济恢复工作，如1953年建立在东北三省的57个苏联援建重点项目都是以重型装备制造业为主，重点工程的建设都是在能源矿产(煤炭)和金属矿产(钢铁)等原材料生产基地进行的。如煤炭城市阜新就建立了3个采煤洗煤项目，即阜新平安立井的续建、新邱一号立井的新建和海州露天矿的续建等等。总之，20世纪50—60年代中国基于当时的政治和经济形势，开始进入了全面工业化建设阶段，按照国家的统一计划，以钢铁工业为基础构建国家工业发展体系，由此引发了对国内各种森林、能源矿产资源和金属矿产资源，特别是与钢铁有关的黑色金属矿产资源需求的迅速增长。围绕原材料基地的建设和自然资源的大力开发，一大批资源型开发基地开始在全国兴建。在苏联“工业地域综合体”思想的指导下，由于工业生产强调专业化与综合发展相结合，即一方面强调工业的专业化发展，造成大多数的资源开采基地与加工业基地相分离，建立起一大批产业结构单一的资源开采基地；另一方面强调工业综合发展，在资源开采基地建设强调“大而全”和“小而全”，人口迅速聚集，基地建设和企业生产规模迅速扩大，许多基地陆续按照城市建制，如1956年建市的马鞍山和双鸭山，1957年建市的鹤壁、鸡西和平顶山，1958年建市的铜陵、铜川和伊春，1960年建市的枣庄和大庆，等等。总而言之，20世纪50—60年代是中国资源型城市形成的第一个高峰期，这一时期在“以钢为纲”的工业化发展背景下，中央政府加强了对资源型产业的投入，劳动力大量从农村进入资源型城市，城市人口剧增，资源型城市得到了空前的发展。

20世纪60—80年代中国资源型城市发展进入了第一个滞缓期，这一时期受“文化大革命”等政治形势的影响，国家工业建设进程开始减缓，资源型城市建立和发展速度降低。但是这段时间基于国际形势的判断和战备需要，国家在工业布局上强调“三线”建设，由此还是在内陆地区新建了一批资源型开发基地，主要是煤炭生产和钢铁生产基地。如1976年建市的乌海和1978年建市的六盘水都是重要的煤炭生产基地。综合来看，资源型城市在这一时期发展滞缓并不是源自经济原因或者资源枯竭问题，而是受到国家政治环境影响。

20 世纪 80—90 年代中国资源型城市的建设进入了第二高峰期，这是由于 1978 年中国开始实施改革开放，在这一战略方针的指导下，资源型城市的发展进入高峰期。这一时期，国家开始将工业发展重点从中西部内陆地区向东部沿海优势地区转移，在内陆地区则主要以提高经济效益为中心，加强了对煤炭、石油、钢铁和有色金属等资源的开发以支持东部地区发展，先后建立起来一大批中西部资源型城市，如 1981 年建市的金昌、1983 年建市的晋城和濮阳、1985 年建市的白银和霍林郭勒、1986 年建市的攀枝花、1988 年建市的朔州和丰城、1992 年建市的介休，等等。在这段时间，资源型开发基地建设的模式开始发生变化，一方面由于国家经济体制的改革，资源型开发企业开始实施改革与重组，国家投资减少，非国有资本开始进入，资源开发的投资主体趋于多元化；另一方面资源型城市发展模式开始转变，逐渐成为区域政治和经济中心。与此同时，资源型城市发展的诸多矛盾日益暴露，尤其是产业结构单一的劣势开始凸显出来。由于部分城市的资源储量濒临枯竭和开采成本的持续上升，这些资源型城市开始进入衰退阶段，经济发展速度减缓、居民生活水平下降、生态环境日益恶化，城市的可持续发展面临严峻挑战。

20 世纪 90 年代以来，中国的资源型城市发展进入了第二个滞缓期，这是由于资源开发机制发生变化，使得资源型城市的弱势开始显现出来。尽管这一时期资源的开发并没有减缓，不过重点发展的新兴产业大都是对自然资源的简单再加工而非勘测建立新的资源开采基地。总体而言，虽然也有少数资源、原材料开采基地兴建起来，但是资源型城市的建立速度已经开始减缓。这一时期，国民经济发展对资源的依赖性依然存在，资源型城市功能的完善和基础设施建设步伐也在加快，城市整体的经济规模和人口数量都在增长，但是总体来说，资源型城市新增了相对衰退或边缘化的趋向，对区外和内部人才的吸引力在降低，地区居民间的实际收入差距也越来越大。另外，由于资源储量的有限特征，我国资源型城市数量上升到一定程度后将会逐渐减少，进入第二个发展的滞缓期。

2.2.2.2 中国资源型城市的数量与分布

中国由于地域广阔、资源蕴藏丰富，资源型城市广泛分布于大多数省份，涉及煤炭、石油、有色金属、黑色金属等多个资源产业。但是由于国内学者对资源型城市的定量标准尚未形成统一的认识，因此在界定中国资源型城市的数量与分布上仍有很大分歧。除此之外，随着资源型产业的不断发展和资源型城市的不断演化，原本的资源开发基地可能会因为资源枯竭而衰亡或者通过产业转型成为综合性城市，也有可能伴随新能源开发而形成新的资源型城市，故而资源型城市的数量在不断变化中。

20 世纪 90 年代以来，国内学者对中国资源型城市的数量不断进行研究，1994 年周长庆在《浅论资源型城市属性、结构及成长中的协调发展》一文中提出我国约有资源型城市 170 座；1998 年张以诚在所著的《矿业城市与可持续发展》一书中认定我国有矿业城市 80 座；2001 年张秀生、陈先勇在《论中国资源型城市产业发展的现状、困境与对策》文中提出，国土资源部确定的 666 座建制市中有 126 座为资源型城市；2001 年胡魁在《中国矿业城市基本问题》一文中认定中国有矿业城镇 426 座；2003 年王青云在所著的《资源型城市经济转型研究》一书中认定中国有资源型城市 118 座；2005 年中国科学院沈镭在其博士毕业论文《我国资源型城市转型的理论与案例研究》中认为，2000 年我国拥有矿业城市 178 座；等等。

（1）中国资源型城市按行政区划的分类

2013 年，国务院出台《全国资源型城市可持续发展规划（2013—2020 年）》，定量分析我国资源型城市的现状以及发展能力，并遵循分类指导和特色发展的原则，将全国 262 个资源型城市分为成长、成熟、衰退、再生型城市四类，其中地级市有 126 个，这些资源型城市主要分布在黑龙江、山西、吉林、山东、河南、辽宁、河北、安徽、江西、湖南、四川、贵州、云南等省（见表 2-2）。

表 2-2　中国资源型城市按行政区划分

所在省（区、市）	地级行政区	县级市	县（自治县、林区）	市辖区（开发区、管理区）
河北省（14）	张家口市、承德市、唐山市、邢台市、邯郸市	鹿泉区、任丘市	青龙满族自治县、易县、涞源县、曲阳县	井陉矿区、下花园区、鹰手营子矿区
山西省（13）	大同市、朔州市、阳泉市、长治市、晋城市、忻州市、晋中市、临汾市、运城市、吕梁市	古交市、霍州市、孝义市		
内蒙古自治区（9）	包头市、乌海市、赤峰市、呼伦贝尔市、鄂尔多斯市	霍林郭勒市、阿尔山市*、锡林浩特市		石拐区
辽宁省（15）	阜新市、抚顺市、本溪市、鞍山市、盘锦市、葫芦岛市	北票市、调兵山市、凤城市、大石桥市	宽甸满族自治县、义县	弓长岭区、南票区、杨家杖子经济开发区
吉林省（11）	松原市、吉林市*、辽源市、通化市、白山市*、延边朝鲜族自治州	九台区、舒兰市、敦化市*	汪清县	二道江区

表 2-2（续）

所在省（区、市）	地级行政区	县级市	县（自治县、林区）	市辖区（开发区、管理区）
黑龙江省（11）	黑河市、大庆市、伊春市、鹤岗市、双鸭山市、七台河市、鸡西市、牡丹江市、大兴安岭地区*	尚志市*、五大连池市*		
江苏省（3）	徐州市、宿迁市			贾汪区
浙江省（3）	湖州市		武义县、青田县	
安徽省（11）	宿州市、淮北市、亳州市、淮南市、滁州市、马鞍山市、铜陵市、池州市、宣城市	巢湖市	颍上县	
福建省（6）	南平市、三明市、龙岩市	龙海市	平潭县、东山县	
江西省（1）	景德镇市、新余市、萍乡市、赣州市、宜春市	瑞昌市、贵溪市、德兴市	星子县（现庐山市）、大余县、万年县	
山东省（14）	东营市、淄博市、临沂市、枣庄市、济宁市、泰安市、莱芜区	龙口市、莱州市、招远市、平度市、新泰市	昌乐县	淄川区
河南省（15）	三门峡市、洛阳市、焦作市、鹤壁市、濮阳市、平顶山市、南阳市	登封市、新密市、巩义市、荥阳市、灵宝市、永城市、禹州市	安阳县	
湖北省（10）	鄂州市、黄石市	钟祥市、应城市、大冶市、松滋市、宜都市、潜江市	保康县、神农架林区	
湖南省（14）	衡阳市、郴州市、邵阳市、娄底市	浏阳市、临湘市、常宁市、耒阳市、资兴市、冷水江市、涟源市	宁乡市、桃江县、花垣县	
广东省（4）	韶关市、云浮市	高要区	连平县	
广西壮族自治区（10）	百色市、河池市、贺州市	岑溪市、合山市	隆安县、龙胜各族自治县、藤县、象州县	平桂区

表 2-2(续)

所在省(区、市)	地级行政区	县级市	县(自治县、林区)	市辖区(开发区、管理区)
海南省(5)		东方市	昌江黎族自治县、琼中黎族苗族自治县*、陵水黎族自治县*、乐东黎族自治县*	
重庆市(9)			铜梁区、荣昌区、垫江县、城口县、奉节县、云阳县、秀山土家族苗族自治县	南川区、万盛经济技术开发区
四川省(13)	广元市、南充市、广安市、自贡市、泸州市、攀枝花市、达州市、雅安市、阿坝藏族羌族自治州、凉山彝族自治州	绵竹市、华蓥市	兴文县	
贵州省(11)	六盘水市、安顺市、毕节市、黔南布依族苗族自治州、黔西南布依族苗族自治州	清镇市	开阳县、修文县、播州区、松桃苗族自治县	万山区
云南省(17)	曲靖市、保山市、昭通市、丽江市*、普洱市、临沧市、楚雄彝族自治州	安宁市、个旧市、开远市	晋宁区、易门县、新平彝族傣族自治县*、兰坪白族普米族自治县、香格里拉市*、马关县	东川区
西藏自治区(1)			曲松县	
陕西省(9)	延安市、铜川市、渭南市、咸阳市、宝鸡市、榆林市		潼关县、略阳县、洛南县	
甘肃省(10)	金昌市、白银市、武威市、张掖市、庆阳市、平凉市、陇南市	玉门市	玛曲县	红古区

表 2-2(续)

所在省(区、市)	地级行政区	县级市	县(自治县、林区)	市辖区(开发区、管理区)
青海省(2)	海西蒙古族藏族自治州		大通回族土族自治县	
宁夏回族自治区(3)	石嘴山市	灵武市	中宁县	
新疆维吾尔族自治区(8)	克拉玛依市、巴音郭楞蒙古自治州、阿勒泰地区	和田市、哈密市、阜康市	拜城县、鄯善县	

注:1. 带 * 的城市表示森工城市。

2. 资源型城市名单将结合资源储量条件、开发利用情况等进行动态评估调整。

从表 2-2 可以看出我国资源型城市的空间分布特征:资源型城市主要分布在东北老工业基地和中部地区,其中煤炭城市多集中在中部地区,尤其是山西和河南两省;森工城市主要分布在东北老工业基地,尤其是黑龙江和吉林两省;黑色金属、有色金属和石油城市分布较分散,但是也主要分布在中西部地区。这是和我国资源分布情况、区域经济发展情况紧密联系在一起的。总体而言,我国自然资源主要分布在中西部内陆地区,东部沿海地区自然资源贫乏,但是由于改革开放以来我国东部地区经济发展领先于其他地区,为满足其对自然资源的需求,促进了中西部尤其是东北老工业基地和中部地区资源型城市的快速发展,这主要是源于地理区位优势发展起来的。

从图 2-6 我们可以看出,中国的资源型城市主要分布在中西部地区。仅有 49 个资源型城市分布在东部地区,占到资源型城市总数的 19%;有 176 个资源型城市分布在中西部地区,其中中部地区有 83 个,西部地区有 93 个,分别占到资源型城市总数的 32%和 35%;剩余的 37 个资源型城市分布在东北三省,占到资源型城市总数的 14%。

(2) 中国资源型城市按资源能力的分类

《全国资源型城市可持续发展规划(2013—2020 年)》根据资源保障能力和可持续发展能力差异,将我国的 262 个资源型城市划分为成长型、成熟型、衰退型和再生型四种类型(见表 2-3)。

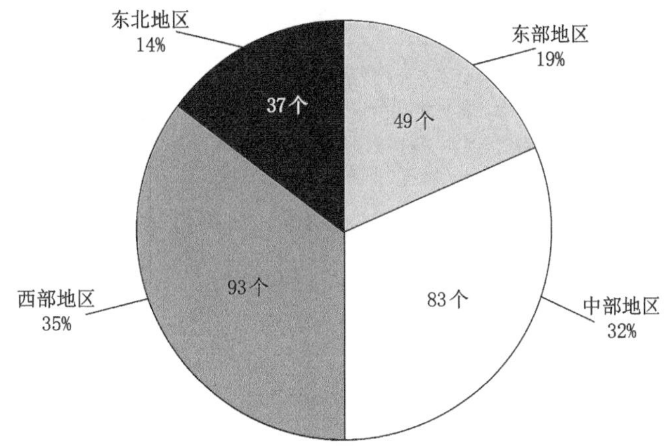

图 2-6　中国资源型城市地区分布

表 2-3　中国资源型城市按资源能力划分

成长型城市(31 个)
地级行政区(20 个):朔州市、呼伦贝尔市、鄂尔多斯市、松原市、贺州市、南充市、六盘水市、毕节市、黔南布依族苗族自治州、黔西南布依族苗族自治州、昭通市、楚雄彝族自治州、延安市、咸阳市、榆林市、武威市、庆阳市、陇南市、海西蒙古族藏族自治州、阿勒泰地区; 县级市(7 个):霍林郭勒市、锡林浩特市、永城市、禹州市、灵武市、哈密市、阜康市; 县(4 个):颍上县、东山县、昌乐县、善县。
地级行政区(66 个):张家口市、承德市、邢台市、邯郸市、大同市、阳泉市、长治市、晋城市、忻州市、晋中市、临汾市、运城市、吕梁市、赤峰市、本溪市、吉林市、延边朝鲜族自治州、黑河市、大庆市、鸡西市、牡丹江市、湖州市、宿州市、亳州市、淮南市、滁州市、池州市、宣城市、南平市、三明市、龙岩市、赣州市、宜春市、东营市、济宁市、泰安市、莱芜区、三门峡市、鹤壁市、平顶山市、鄂州市、衡阳市、郴州市、邵阳市、娄底市、云浮市、百色市、河池市、广元市、广安市、自贡市、攀枝花市、达州市、雅安市、凉山彝族自治州、安顺市、曲靖市、保山市、普洱市、临沧市、渭南市、宝鸡市、金昌市、平凉市、克拉玛依市、巴音郭楞蒙古自治州; 县级市(29 个):鹿泉区、任丘市、古交市、调兵山市、凤城市、尚志市、巢湖市、龙海市、瑞昌市、贵溪市、德兴市、招远市、平度市、登封市、新密市、巩义市、荥阳市、应城市、宜都市、浏阳市、临湘市、高要区、岑溪市、东方市、绵竹市、清镇市、安宁市、开远市、和田市; 县(自治县、林区)(46 个):青龙满族自治县、易县、涞源县、曲阳县、宽甸满族自治县、义县、武义县、青田县、平潭县、庐山市、万年县、保康县、神农架林区、宁乡市、桃江县、花垣县、连平县、隆安县、龙胜各族自治县、藤县、象州县、琼中黎族苗族自治县、陵水黎族自治县、乐东黎族自治县、铜梁区、荣昌区、垫江县、城口县、奉节县、秀山土家族苗族自治县、兴文县、开阳县、修文县、播州区、松桃苗族自治县、晋宁区、新平彝族傣族自治县、兰坪白族普米族自治县、马关县、曲松县、略阳县、洛南县、玛曲县、大通回族土族自治县、中宁县、拜城县。

表 2-3(续)

衰退型城市(67 个)
地级行政区(24 个):乌海市、阜新市、抚顺市、辽源市、白山市、伊春市、鹤岗市、双鸭山市、七台河市、大兴安岭地区、淮北市、铜陵市、景德镇市、新余市、萍乡市、枣庄市、焦作市、濮阳市、黄石市、韶关市、泸州市、铜川市、白银市、石嘴山市; 县级市(22 个):霍州市、阿尔山市、北票市、九台区、舒兰市、敦化市、五大连池市、新泰市、灵宝市、钟祥市、大冶市、松滋市、潜江市、常宁市、耒阳市、资兴市、冷水江市、涟源市、合山市、华蓥市、个旧市、玉门市; 县(自治县)(5 个):汪清县、大余县、昌江黎族自治县、易门县、潼关县; 市辖区(开发区、管理区)(16 个):井陉矿区、下花园区、鹰手营子矿区、石拐区、弓长岭区、南票区、杨家杖子经济开发区、二道江区、贾汪区、淄川区、平桂管理区、南川区、万盛经济技术开发区、万山区、东川区、红古区。
再生型城市(23 个)
地级行政区(16 个):唐山市、包头市、鞍山市、盘锦市、葫芦岛市、通化市、徐州市、宿迁市、马鞍山市、淄博市、临沂市、洛阳市、南阳市、阿坝藏族羌族自治州、丽江市、张掖市; 县级市(4 个):孝义市、大石桥市、龙口市、莱州市; 县(自治县)(3 个):安阳县、云阳县、香格里拉市。

注:以上分类均按照原表,地名使用最新版。

通过以上分类,我们可以发现,在 262 个资源型城市中,成熟型资源型城市最多,共有 141 个,占全部资源型城市的 53.82%;其次是衰退型资源型城市,共有 67 个,占全部资源型城市的 25.57%;成长型资源型城市共有 31 个,数量排第三,占全部资源型城市的 11.83%;数量最少的为再生型资源型城市,共有 23 个,占全部资源型城市的 8.78%,如图 2-7 所示。

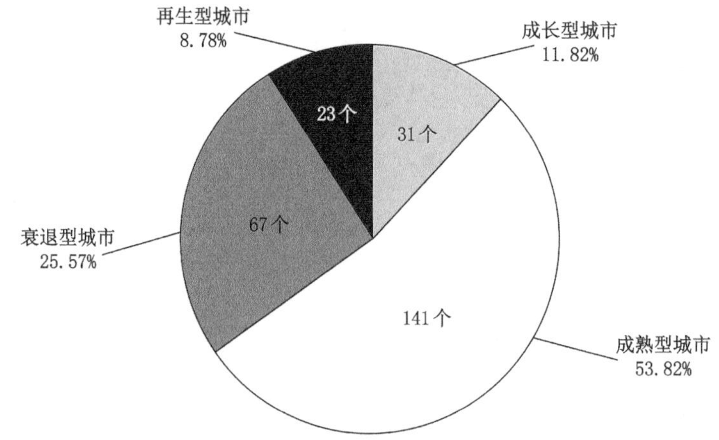

图 2-7　中国资源型城市按资源能力划分

由此可见，中国资源型城市以成熟型资源型城市为主，但已经出现了大量衰退型资源型城市，并且再生型资源型城市数量不多，可见转型发展还存在问题。

2.2.2.3 中国资源型城市发展特征

作为一种特殊类型的城市，资源型城市在经济、社会与文化方面有许多不同于其他类型城市的特征。具体来看，主要包括产业结构单一、经济发展效益低下；城企关系密切，城市建立具有突发性；城市布局分散，环境污染严重；等等。这些特征在很大程度上阻碍了资源型城市科学发展的道路，成为其实施产业转型、实现科学发展的障碍。

(1) 产业结构单一，经济发展效益低下

与西方资源型城市形成的背景不同，中国资源型城市是建立在一个不充分的工业化背景之下的。相比于西方发达国家，中国在 20 世纪 50 年代的工业化进程是建立在一个极低的经济基础上，完全不具备大规模发展工业化的基本条件。由于当时新中国刚刚建立，不仅不能充分获得世界范围内的资金和技术支持，还一直受到经济封锁和压制。在这个发展背景下，中国只能选择在封闭的环境条件下，依赖政府自已的投资，按照统一的战略规划，走上一条重工业化优先发展的、非常规的工业化道路。可以说，中国资源型城市的建立是在特殊的工业化背景下进行的，正是由于国家重工业发展战略的安排，对自然资源的急迫需求，才使得资源型城市大面积、快速建立起来了。

中国资源型城市的形成多源于国家战略的指导下、中央直属领导的资源开发企业和资源开采基地的建立。这些资源开发企业多数是国有企业，其本身组织体系复杂，规模庞大，多为大型或特大型企业，建立起来之后其影响力几乎可以遍及所在资源型城市所有的产业部门，在城市经济结构中居绝对控制地位。由于这样特殊的建立背景，资源型企业的资源开发活动一直受垂直的管理体制控制，资源型城市沦为资源型企业的载体被纳入国家资源发展战略，因此，资源型城市的发展过程中会被突出强调其资源开发功能，财政投资重点也放在了资源开发产业领域，与此同时，还尽量压低资源产品的价格以支持整个国家的工业化进程。在这样的计划经济控制模式下，资源型城市自身积累能力非常低，缺乏多元化构建城市产业体系的动力和能力。再者，由国家投资建设的资源开发企业在组织结构上追求“大而全”，“企业办社会”，其经济和社会活动基本上是封闭运行的，与所在的资源型城市经济关联度低，产业投资的乘数效应也被内部化，很难起到对资源型城市其他产业部门发展的带动作用。因此，资源型产业独大的资源型城市经济运行状态具有明显的单一性，这包括产业结构单一、劳动力结构单一和所有制结构单一等等。

首先，资源型城市产业体系的主导产业和重心是发展采选业及其关联产业，从而形成了产业单一、矿业独大的城市产业结构。其次，由于城市产业结构单一，大量劳动力就业集中于资源开发、资源加工与其相关的资源经营企业，导致劳动力就业结构单一，从事第二产业的劳动力比例远高于其他非资源型城市。最后，中国的很多资源型城市基本上都是在计划经济时代建立起来的，所有制结构基本上以国有和国有控股为主，非公有制经济成分总量较小。改革开放以后，尽管中国资源型城市经济发展的制度环境发生了重大变化，由计划经济体制转变为市场经济体制，但是由于资源开发产业本身的特殊性和资源型城市自身经济体系中国有经济高度集中等原因，市场经济要素生长相对缓慢，其经济运行的单一状态转变起来需要一个漫长的过程。

导致资源型城市经济发展效益低下的原因，一方面来自上述的资源型城市单一畸形的经济结构，另一方面则主要是由于资源型城市的主导产业多是以资源开发和初加工为主的技术低下、效益不高的上游产业。这些产业对资源的过分依赖导致资源型城市的企业发展完全失去了应有的活力，一旦其所依赖的资源基础消失了，即资源出现枯竭状况，企业的生产能力也就可能随之消失。改革开放以后，从客观上讲，资源型城市面临发展环境和条件发生了巨大的变化，从主观上讲，不少资源型城市也开始面对资源枯竭状况的出现，如果此时城市不能主动寻找和建立替代产业和接续产业，“矿竭城衰”的问题也就随之而生，这自然会引起资源型城市经济的衰落和劳动力的转移，进一步拉大与周围城市发展水平的差距。

(2) 城市突发性兴起，城企关系密切

与一般的城市兴起不同，资源型城市的兴起在中国曾经特殊的工业化发展战略和计划经济体制历史背景下，表现出明显的突发性特点。一般来说，一座城市的兴起是基于长期的历史文化积淀和区域要素的逐渐聚集，需要相当长的时间，但是绝大多数资源型城市则是在自然资源的勘探和开发利用的基础上由矿区、林区演化而来的，其发展经历了一个突发的跳跃性启动过程。在资源开发基地建立之初，为了使资源型企业尽快形成生产能力，中央政府采取所谓的“会战体制”，集中力量在很短时间内将城市发展需要的大量人力、物力、财力迅速集中到资源开发基地，这些基地在资源开发之初很多原来只是拥有几户人家的小村庄，比如安徽的淮北、湖南的资兴、河南的平顶山、辽宁的盘锦和黑龙江的伊春等等；还有的甚至是荒无人烟的戈壁和沙漠，如黑龙江的大庆、新疆的克拉玛依、甘肃的玉门、金昌和白银等等。这些地方原本都不具备迅速发展成为城市的条件，但是由于资源开发的需要，在国家宏观经济发展战略的指导下因矿建城，迅速演变成拥有几万甚至几十万人口的集聚地和区域的政治、经济、文化中心。以油都大庆为例，20 世纪 50 年代的大庆总人口不足 2 万人，但是到了 20 世纪 90 年代，已经成为城市人口近百万的大型城市了。因此，中国资源型城市的形成和一般的综合性城市相比，城市发展具有突发性和被动性。城市兴起主要是为了开发资源，缺乏历史的积淀和文化内涵，城市建设主要是为资源开发生产服务的，缺乏全面规划和统筹安排，城市功能不完备，城市发展存在比较强的不稳定性和脆弱性。虽然超常规的城市建设速度为资源型城市自然资源的开发、利用提供了便利的条件，但是城市化水平普遍不高，这主要是因为其从业人口基本都是由资源开发产业的技术工人，以及吸纳的周边经济落后地区的农民和牧民构成，劳动力文化层次偏低，技术水平不高，且亦工亦农，这样的劳动力结构，决定了资源型城市未来发展缺乏潜力。

由于受资源禀赋、地质开采条件的制约，资源开发基地大多分散在山区或偏离中心城市的地区。因此，在以资源开发和加工为主的资源型产业建立起来之后，原本地区提供的公共产品不能满足资源开采与加工企业发展的需要，资源开采企业与其工作人员需要的水、电、交通、医疗和教育等生产、生活的服务保障系统甚至一些政府职能都只能由资源型企业自己提供和承担。在资源型城市形成之初，几乎所有的城市功能都是由资源型企业行使的，一般采用的都是政府和企业共同管理的市政体制，资源型企业也就顺理成章地成为集资源开发和生产、后勤保障与政府功能于一身的"大而全"的组织。由此，在资源型城市建立起来之后，资源型企业大都形成了庞大的自我服务体系，即"企业办社会"。伴随着资源型城市经济的繁荣和不断发展，逐步形成了"大企业小市政"和"政企不分"的局面。

资源型城市因资源而建，依资源而兴。一方面，在建设初期国家大规模投资的带动下，资源企业经济发展规模和劳动力就业需求迅速增长，由于资源型企业的发展受到国家资金和优惠政策的强大支持，因此，企业能够为外来从业人员提供城镇居民身份和相对优厚的福利待遇，再加上对劳动力技术要求普遍不高，因而吸引了大批农村劳动力的集聚，人口规模迅速增长，资源型城市由此建立并发展起来。资源型城市既可以说是城市，也可以说是资源型产业基地；既承担一般城市需要承担的综合服务功能，也承担发展资源型企业的产业主导和支柱功能。另一方面，资源型企业既要从事基本的生产经营，又承担社会责任，履行生产和社会服务的双重职能。特别是中国的国有企业都在建立之初拥有行政级别，资源型企业往往都是省属企业甚至是中央直属企业，行政级别一般为地市级或省部级，再加上资源型企业还承担社会服务功能，故而企业领导者一般还兼任资源型城市的行政领导，从而将企业和政府的关系联系得更加紧密。不仅如此，资源型城市后期的衰落也与资源型企业脱不了关系，随着城市资源储量的下降，资源优势逐步丧失，资源型企业的开发和生产规模会逐渐萎缩。在政企不分、城市产业结构单一的背景下，资源型城市的经济发展无法持续下去，对人口的吸引力也逐渐下降，最终会导致劳动力的大量流失和城市的逐渐衰落。“大企业小市政”和“政企不分”，既加重了企业负担，又致使城市服务功能畸形化，随着资源开发成本的升高和储量濒临枯竭，城市对企业的依附性特征将使得城市发展在后期出现很强的不确定性和风险。

(3) 城市布局分散，环境污染严重

资源型城市的建设受自然资源空间分布的影响很大，因此，城市形态上大都表现出明显的松散性特征。这主要是因为中国资源型城市多数为“缘矿建厂”“缘厂建镇”“连镇成市”，而资源分布一般具有分散和不连续的特点，这种特点决定了资源型城市的布局往往呈现出“点多、线长、面广”的松散形态，城市布局随着资源开发的地域扩展而分成若干大小不同的散在单元。另外，很多资源型城市为了避免地表建筑物压矿，城区规划建设过程中必然要避开地下矿产资源区，这进一步加剧了城市布局的分散性，比如大庆市就为了避开萨尔图地下的石油矿藏而采取了“避开中央、建立两厢”的城区建设策略。集聚效应是现代工业化城市的一个重要特征，在工业化城市的发展进程中，城市形态由分散走向集中是大势所趋，这样既有利于城市土地的规模和集约化使用，又有利于城市的基础设施建设和生态环境治理，但是显然资源型城市由于资源分布的原因很难做到这点，给城市基础设施建设与合理利用带来了诸多问题。资源型城市的建设和发展首先对交通运输设施提出迫切要求，这是因为资源型产业产量大且位置偏离中心城市和交通主干线，因此，资源型城市的传统交通设施一般都比较健全，但是由于分散的城区布局，配套服务设施建设往往比较落后，很难成为生活设施齐全的宜居城市，常常出现“有市无城”“似城非城”的局面。

另外，资源型城市的主导产业，即自然资源开采与加工业属于环境污染型产业，很容易对生态环境产生破坏性影响。特别是煤炭开采、石油炼制和金属矿产的开采与加工，常常会诱发次生地质灾害，对地表破坏严重，还会对地下水系统造成破坏性影响，导致资源型城市的水污染和大气污染，破坏其自然景观和生态平衡。具体来说，煤炭开采城市会因煤炭开发而造成土地沉陷、地表破坏，煤炭和煤矸石的自燃会造成空气污染，煤炭选洗业还会进一步造成城市的水污染，等等(图 2-8)。石油炼制与开发城市则会因石油开采造成地下水污染，石油炼制与加工造成大气污染，等等。有色金属开采与冶炼城市则主要会出现采矿过程中造成的地质破坏以及冶炼过程中造成的地表、水体重金属和有毒或有害化学物质的污染，等等。因此，资源型城市面临的生态环境压力大，生态环境相对其他非资源型城市脆弱。中国资源型城市由于建立的突发性、生产的粗放性，在长期的资源开采和加工过程中导致生态环境普遍恶化，污染治理严重落后，在环境保护与治理方面还有很大的不足，不利于当地居民的生存和城市的可持续发展。

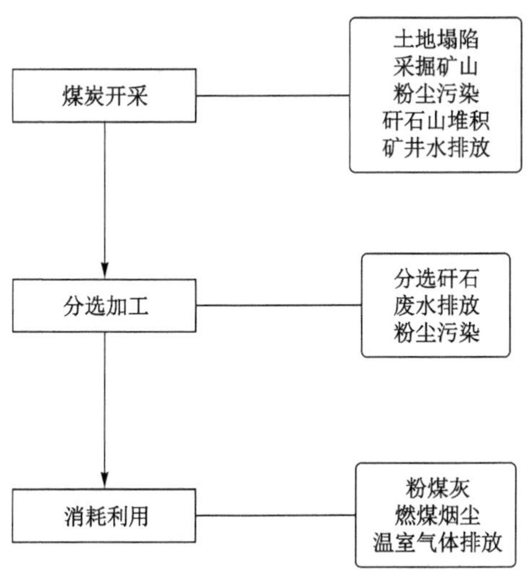

图 2-8 煤炭开采——加工——利用过程产生的生态环境污染[15]

2.2.3 资源枯竭型城市内涵、特征及面临的挑战

2.2.3.1 资源枯竭型城市形成与界定

(1) 资源枯竭型城市的形成

资源型城市赖以生存的自然资源储备数量是有限的，在过去的几十年里，由于传统的生产模式和评价体制，资源型城市的经济发展被单纯归结为物质积累，由此导致了整个工业化过程中对自然资源的疯狂掠夺。一般来说，资源型城市所依附的自然资源一般都是在短期内不可再生的自然资源，这些自然资源的最大特点就是可耗竭性，即任何时点上的任何使用都会相应地减少后续时点可供使用的数量。由此，对应于自然资源的消耗速度，资源型城市具有与非资源型城市不同的发展规律，表现出鲜明的阶段性特征，分别是形成期、扩张期、繁荣期和衰退期。伴随着所依附的自然资源的逐渐耗竭，资源型城市一般会步入衰退期，在这个时期，以自然资源开采和加工为主体的产业发展减缓、效益下降，逐渐演变成资源枯竭型城市，如果不能及时形成新的主导产业，经济就会进入“矿竭城衰”的衰退和消亡阶段；如果能够及时形成有竞争力的新的主导产业，实现城市经济的有效转型，则会转变资源型城市性质，进而发展成为综合型、非资源型城市。因此，自然资源的枯竭最终会导致资源型城市的发展困境，使得其步入资源

枯竭阶段,资源枯竭型城市本身正是资源型城市发展的一个必经阶段。

资源型城市由于自然资源枯竭而转变成资源枯竭型城市的趋势是不可改变的,这是资源型城市经济发展与资源利用之间存在的固有的矛盾,但是转变的速度却是可以控制的,这是因为资源型城市开发和利用自然资源的效率是可以提高的。从人类发展的历史来看,工业化社会对资源的利用效率与技术水平有密切的联系,不同的生产技术水平下的自然资源消耗强度有很大的差别。2000年,我国能源消耗12.8亿吨标准煤仅创造了1.08万亿美元的国内生产总值,而以当时美国的能源消耗水平计算的话,创造1.08万亿美元的国内生产总值仅需要3.5亿吨标准煤。[16]与西方发达国家相比,中国的工业化进程起步较晚,但是资源耗竭的速度却是惊人的,这很大程度上与中国资源开发技术水平不高以及粗放的生产方式导致的资源浪费有关。以煤炭开采为例,中国自1949年至2003年煤炭产量累计约350亿吨,但是这期间资源的消耗量却超过1 000亿吨,这说明有650亿吨的煤炭在开采阶段就被浪费掉了[17]。另外,我国自然资源开采的技术水平较差,仍以煤炭开采为例,其资源回采率平均不足35%,远低于发达国家回采率不低于75%的技术要求[18]。不仅如此,我国资源型城市的自然资源利用效率不高,浪费严重,如我国不可再生资源的总回收率仅为30%,而世界先进水平则在50%左右。正是这些原因,导致我国在短短半个多世纪的工业化发展进程中对自然资源过度消耗,进入20世纪90年代以后,不少资源型城市都开始步入衰退期,成为资源枯竭型城市。

(2) 资源枯竭型城市的界定

矿产资源是自然资源的重要组成部分,是国民经济和社会发展的物质基础,在我国,矿产资源提供了95%以上的能源基础、80%以上的工业原料、70%以上的农业生产资料。资源型城市是以本地区矿产资源开采、加工为主导产业的城市类型。随着矿产资源的不断开采与消耗,资源型城市终将进入资源枯竭阶段。

关于资源枯竭型城市界定标准的研究比较少,至今一直没有形成统一的认识。目前,很多文献采用以下两个定义:(1) 资源枯竭型城市一般是指已进入资源开采生命周期衰退期的资源型城市,可通过计算累计采出量是否达到当初测定总量70%以上或以当前技术水平和开采能力仅能维持5年开采时间,来判定是否为资源枯竭型城市。(2)"资源枯竭"是一个相对的动态过程,就统计规律而言,针对已探明的主体资源的枯竭,资源采掘量应占已探明的可采储量的60%以上,采掘时间占设计年限的3/4以上。

二者定义中分别把采出量占可采储量的70%和60%的比例作为资源枯竭型城市的界定标准不甚合适。以煤炭开采为例,通常使用动用储量来表示资源开采程度,即采区采出煤量与损失煤量之和,其中,采区采出煤量是指采区内所有工作面采出煤量与掘进煤量之和。因此，资源枯竭型城市应定义为：资源动用储量占该地区可采储量的60％以上，且资源主导产业已进入衰退期的城市。按照《中华人民共和国城市规划法》第三条规定，在此所指的城市是指国家按行政建制设立的直辖市、市、镇。

2.2.3.2　资源枯竭型城市特征

已有的研究对资源型城市特征描述较多，通常关注城市成长期和成熟期的表现，而针对资源枯竭型城市特征关注较少。由于资源枯竭，资源型城市特征会有较大的变化。因此，为更好地开展城市转型研究，有必要总结和分析资源枯竭型城市特征。资源枯竭型城市与一般资源型城市相比，在资源依赖程度上有所变化，不仅具备经济结构单一、生态环境破坏严重的特征，还包括以下特点。

（1）被迫转型

资源枯竭导致资源开采业优势消失，开采边际效益由正转负，资源型产业生产成本也随之上升，经济发展受到资源枯竭约束，无法继续依赖资源型产业。产业衰退、经济下滑等问题，导致原有发展方式已经不能维系城市持续发展，只有转型才能避免“矿竭城亡”的困境。

（2）产业难续

城市经济学将城市产业分为基础产业和非基础产业两类。资源型城市的基础产业是资源产业，也是城市发展的主导产业，主导产业周期性变化使城市发展呈现阶段性特点，城市矿产资源供给功能会逐渐减弱直至丧失。在寻找和发展替代产业过程中，由于前期较少投入资金扶持新兴产业，衰退阶段又缺少资金扶持，资源枯竭型城市面临产业难续的困境。

（3）虚假城市化

城市化水平一般指城镇人口占总人口比例，资源型城市在成长期和稳定期吸纳了大量外来人口和农村人口入城务工，并转为城镇户口，这是城市化水平迅速增长时期。在资源枯竭阶段，经济逐渐下滑，劳动力随之富余，失业不断增加，但这种现象在城市化水平的常规测算中却很难体现出来。表面上看，城市化水平仍呈现增长态势，实质上，此时的城市化水平虚高，已不能代表城市发展水平。

（4）经济压力巨大

面对转型压力，亟须扶持衰退产业延长生命，又要培育和引进新的替代产业以维持城市正常运营，这些都需要资金支持和产业支撑，而资源枯竭阶段城市经济衰退，无力增加对城市基础设施建设及产业扶持的投入。国务院批准对69个“资源枯竭型城市（地区）”进行转型发展财政扶持，一定程度上缓解了转型经济压力，但对其他进入衰退期的资源型城市来说，转型发展资金保障仍是最大难题。没有资金，选择适当的接替产业通常也需要较长的过渡时间。

(5) 社会矛盾突出

资源枯竭、矿山关闭、工矿企业效益下滑，给社会带来诸多连锁反应。我国因资源枯竭产生困难矿工数量约300万～400万，涉及1 000多万家属。劳动力过剩和安置问题成为城市衰退期的重要问题：资源型城市在成长期和稳定期吸引大量劳动力，而在资源枯竭阶段，工矿企业劳动力需求持续下降，下岗职工技能单一，就业难度大，矿山关闭后，出现大批劳动力自发转移，外出务工或迁移别处，引发了诸多的社会矛盾。社会问题已成为资源枯竭型城市转型过程中必须解决的问题之一。

2.2.3.3 资源枯竭型城市面临的挑战

资源开采虽为国家工业化发展提供了强有力的能源和资源支撑，但由于大规模、高强度的开发，在环境、生态和后续发展能力方面付出了沉重的代价。资源型城市过度依赖自然资源的问题始终难以从根本上得到解决。20世纪90年代以来，以东北、山西两区域市县为代表的资源型城市陆续出现了经济结构、经济增长、居民收入、资源环境、社会就业等诸多方面的问题，很多所谓城市转型却仍没有摆脱对资源的高度依赖。因此，资源枯竭阶段的城市转型迫在眉睫，并面对诸多挑战。

(1) 资源枯竭型城市转型定位的挑战

经济支撑能力下滑、生态环境脆弱等客观因素，使资源枯竭型城市抵御和承受风险能力减弱。转型发展是扭转局势的唯一出路，转型定位的准确性尤为关键。明确发展重心，充分发挥城市现有转型条件、区位优势、自然优势，选择以接续型产业接替为主还是以替代型产业接替为主，是城市转型面临的首要挑战。

(2) 由粗放型经济增长方式向内涵集约型经济增长方式转变的挑战

长期依赖矿产资源消耗的经济增长，实质是以数量的增长速度为核心，依靠资源要素的大量投入和扩张实现的经济增长，特点是资源消耗较高，污染排放大，短期效益快，长期利益难以保障。与粗放型经济增长方式相对的是内涵集约型经济增长，指在生产规模不变的基础上，通过采用新技术、新工艺，改进机器设备，加大科技含量的方式来增加产量，主要特征是依靠提高生产要素的质量和利用效率实现经济增长。这种经济增长方式，资源消耗较低，对生态环境影响小，能保障地方长远利益和持续发展。

(3) 由传统发展观向可持续发展观转变的挑战

资源枯竭型城市的发展困境源于在发展和管理观念上的错位。为了眼前经济利益，过度开采资源，把经济增长与发展建立在自然资源消耗和生态环境被破坏的基础上。传统发展观支配下的经济增长中的负面效应被放大了，边发展边污染，“外部性”的现象严重，不利于城市长久发展。可持续发展观是在资源枯竭型城市经济压力巨大的背景下，以社会—经济—生态协调发展为目标，追求代内公平和代际公平。

(4) 稳定社会民生的挑战

资源枯竭型城市的矿山关闭、资源型产业衰退，产生大批下岗、待业人员，导致家庭生活质量大幅下降，为社会带来诸多纠纷和矛盾。如何保持居民原有生活水平、解决再就业和维持居民社会保障，成为转型发展所面临的又一重要挑战。

2.2.3.4 结构性缺损和功能性缺损特征

城市发展的影响因素包括人文因素和自然因素，例如经济、社会、自然环境、自然资源等，此外还有其他不确定因素。各种不同因素相互作用催生了不同的城市结构，并在经济、社会、文化、物理、化学、生物等过程的复杂机制驱动下不断变化，对城市发展发挥着不同的推动作用。

城市发展的影响因素和驱动机制共同作用，使城市具有特定的结构和功能。由于制度、资源等原因，城市的自然、经济、社会结构会产生不均衡，并表现出功能性失调的现象，即为结构性缺损和功能性缺损，二者相互影响、相互作用。

(1) 结构性缺损分析

城市结构是指城市各组成要素相互关系、相互作用的形式表达，是特定生产力条件下各种自然、社会、经济、文化等因素作用在城市地域上的空间反映。城市结构一方面受城市内部自然环境的约束，另一方面也受到历史发展、文化宗教和城市规划的影响。城市结构可以简单分为三类，即自然结构、经济结构、社会结构。

城市自然结构一般指城市具备的自然地理因素，如地形、气候、河流、区位等，它是决定城市发展方向的基础和重要因素。资源型城市正是由自然资源禀赋引发的矿产资源开采活动而逐渐形成的产物。

以最常见的土地利用结构为例。土地利用结构一般指一定区域内，各种土地利用类型或土地覆被在数量上的比例关系，以各种土地利用类型或土地覆被占该区域土地总面积的比重表示，是城市社会、经济、文化等职能在城市地域上综合反映的结果。土地利用数据的测定，可以通过地面测量、卫星遥感技术获得土地面积，按照统一分类标准统计，构建在时间、空间上具有可比性的土地利用结构。土地利用结构构成了城市的空间骨架，直接反映一定时期内的土地利用状况，可用以分析区域经济、企业经济中各部门的作用程度、经济效益及其潜力以及开发的可能性。从经济发展需求角度，可以预测和规划今后一定时期内土地资源的开发利用趋势。

城市经济结构是一个由许多系统构成的多层次多因素的复合体，通常是从国民经济和社会再生产的各部门的组成来考察，包括产业结构、分配结构、交换结构、消费结构、技术结构、劳动力结构等。城市自然结构使城市发展具有先天区位优势、资源优势，利用本地优势和当地的消费结构逐步引进产业，形成一定的城市产业结构。在产业结构发展的过程中，会吸纳本地和周边的劳动力，促进劳动力结构的变化，对经济增长和经济结构调节产生多重贡献。产业结构很大程度上影响了经济结构的其他方面，如技术结构、劳动力结构等。

城市经济结构是否合理，主要看它是否适合当地实际情况，是否建立在经济可持续发展之上。也看能否充分发挥一切经济优势，充分利用一切有利因素，合理有效地利用人力、物力、财力和自然资源，保证国民经济各部门协调发展。还看能否有力地推动科技进步和劳动生产率提高，既有利于促进近期的经济增长又有利于长远的经济发展，从而取得最大经济效益和最大限度地满足人民需要。

社会结构的内容实际上是人类活动的表现方式，包括人口结构、居民生存地域空间结构、城乡居民分布、生活方式结构、生活水平，以及人在自然、社会、政治、文化等领域的活动构成即相互关系，比如土地利用方式等。在社会利益主体日益多元化背景下，多方主体各有所需，不同的利益需求会带来不同社会群体矛盾，因此，社会结构缺损是社会危机诞生的最主要原因。以人口结构为例，人口结构是指将人口以不同的标准划分而得到的一种结果，构成这些标准的因素主要包括年龄、性别、人种、民族、宗教、教育程度、职业、收入、家庭人数等。一般来说，通过人口结构可以反映出一个国家或地区大体的社会和经济状况。人口结构一旦缺损，如资源枯竭型城市人口大规模流失，乃至负增长，将引发劳动力供给减少、经济有效需求下降、消费增速放缓、产业转型陷入迟滞，进而导致产业衰败和萎缩，就业机会减少，经济发展失去活力，甚至造成家庭抚育、养老的功能发挥困难，家庭关系离散化、家庭冲突趋强化以及家庭支持脆弱化等家庭问题，加大了低生育率和老龄化风险，形成“人口负增长—经济衰退—保障困难—人口负增长”的恶性循环，最终形成资源枯竭的“空城”。

资源枯竭型城市结构性缺损包括了土地利用结构缺损、经济结构缺损和社会结构缺损三个方面。

① 土地利用结构缺损：土地资源是城市发展和人类活动的主要载体，其结构的不同会产生不同的影响，如图 2-9 所示。比如交通用地会影响农、工、商、住等用地布局；工业用地的比重和布局，会影响劳动力结构和分布，决定了废弃物排放的种类；农业用地的安排直接决定了本地农产品供给状况等。资源储存丰富的区域是经过剧烈的地质活动，长时期的物理化学变化而形成。资源型城市的地形地貌比较复杂，多为丘陵、山地区域。从资源禀赋上来看，这有利于城市化、工业化的发展，能为城市的能源需求提供丰富的后备资源，并能通过贸易获

得经济收入，但复杂的地形条件，也使资源型城市可利用的农业和建设用地比例较少，土地可利用率较低。

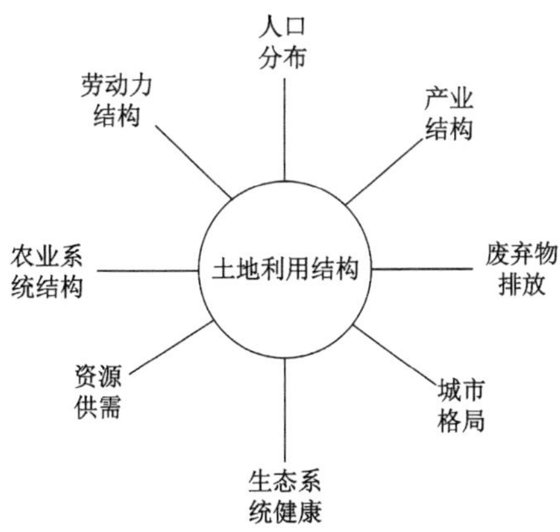

图 2-9　不同土地利用结构产生的影响[15]

矿产资源丰富既是资源型城市发展的优势，也是自然破坏的起因。资源开采活动对土地利用带来强烈扰动，打破了原来有序的土地利用状态，资源产业兴起使城市的发展重心逐渐从农业活动转为工业活动，土地资源也逐渐从农业利用转向工业利用。工业化和城市化发展不可避免地经历工业迅速扩张的时期，占用大量农业土地和自然土地，导致耕地不断减少。由于土地利用的不可逆性，资源枯竭阶段废弃闲置的矿山建设用地很难恢复农业用途，对提高土地利用效率带来极大挑战。

土地利用效益低下是土地利用结构缺损的另一表现。资源型产业有资源消耗大、污染排放多的特点，粗放的发展方式，严重降低了土地资源利用效益。资源枯竭对资源型产业发展产生了极大的约束作用，使原本粗放的工业用地效益变得更低，人们不断增长的物质需求与有限土地释放的经济价值之间的矛盾愈发突出。

为了更直观地体现土地利用结构缺损，我们以贾汪区为例。贾汪区，别称泉城区，隶属于江苏省徐州市，位于徐州东北部，东与邳州市接壤，南部、西北部与铜山区毗连，北与山东省枣庄市相邻。

始建于 1952 年的贾汪矿区，经过几次易名调整，于 1965 年定名为贾汪区。区域面积 612 平方公里，根据第七次人口普查数据，贾汪区常住人口为 453 555 人。清光绪八年(1882 年)胡恩燮在贾家汪掘井建矿，由此揭开贾汪百年煤田开采历史，1897 年贾汪煤矿公司成立，“贾家汪”自此渐称“贾汪”，素有“百年煤城”之称。在贾汪采煤历史中，曾有年产量 120 万吨以上的大型国有煤矿 5 座，年产量 20 万～30 万吨的地方煤矿 16 座，年产量 10 万吨左右的煤矿 229 座，经过 130 多年不间断的开采，贾汪的煤炭资源几近枯竭。结合煤炭资源枯竭现状，贾汪关闭了 255 座煤矿，仅有徐州矿务集团旗山煤矿还在生产。2001 年 11 月 28 日，江苏省企业兼并破产协调小组办公室下发了《关于同意徐州矿务集团大黄山、董庄、夏桥井启动破产关闭的通知》，关闭矿井从计划变成了现实，贾汪从此进入城市发展转型阶段（图 2-10）。根据《全国资源型城市可持续发展规划（2013—2020 年）》的分类，贾汪区是典型的资源衰退型城市。

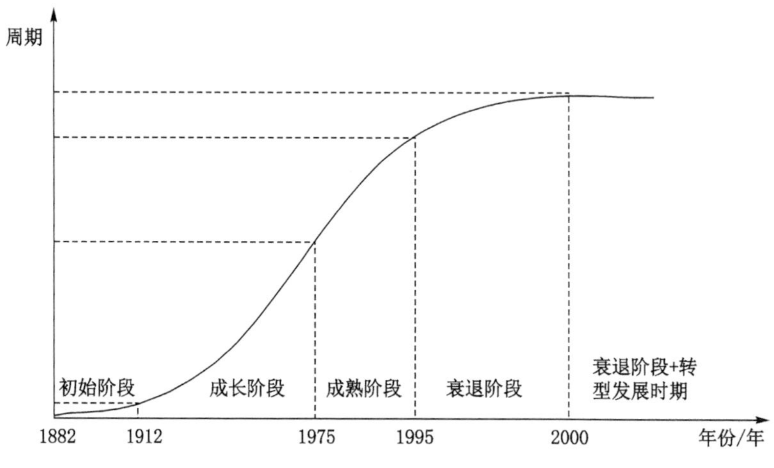

图 2-10　贾汪区城市发展阶段划分

如图 2-11 所示，通过每万元 GDP 占地面积和地均 GDP 变化情况观察资源枯竭型城市贾汪区的土地利用效益，发现在矿山关闭前（1997—2000 年间），随着资源枯竭，地均 GDP 从 0.03 亿元/平方公里增长到 0.04 亿元/平方公里，矿山关闭后出现增长停滞现象（2001 年、2002 年），随后又恢复逐渐增长态势，增速远远大于矿山关闭前阶段。资源枯竭阶段，资源型城市资源产业出现下滑或增长停滞是影响土地利用效益的主要因素，矿山关闭后产业转型带给城市土地利用新的活力。从单位 GDP 占地面积可以发现，2003 年后土地集约利用情况显著好转，并处在不断减少的态势。

② 经济结构缺损：资源型城市高度依赖资源型产业是不可持续的，不可再生的自然资源枯竭，作为其主导产业的资源型产业必然萎缩。资源枯竭型城市产业之间关联弱、资源型产业中大量资产具有较高的专用性，使得高度非均衡的产业结构表现出较强刚性，严重束缚资源枯竭阶段产业结构转换能力。许多资源型城市产业结构在几十年的发展和经济改革历程中变化不大。较为直观的表现是城市经济发展掩盖了三次产业结构的不均衡。

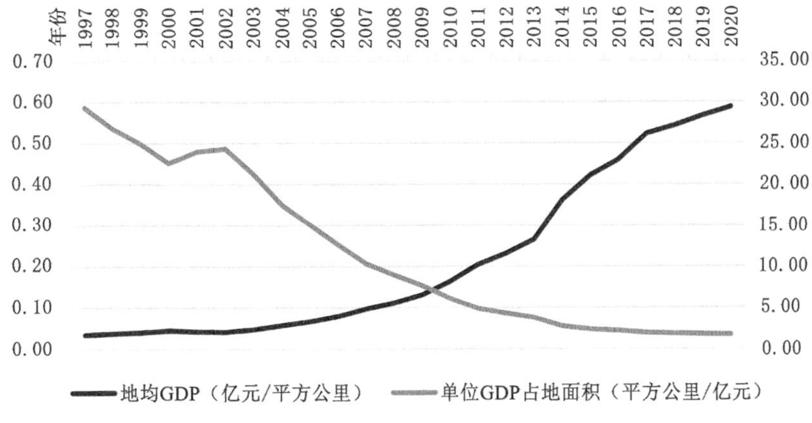

图 2-11 贾汪区地均 GDP 与每万元 GDP 占地面积变化

③ 社会结构缺损:资源产业兴旺时期,矿山企业需要并吸纳大量劳动力,通过农转非或其他途径,大批农村人口转为城镇人口。资源枯竭时期,城市的户籍结构仍延续原有结构,根据衡量城市化水平主要的计算方法即城镇人口比例,资源枯竭型城市表现出城市化虚高现象。劳动力大量聚集在资源型产业,由于资源枯竭,城市产业结构亟须调整,现有劳动力技能、知识、观念与市场需求不匹配,从而引发结构性失业问题。同时,大量矿山企业破产关闭,矿山企业职工对下岗、再就业、安置等问题表示不满,与企业、政府之间关系僵化、矛盾突出。这些问题是资源枯竭型城市社会结构性缺损的突出表现。

采掘业发展过程中对从业人员生存和家庭生产产生了一定的影响。从贾汪区 1949—2000 年的总平均百万吨死亡人数统计得知,统配煤矿为 2 人,地方煤矿为 4 人,乡镇煤矿为 2～4 人以下。自 1994 年以来,贾汪区人口不断增加,2000 年左右开始闭矿,人口出现下降,2007 年时再次转为增长趋势(图 2-12)。

(2) 功能性缺损分析

城市是由多种复杂系统构成的自然、社会、经济有机综合体,其存在本质和动力因素是城市功能。城市功能是某一区域内自然、社会、经济、政治、文化等要素通过特定方式整合后表现出城市系统对外部环境的影响作用和呈现的秩序。城市功能界定的内涵很多,学界普遍认可王茂林对城市功能的界定。王茂林指出,城市功能包括经济功能、政治功能、文化功能、社会功能、生态功能。葛海鹰将城市功能定义为:“城市功能是以要素禀赋为基础,以实现城市价值为目标,承担一定区域政治、经济、文化、社会、生态等发展任务的一个阶段变化的职能系统”。并从系统和价值两个角度剖析城市功能的内涵。已有的研究成果对城市经济、社会功能比较重视,往往忽略或简要介绍生态功能。近年来以王如松等为

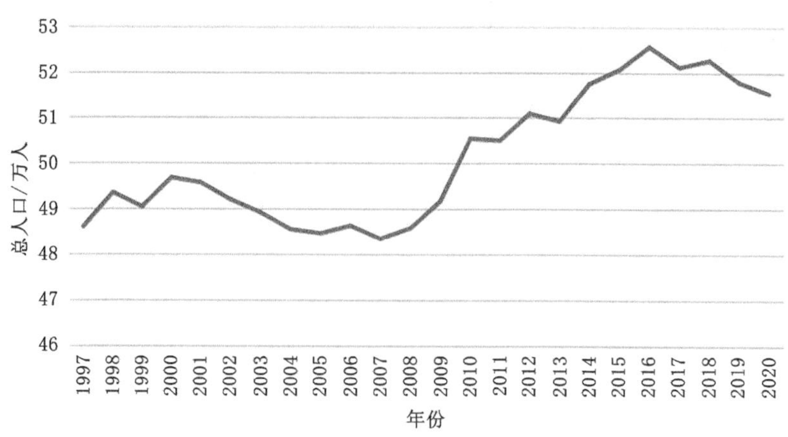

图 2-12　贾汪区人口变化情况

代表的生态学学派，逐渐加强了对城市生态功能的研究。

城市作为一个聚集的组织形态，可以吸纳很多资源，在社会发展中承担重要作用，但是不同城市的内部组织不同，具体运行方式不同，城市效率和所发挥的作用也不同。因此城市结构的形态决定了城市功能的不同体现方式，城市功能定位和预期的规划目标对城市结构调整有一定的指导作用。其中，生产功能是人类生存的基础，也是城市经济社会发展的物质基础和动力来源；生态服务功能是人类活动作用于自然系统得到的反馈，是处理人与自然关系的手段，为人类生产生活提供优良环境，促进经济、社会、生态和谐统一；承载功能表现为城市发展潜力和生态容量，引导城市产业空间布局和规模、人口空间分布等；经济功能是城市功能的核心功能和基本功能；社会服务功能是城市经济、文化功能释放的形式，通过服务社会主体，满足人类生产生活需求；文化功能是体现城市精神文明的窗口。在不同类型城市、不同社会发展阶段表现出的城市功能是动态的、不断变化的，但是若以可持续发展为目标，城市功能应该是协调和完善的。

城市功能具有长期性和战略性，是当前城市发展和制订未来发展规划的核心思想。城市功能缺损的程度将影响城市可持续发展的战略重点。只有完善城市功能，才能体现城市存在价值。资源枯竭型城市功能性缺损主要表现为以下几个方面。

① 生产功能缺损：资源枯竭型城市土地利用的结构性缺损，直接影响农业生产功能和工业生产功能。长期重工轻农的发展方式，使农业生产性土地不断减少，农业功能也随之减弱。人类生存和发展首先要以农业生产量充足为前提，农业生产为人类社会提供生活条件，提供有机食物的能量与蛋白质等。土地用

途具有多样性，既可用于农、林、牧、渔生产又可用于工业、交通和城市建设等，资源枯竭型城市恰恰缺乏土地利用多样性结构特征，很难引导和带动城市经济多元化发展。资源枯竭型城市由于结构过于单一，使城市工业生产功能受资源枯竭约束，呈现后劲不足的状态。由此可见，资源枯竭型城市的农业生产和工业生产功能缺损，不利于可持续发展。

② 生态服务功能缺损：城市生态系统的复杂结构和自组织能力，不仅可以生长植被，还能对废弃物进行净化、扩散、过滤、吸收、降解，具备对环境的更新能力；同时，通过物质和能量循环，保持生态系统的健康，为人类的生活和娱乐提供景观服务功能。土地资源的动态变异性，使不同城市系统的生态服务功能不同。资源枯竭阶段既是资源型城市生命周期中环境污染累积最大的时期，也是生态系统较为脆弱的时期，城市发展过程中人类对资源的过度消耗和废弃物排放，限制了城市生态服务功能。

③ 承载功能缺损：土地资源为人类提供了生存空间和活动场所，也是城市发展中各项生产活动得以实施的载体。土地资源是经济活动的重要生产资料，农、林、渔、牧、矿及交通等各项事业都需要土地承载。资源枯竭型城市土地遭受长期的破坏，土地生态承载力大大降低。生态承载力降低与生态足迹增长之间的矛盾逐渐突出，城市可承载的人类活动也因此受到很大限制。

④ 社会服务功能缺损：社会服务功能主要体现在就业安置、经济收益和社会保障。资源枯竭阶段，资源型产业的衰退和矿山关闭给当地就业带来很大困难，职工下岗再就业、临时工人待业再就业等问题突出，劳动力富余与岗位紧缩的不匹配问题严重。资源枯竭阶段居民收入减少，家庭生活质量下降，间接造成社会秩序不稳定。农村的社会保障主要依赖土地，矿产资源开发占用农用地后，增加了许多农转非人口，在矿山关闭、下岗失业情况下，农转非群体的社会保障问题构成了城市功能性缺损的一部分。

⑤ 文化功能缺损：资源枯竭型城市一般具有采矿历史悠久的特征，见证了采矿规模、工具、制度、观念的不断进步，记载了工业革命时期的厂房、井架、巷道、大型工业设备等人文景观，也渗入到城市的物质、制度、精神、文化中。资源枯竭型城市由于其特殊性，多数正经历经济发展瓶颈，发展重心在经济建设，往往忽视文化建设，使资源型城市的特色文化难以保护和传承。

(3) 城市结构和城市功能之间的关系

城市结构决定城市功能，城市功能引导城市结构构建。完善的城市结构组织，才能发挥完善的城市功能。城市功能犹如城市健康发展的“免疫保障”，一方面驱动城市系统内部结构不断健全，另一方面抵御外来扰动，抵消微涨落，保障城市不偏离可持续发展道路。但是当城市结构性缺损不断突出，结构变化会引起城市系统的巨大变化，具体表现为功能性缺损，这使城市发展陷入巨大波动中，也可以说，系统各要素之间的反馈行为引起系统畸变。

城市系统中经济、政治、文化、社会、生态等各要素组合、配置，形成一定的社会结构，发挥不同社会经济效用，并且社会结构逐渐从简单到复杂，发挥的城市功能日渐丰富和完善。社会经济不断发展，在不同的背景下，系统各要素与子系统之间相互作用方式也处在不断变化的过程中，城市结构变化体现在城市功能变化上，不同的结构表现出不同的功能。城市功能的发挥需要物质基础、资源基础、社会和经济基础等，而这些基础离不开"人"对城市自然、社会、经济资源的合理配置，离不开符合城市自身优势的产业结构、空间结构、社会结构、土地利用结构的支撑。因此，城市结构的科学与否，直接关系城市功能的实现程度。

城市资源禀赋、政策导向、主要优势，会在不同的发展阶段发生变化，直接影响城市结构的调整，比如指标约束下的土地利用结构的调整，资源约束下的产业结构单一。城市结构的改变会影响城市功能的发挥程度以及城市新功能的挖掘。同样，随着城市经济、社会发展变化，一些城市功能可能削弱、消失，一些功能则会增强，特别是城市主导功能在不同发展阶段也会发生变异，需要适当调整城市结构以配合实现合理的城市功能，避免因城市主导功能的变化及传统产业优势的丧失而造成城市的衰退。城市结构和城市功能的动态性，决定了两者在城市系统运营过程中相互作用、相互促进，适应外部环境条件和内部因素变化，促进城市可持续发展。对城市功能进行准确评估才能规划科学合理的城市结构，如图 2-13 所示。

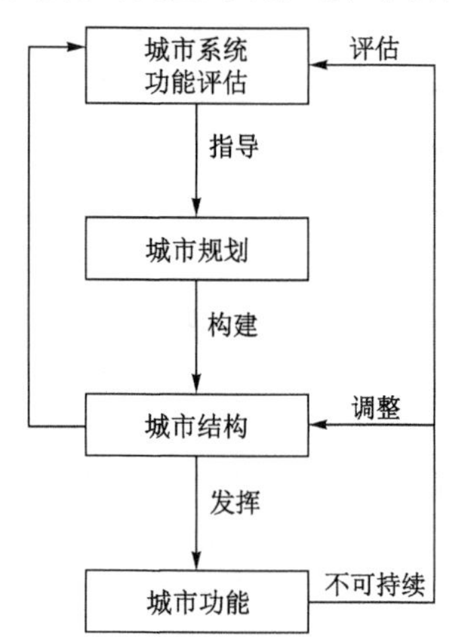

图 2-13　城市系统健康发展设计图[15]

通过对资源枯竭型城市特征、存在问题和挑战的分析，可以看出资源枯竭型城市的结构和功能区别于一般城市，具有典型的城市结构单一、重资源开采、轻环境保护的特征，往往以能源供给为城市主导功能。资源枯竭型城市存在的问题，其根本原因是城市结构和功能不健全，即存在结构性缺损和功能性缺损，如图 2-14 所示。资源枯竭型城市转型，本质上就是转变城市结构和功能，对土地资源所附着的各项功能合理安排。为了使资源型城市的发展摆脱资源约束，走可持续发展道路，调整城市结构和城市功能再评估是当前亟须解决的重要任务。

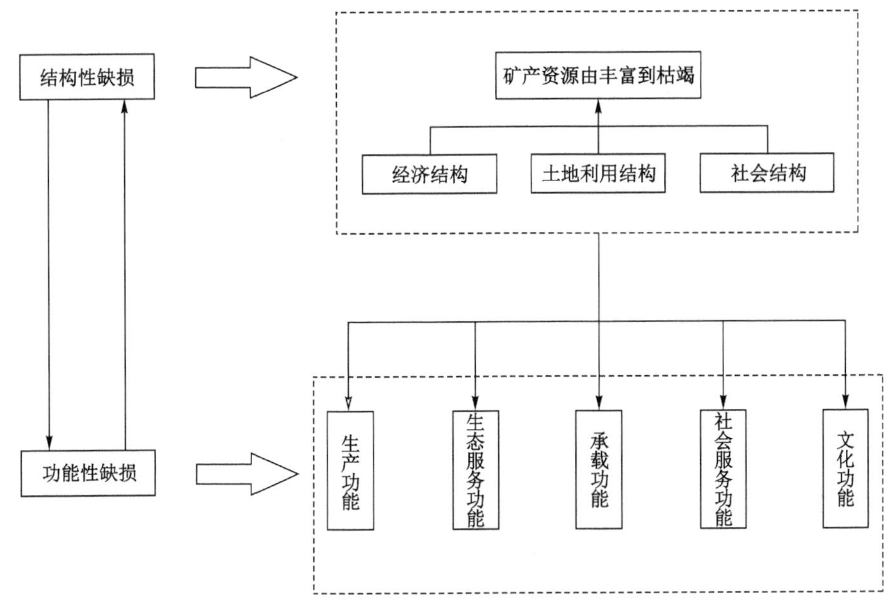

图 2-14 结构性缺陷和功能性缺损表现[15]

2.3 研究方法

本书采用主成分分析法、熵权法、层次分析法三类方法定权，对资源枯竭型城市的发展现状、转型能力与过程、发展潜力进行评估。依据评价结果对发展现状、转型能力与过程、发展潜力子系统进行耦合协调度分析，评估子系统之间存在的协调关系。根据评价结果对资源枯竭型城市聚类，分析产生不同类别的原因。

因此，本书分别在第 3、第 4、第 5 章采用主成分分析法、熵权法、层次分析法，贯穿全文使用耦合协调度分析法和聚类分析方法，如图 2-15。

2.3.1 主成分分析法

主成分分析方法通过原来变量的线性组合来解释原来变量的大部分信息，选出较少个数核心变量，达到降维的目的，从而简化问题的复杂性。因此，本书在对我国资源枯竭型城市的发展现状进行分析的过程中，从各省份统计年鉴的统计指标体系中选取了 20 个有代表性的指标变量，以 63 个资源枯竭型城市作为研究对象，利用主成分分析法进行数据降维，定量分析资源枯竭型城市的发展状况。

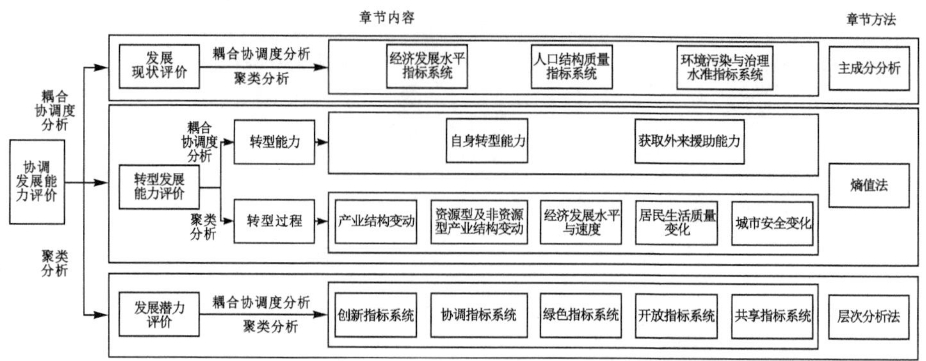

图 2-15　研究方法

将现状评价指标作为分析变量，利用 SPSS 进行降维处理，将 63 个分变量指标设定为 x_{ij}，其中 i 表示第 i 个观测量，j 表示第 j 个变量。在具体的分析中，我们选出的观测量与变量数据可以形成数据表(表 2-4)。

表 2-4　参与主成分分析的观测量和变量数据

	x_1	x_2	x_3	x_4	…	x_j	…	x_{20}
1	$x_{1,1}$	$x_{1,2}$	$x_{1,3}$	$x_{1,4}$	…	$x_{1,j}$	…	$x_{1,20}$
2	$x_{2,1}$	$x_{2,2}$	$x_{2,3}$	$x_{2,4}$	…	$x_{2,j}$	…	$x_{2,20}$
3	$x_{3,1}$	$x_{3,2}$	$x_{3,3}$	$x_{3,4}$	…	$x_{3,j}$	…	$x_{3,20}$
4	$x_{4,1}$	$x_{4,2}$	$x_{4,3}$	$x_{4,4}$	…	$x_{4,j}$	…	$x_{4,20}$
…	…	…	…	…	…	…	…	…
i	$x_{i,1}$	$x_{i,2}$	$x_{i,3}$	$x_{i,4}$	…	$x_{i,j}$	…	$x_{i,20}$
…	…	…	…	…	…	…	…	…
63	$x_{63,1}$	$x_{63,2}$	$x_{63,3}$	$x_{63,4}$	…	$x_{63,j}$	…	$x_{63,20}$

表 2-4 的列中观测量为 63 个区市级资源枯竭型城市，行中变量包括经济发展水平变量 7 个，人口结构变量 9 个，环境污染与治理水准变量 4 个，共计 20 个变量。在具体计算过程中，采用 2020 年中国资源枯竭型城市的 20 个变量指标进行降维处理，具体的降维结果可以形成三个方面的核心指标，分别为相关指标变量的线性组合：

核心指标一：经济发展水平指标

$$F_1 = f(x_{i,1}, x_{i,2}, x_{i,3}, \cdots, x_{i,7}) \tag{2-1}$$

核心指标二:人口结构质量指标

$$F_2=f(x_{i,8},x_{i,9},x_{i,10},\cdots,x_{i,16}) \tag{2-2}$$

核心指标三:环境污染与治理水准指标

$$F_3=f(x_{i,17},x_{i,18},x_{i,19},x_{i,20}) \tag{2-3}$$

最后,再在前面核算出来的核心指标的基础上计算出第四个核心指标,即中国资源枯竭型城市的总体发展水平指标,用全面的效益衡量城市的总体发展水平。

$$F_4=f(F_1,F_2,F_3) \tag{2-4}$$

公式(2-1)至公式(2-4)最终计算形成了 63 个城市的四个核心指标,分别代表经济发展水平、人口结构差异、城市环境污染治理水准和总体发展水平,通过 2020 年全国资源枯竭型城市数据对资源枯竭型城市的经济效益、社会效益、生态效益和总体发展现状进行对比分析。

在实际操作时,为避免量纲和数量级造成影响,对中国 63 个资源枯竭型城市的基础数据进行主成分分析前,先对原始数据进行标准化预处理,再分别挑选核心指标所区分的二级变量进行主成分分析。

2.3.2 熵权法

各指标的权重大小将直接影响最终的评价结果。主观赋权法与客观赋权法是指标赋权法的两大类别,其中主观赋权法主要是通过对使用者的主观价值进行识别从而确定权重;客观赋权法则是运用数学统计方法来对数据进行运算和处理。主观赋权法主要涵盖层次分析法、专家评判法和模糊综合评价法等,而客观赋权法较常见的有主成分分析法、协调度评价法以及熵权法等[19]。

熵权法是一种客观赋权方法,在具体使用过程中,根据各指标的数据的分散程度,利用信息熵计算出各指标的熵权,再根据各指标对熵权进行一定的修正,从而得到较为客观的指标权重。熵权法不能减少评价指标的维数,也就是熵权法符合数学规律,具有严格的数学意义,往往会忽视主观的意图;当评价对象线性程度较低时,使用具有一定局限性。而它的长处主要在于其在评判过程中很少会被主观因素所影响,结果较精确且适合分析综合指标每年的变化趋势,因此对于评估时间变化的指标体系较为适合,所以本研究选取熵权法进行权重测算。

按照“信息论”的基本原理,信息是反映其所在系统有序程度的标尺,与之相对,熵则被用来反映系统的无序程度;由信息熵的概念可以推出,指标离散程度可以用熵值来表示,即:一个指标的信息熵越小就表示其离散程度越大,也就意味着该项指标对综合评价的影响(权重)越大。当该指标所有数值均相等时,无法对评价结果产生影响。如果某项指标的值全部相等,则该指标在综合评价中不起作用。基于此,研究过程中能够通过运用信息熵这个概念,进而得出指标体系中各具体指标的权重，从而为最后的多指标综合评价奠定运算基础。为了使评价结果更为客观准确，本研究采用熵权法获取指标权重。

熵权法主要计算步骤如下：

（1）对原始数据进行标准化处理

首先要形成包含 m 个评价指标、n 个评价对象的原始评价矩阵 $R=(x_{ij})_{m\times n}$。指标数据分析前还需要进行数据标准化。进行数据标准化的方法很多，主要有标准差标准化法、极差标准化法、Z-score 法等。本书采用极差标准化法进行数据处理，其公式为：

正向指标
$$r_{ij}=\frac{x_{ij}-x_{j\min}}{x_{j\max}-x_{j\min}} \tag{2-5}$$

负向指标
$$r_{ij}=\frac{x_{j\max}-x_{ij}}{x_{j\max}-x_{j\min}} \tag{2-6}$$

式中，$i=1,2,3\cdots,m$；$j=1,2,\cdots,n$。

经标准化处理的数据取值为(0,1)。

（2）指标权重确定

第一步，计算第 i 个城市第 j 个指标的比重 P_{ij}：

$$P_{ij}=\frac{x_{ij}}{\sum_{i=1}^{m}x_{ij}} \tag{2-7}$$

第二步，计算第 j 个指标熵值 e_j：

$$e_j=-\frac{1}{\ln m}\sum_{i=1}^{m}P_{ij}\ln P_{ij} \tag{2-8}$$

第三步，计算第 j 个指标的权重 w_j：

$$w_j=\frac{1-e_j}{\sum_{j=1}^{n}(1-e_j)} \tag{2-9}$$

（3）测算指标的综合得分 S_i：

$$S_i=\sum_{j=1}^{n}W_jP_{ij} \tag{2-10}$$

2.3.3 层次分析法

层次分析法(Analytic Hierarchy Process，AHP)主要应用在不确定情况下及具有多个评估准则的决策问题上。层次分析法的目的是将复杂的问题系统化，由不同层面给予层级分解，并通过量化的运算，找到脉络后加以综合评估。层次分析法通过两两比较的方法确定判断矩阵，它是一种定性与定量结合分析的方法，基础操作是要把那些和决策过程息息相关的指标划分为目标、准则、方案等多个层级。该方法的缺点主要在于主观因素强烈，定性分析较多，而定量的指标数据却相对缺少，难以运用到指标数量较多的体系中。

由于指标体系中各指标数据量纲不同，为了使各指标之间横向可比，需要进行标准化处理。为了保持原来指标的差异程度和可区分性，数据处理只消除各个指标值的量纲，而不改变各个指标的其他特征，本书采用的无量纲化公式为：

$$X_S = X / I_{\max} \times 100 \tag{2-11}$$

$$X_S = I_{\min} / X \times 100 \tag{2-12}$$

式(2-11)为正向指标标准化公式、式(2-12)为负向指标标准化公式，其中 X_S 表示标准化值，X 表示指标原始值，$I_{\max}$表示某项指标的最大值，$I_{\min}$表示某项指标的最小值。

本书研究计算中，由指标层到次准则层和次准则层到准则层采用层次分析法确定评价指标权重。根据各指标相对于上一层评价的定位要求，结合专家咨询法，多次修改对比矩阵，并通过一致性检验，构造判断矩阵：

$$P = \begin{bmatrix} u_{11} & u_{12} & \cdots & u_{1n} \\ u_{21} & u_{22} & \cdots & u_{2n} \\ \vdots & \vdots & & \vdots \\ u_{n1} & u_{n1} & \cdots & u_{nn} \end{bmatrix} \tag{2-13}$$

式(2-13)中，以 A 表示目标，$U=\{u_1, u_2, \cdots, u_n,\}$为评价因素集，$u_i$、$u_j$ $(i, j=1, 2, \cdots, n)$表示因素，u_{ij}表示 u_i 对 u_j 的相对重要性数值，并由目标评价因素集之间的关系 u_{ij} 组成判断矩阵 P。

由准则层到目标层综合评价指数的计算，在未明确各方面因素可能产生的影响大小的前提下，采用算术平均法进行处理。

2.3.4 耦合协调度分析法

耦合协调度模型用于分析事物的协调发展水平。耦合度指两个或两个以上系统之间的相互作用影响，实现协调发展的动态关联关系，可以反映系统之间的相互依赖相互制约程度，不分利弊；协调度是指相互作用中良性耦合程度的大小，体现了协调状况好坏，可以表征各功能之间是在高水平上相互促进还是低水平上相互制约。

如图 2-16，本书在第 3、4、5、6 章，分别建立子系统内部和外部的交互耦合协调度模型，反映子系统的综合发展水平，评价发展现状、转型发展能力和发展潜力三系统之间的关系，公式为：

$$C = \left\{ \frac{f(x)g(y)\cdots h(z)}{\left[\frac{f(x)+g(y)+\cdots+h(z)}{n} \right]^n} \right\}^{\frac{1}{n}} \tag{2-14}$$

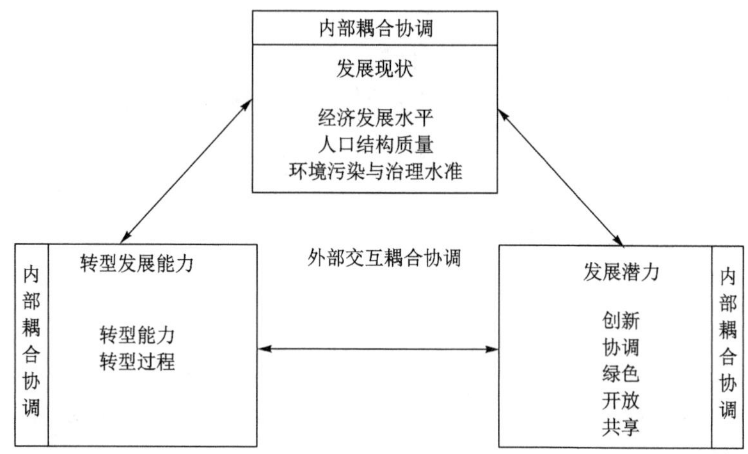

图 2-16 资源枯竭型城市系统内外的耦合协调度模型框架

式(2-14)中,C 为耦合度,取值区间为[0,1],$f(x)$、$g(y)$、$h(z)$ 等分别代表各个子系统的评价得分,n 为子系统个数,测算各个子系统之间的耦合度:

$$T=\alpha f(x)+\beta g(y)+\gamma h(z)+\cdots \tag{2-15}$$

$$D=\sqrt{C\times T} \tag{2-16}$$

式(2-15)和式(2-16)中,D 为耦合协调度;T 为子系统综合评价指数;α、β、γ 为待定系数。

确定耦合协调程度的评价标准,见表 2-5。

表 2-5 耦合协调度等级划分标准

耦合协调度 D 值区间	协调等级	耦合协调程度
(0.0～0.1)	1	极度失调
[0.1～0.2)	2	严重失调
[0.2～0.3)	3	中度失调
[0.3～0.4)	4	轻度失调
[0.4～0.5)	5	濒临失调
[0.5～0.6)	6	勉强协调
[0.6～0.7)	7	初级协调
[0.7～0.8)	8	中级协调
[0.8～0.9)	9	良好协调
[0.9～1.0)	10	优质协调

2.3.5 聚类分析法

聚类没有任何先验知识作为依据，其目的就是要从没有标记的样本集中提取其内部性质和规律。聚类算法作为无监督学习的核心问题，在机器学习领域被广泛研究。K-means 是一种从划分角度出发的聚类算法，对大样本数据具有较高效率和良好伸缩性。该算法依据距离衡量样本间相似度，距离越近相似度越高，通过迭代更新方式，不断降低类内样本跟质心的误差平方和，最终将样本数据聚成 K 类，K 值为提前设定值。算法具体步骤如下：

(1) 收集样本集$\{x_1, x_2, x_3, \cdots, x_n\}$，$n$ 为总样本数 63，每个样本向量为$X_j = \{x_{j1}, x_{j2}, x_{j3}, \cdots, x_{jm}\}$，$x_{jt}$为第 j 个样本第 t 个属性，共 m 维属性。

(2) 根据给定 K 值，选 K 个样本(也可以非样本点)作为初始质心，初始质心向量集为$\{a_1, a_2, a_3, \cdots, a_k\}$。

(3) 计算每一个样本点x_i到每个类质心向量a_k的距离(欧氏距离或余弦距离)，欧氏距离为：

$$dis(x_i, a_i) = \sum \sum_{t=1}^{m} (x_{it} - a_{it})^2$$

依次比较样本到每个质心的距离大小，将样本归为距离最小的类内，分别为$\{c_1 c_2 c_3 \cdots c_k\}$类，$a_j$为$c_j$类的质心。

(4) 所有样本归类后，根据类内样本更新质心位置：

$$a_j = \frac{1}{|s_i|} \sum_{x_j \in c_i} \sum x_j$$

质心即为类内所有对象各个维度属性的均值。

(5) 使用更新后的质心，重复步骤 3，直到所有质心向量收敛，则表示聚类完成。

2.3.6 方法对比

权重计算的确定方法在综合评价中是重中之重，不同的方法对应的计算原理并不相同。在实际分析过程中，应结合数据特征及专业知识选择适合的权重计算。

本书采用的权重方法按照计算原理分成三类。

第一类为因子分析和主成分法。主成分分析是对数据进行浓缩，利用了数据的信息浓缩原理，将多个指标浓缩成为几个彼此不相关的概括性指标(主成分)，利用方差解释率进行权重计算，从而达到降维的目的。主成分分析可同时计算主成分权重及指标权重。比如分别对 63 个资源枯竭型城市的经济发展水平、人口结构差异、城市环境污染治理水准的若干项指标作主成分分析，将指标浓缩为三个综合指标，用这些综合指标反映原来指标的信息，同时利用方差解释率得出各个主成分的权重。

第二类为熵值法(熵权法)。熵值法属于一种客观赋值法，其利用数据携带的信息量大小计算权重，得到较为客观的指标权重。熵值是不确定性的一种度量，熵越小，数据携带的信息量越大，权重越大；相反，熵越大，信息量越小，权重越小。此类方法适用于数据之间有波动，同时会将数据波动作为一种信息的方法。

熵值法广泛应用于各个领域，对于普通问卷数据(截面数据)或面板数据均可计算。在实际研究中，通常情况下是与其他权重计算方法配合使用，如先进行因子或主成分分析得到因子或主成分的权重，即得到高维度的权重，然后再使用熵值法进行计算，得到具体各项的权重。

比如分别收集资源枯竭型城市转型能力与转型过程的各项指标数据，用熵值法计算出各指标权重，再对各地区转型能力和转型过程进行比较。

第三类为 AHP 层次法。AHP 层次分析法是一种定性和定量的计算权重的研究方法，采用两两比较的方法，建立矩阵，利用了数字大小的相对性，数字越大越重要权重会越高的原理，最终计算得到每个因素的重要性。此类方法利用数字的相对大小信息进行权重计算；此类方法为主观赋值法，通常需要由专家打分或通过问卷调研的方式，得到各指标重要性的打分情况，得分越高，指标权重越大。

此类方法适合于有多个层次的综合评价中。如本书构建资源枯竭型城市发展潜力评价体系，指标包括创新、协调、绿色、开发、共享五个方面系统指标。通过专家打分计算权重，得到每个指标的权重，并代入资源枯竭型城市数据，即可得到每个城市的综合得分情况。

参考文献

[1] 中国大陆地区资源枯竭型城市名单(2013)[J].广西城镇建设，2014，No.134(01)：29.

[2] 张秉福.资源枯竭型城市：问题与对策[J].国际技术经济研究，2006(2)：47-49.

[3] 梁冰，刘晓丽，李宏艳.矿产资源枯竭型城市的生态环境问题：以辽宁省阜新市为例[J].中国地质灾害与防治学报，2005，16(3)：122-125

[4] 申宗民.社会学视域下资源枯竭型城市转型的路径选择：基于安徽省淮北市

煤炭资源发展困境的研究[D].合肥:安徽大学,2013.
[5] 刘福仁.现代农村经济辞典[Z].沈阳:辽宁人民出版社,1991.
[6] 秦玉琴.新世纪领导干部百科全书[M].北京:中国言实出版社,1999.
[7] 陆大道.区域发展及其空间结构[M].北京:科学出版社,1995.
[8] 张米尔,孔令伟.资源型城市产业转型的模式选择[J].西安交通大学学报(社会科学版),2003,23(1):29-31.
[9] 尹牧.资源型城市经济转型问题研究[D].长春:吉林大学,2012.
[10] 张以诚.我国矿业城市现状和可持续发展对策[J].中国矿业大学学报(社会科学版),1999,1(1):75-80.
[11] 王素军.中国资源型城市转型路径研究:以甘肃典型资源型城市为例[D].兰州:兰州大学,2011.
[12] 曹孜.煤炭城市转型与可持续发展研究[D].长沙:中南大学,2013.
[13] BRADBURY J H,ST-MARTIN I. Winding down in a Quebec mining town: a case study of schefferville [J]. Canadian Geographer/Le Géographe Canadian,1983,27(2):128-144.
[14] 陈慧女.中国资源枯竭型城市的产业转型:基于科学发展观视角的分析[M].中国社会科学出版社,2012.
[15] 朱琳.资源枯竭型城市转型与可持续性评价[M].化学工业出版社,2018.
[16] 陈和平.节能降耗:经济可持续发展的重要一环[J].宏观经济管理,2002(06):26-27.
[17] 宋冬林.东北老工业基地资源型城市发展接续产业问题研究[M].北京:经济科学出版社,2009.
[18] 李菲.煤炭产销两旺凸显资源税功能弱化[J].中国财政,2004(10):44-45.
[19] 胡述筌,李海锋,刘婉怡.基于层次分析法—熵值法的轨道交通土建系统风险评价体系研究[J].城市轨道交通研究,2022,25(7):74-79.

3 资源枯竭型城市发展现状

3.1 资源枯竭型城市发展现状评价理论

(1) 资源枯竭型城市发展的评价指标体系构建的原则

资源枯竭型城市转型的评价体系构建要结合资源枯竭型城市自我优势、自身特点，按照统一的选取标准和评价方法，客观科学地确定评价指标体系，保障资源枯竭型城市转型评价的真实有效、客观全面、科学合理。在建立资源枯竭型城市转型的模糊评价指标体系时，要确保指标体系建立的科学性与动态性[1,2]，从系统和整体性出发，保证指标体系的可行性与可比性，只有坚持以上原则，才能建立合理的评价指标体系[3,4]。

(2) 资源枯竭型城市发展的评价指标体系的构成

对资源枯竭型城市转型而言，主要的制约因素包括经济、社会与环境[5]，其发展现状与趋势是构建资源枯竭型城市现状评价指标体系首要考虑的因素，对资源枯竭型城市转型进行评价，应该把若干个相互联系、相互制约的指标联系起来，组成科学的完整的体系。资源枯竭型城市现状评价指标体系的评价结果要做到真实有效[6]，即能够反映出：城市的经济发展规模和发展的科学合理性；城市的基本社会状况，包括对生活水平、医疗环境、贫困程度等的合理评价；城市转型对改善自然环境所能做出的贡献度以及城市资源的可持续发展能力。

3.2 现状评价指标体系构建

科学、合理、有效的评价城市发展现状对资源枯竭型城市转型具有重要意义[7]，探究资源枯竭型城市发展的基本特点，有助于正确认识资源枯竭型城市转型所面临困境的复杂性，揭示困境发生机制中蕴含的问题性根源，以便后续进行中国资源枯竭型城市的转型发展现状、能力的评价以及转型效果分析，为积极推进资源枯竭型城市转型提供必要的基础和保障。

3.2.1 评价指标体系构建原则

资源型枯竭城市转型发展的评价指标体系可以通过利用层次分析确定社会、资源、经济与环境三大制约因素，并根据各影响因素的集成反映各自的发展规模与趋势[8,9]。

(1) 经济发展水平指标系统

经济发展能力是评价城市发展水平的根本性指标，城市的改革与发展离不开经济的保障，换言之，经济发展是发展和谐城市、保护城市环境、节约城市资源的基础。因此，以开发利用自然资源为主、产业结构单一的资源枯竭型城市的转型相比于其他城市而言难度更大，因为随着自然资源的不断消耗，资源枯竭制约了城市的经济发展，而经济的发展水平是城市竞争力的重要体现。GDP 作为综合性指标，是反映一地经济发展水平的最主要评价指标，与此同时，经济结构指标补充衡量了城市的经济发展水平。因此，作为能够反映城市经济发展综合能力的经济指标系统，通常包括经济产业结构、经济发展水平与能力以及经济转型能力。基于以上目标，本书选取了 GDP、产业结构、社会生活水平以及社会消费能力等代表性变量作为社会指标。

(2) 人口结构质量指标系统

努力发展接续产业，调整产业结构是资源枯竭型城市的发展趋势，而新兴产业的建立与发展离不开人才以及对新技术的开发与创新。由此看来，城市人口的受教育程度与综合素质就显得尤为重要。换言之，资源枯竭型城市的转型要以为人民服务为根本，大力完善社会福利事业，提高百姓的生活水平。基于以上目标，本书选取了人口城镇化率、受教育程度、社会生活水平以及社会保障能力等作为社会指标。

(3) 环境污染与治理水准指标系统

环境污染与治理水准指标系统包括环境改善度与环境破坏度两大方面。环境改善度可以从两个指标分析考察：生活垃圾无害化处理率和建成区绿化覆盖率；环境破坏度则包括环境污染程度和 PM2.5 年平均浓度。

3.2.2 评价体系构成

实施可持续发展战略，有利于促进经济效益、社会效益和生态效益的统一[10,11]。基于可持续发展战略对资源枯竭型城市的发展状况进行综合评价，必须牢牢掌控资源枯竭型城市经济发展水平、人口结构、环境污染及治理的发展状况。本书的指标构建以当前相关研究文献典型观点中的高频指标为基础，以可持续发展战略为指引，根据可持续发展战略的发展方向，从经济效益、社会效益和生态效益三个方面对资源枯竭型城市的发展状况进行评价[12]。以指标的可获取性和可观测性为标准，本节主要选取了与资源枯竭型城市综合发展能力联系较为紧密的20个指标变量为研究对象[13]（表3-1），利用主成分分析法进行数据降维，从综合经济发展水平、人口结构质量、城市环境污染与治理水准三个方面的总体现状分析资源枯竭型城市的发展状况，利用主成分分析得分进行耦合协调度分析[14,15,16]和聚类分析。

表3-1　资源枯竭型城市评价指标

核心指标	分指标
经济发展水平	地区生产总值 人均地区生产总值 产业结构 人均可支配收入 进出口总额 规模以上工业企业利润总额 社会消费品零售总额
人口结构质量	常住人口规模 地区城镇化率 地区性别比例 地区年龄结构 受教育程度 医疗卫生机构床位数 城镇养老保险参保人数 城镇医疗保险参保人数 地区工伤保险参保人数
环境污染与治理水准	环境污染程度 PM2.5年平均浓度 生活垃圾无害化处理率 建成区绿化覆盖率

3.2.3　评价结果

主成分分析计算经济发展水平、人口结构质量、城市环境污染与治理水准和总体发展水平综合得分，通过2020年全国资源枯竭型城市数据对资源枯竭型城市的经济效益、社会效益、生态效益和总体发展现状进行对比分析，结果如表3-2。

表 3-2 资源枯竭型城市评价结果

城市	综合排名	经济发展水平	人口结构质量	环境污染与治理水准	综合得分
重庆市	1	625.694 0	694.890 3	192.509 8	702.422 0
昆明市	2	191.877 6	267.381 0	49.385 7	228.479 6
石家庄市	3	178.697 8	207.488 4	71.251 0	216.456 5
包头市	4	51.718 5	137.963 0	154.341 5	194.271 4
长春市	5	179.152 1	206.771 2	37.112 7	190.290 2
徐州市	6	178.932 7	69.834 9	22.085 4	127.100 2
淄博市	7	99.833 2	111.531 4	41.112 0	120.274 2
兰州市	8	26.600 6	237.157 0	−8.224 3	95.537 2
石嘴山市	9	−41.783 9	4.638 6	119.052 8	73.208 2
渭南市	10	−30.123 5	−23.036 5	109.208 7	60.719 4
泰安市	11	15.535 3	17.677 2	56.559 6	57.201 4
赣州市	12	59.945 6	−30.391 4	42.679 8	49.298 0
乌海市	13	−11.602 5	95.170 0	23.962 9	48.744 4
新余市	14	−1.207 2	−42.290 4	57.987 9	27.849 4
临汾市	15	−22.157 5	3.809 2	47.296 0	27.218 2
抚顺市	16	−44.809 8	28.235 0	32.803 3	14.716 1
萍乡市	17	−11.199 8	−41.655 1	45.359 5	13.745 2
盘锦市	18	0.980 4	64.127 9	−14.685 2	13.390 2
郴州市	19	26.369 9	−62.097 8	25.566 9	8.521 0
衡阳市	20	36.513 3	−29.063 0	−2.180 1	4.502 7
焦作市	21	2.543 8	12.447 7	−5.406 4	1.747 9
景德镇市	22	−18.309 2	−62.882 6	37.585 1	−3.532 1
铜陵市	23	19.499 1	−53.894 6	6.190 9	−6.428 6
承德市	24	−30.518 6	−45.372 3	28.352 2	−9.720 7
玉溪市	25	24.143 0	−44.075 5	−6.091 7	−9.945 4
淮北市	26	−16.117 6	−47.120 2	16.463 1	−12.719 8
荆门市	27	4.791 1	−13.298 5	−21.342 8	−19.087 2
辽阳市	28	−42.431 5	−8.130 2	4.688 5	−19.372 5
韶关市	29	−17.846 7	−50.782 0	10.153 4	−19.735 9
吉林市	30	−43.683 7	22.363 1	−11.251 4	−20.661 4
大兴安岭地区	31	−75.256 8	81.485 1	−21.805 3	−21.261 3

表 3-2(续)

城市	综合排名	经济发展水平	人口结构质量	环境污染与治理水准	综合得分
黄石市	32	4.024 8	−39.733 3	−12.341 7	−22.522 3
枣庄市	33	−3.746 8	−62.009 0	3.038 3	−22.796 5
娄底市	34	−10.191 0	−82.125 4	16.618 5	−23.011 2
酒泉市	35	−38.398 8	26.618 1	−23.798 5	−26.176 4
三门峡市	36	−16.170 9	−43.404 2	−5.658 6	−28.263 5
吕梁市	37	−23.680 8	−32.304 0	−9.681 6	−30.679 2
七台河市	38	−77.766 7	−8.340 2	2.929 4	−37.364 9
张家口市	39	−27.146 5	−17.232 2	−26.206 5	−39.263 8
荆州市	40	2.557 3	−40.749 4	−38.317 3	−43.459 5
泸州市	41	15.682 4	−102.316 4	−17.984 5	−44.951 7
铜川市	42	−49.913 7	−8.817 3	−25.570 8	−46.282 1
红河哈尼族彝族自治州	43	18.246 6	−7.353 9	−70.860 1	−48.409 4
鹤岗市	44	−75.934 8	6.418 9	−20.530 1	−48.887 0
延边朝鲜族自治州	45	−40.779 8	38.667 1	−66.518 3	−55.425 3
双鸭山市	46	−76.929 7	−32.302 1	−9.905 8	−55.817 1
阜新市	47	−63.271 2	−49.694 4	−11.376 4	−57.090 7
濮阳市	48	−36.191 6	−95.065 6	−18.860 5	−67.212 2
通化市	49	−52.567 6	−49.550 0	−31.518 1	−67.421 9
葫芦岛市	50	−51.102 1	−55.698 2	−36.027 6	−72.500 2
黑河市	51	−60.043 2	−33.799 9	−43.255 2	−73.969 5
朝阳市	52	−57.669 2	−72.635 2	−28.396 3	−76.124 4
白山市	53	−56.752 5	5.935 0	−69.829 3	−77.779 4
潜江市	54	−28.087 6	−74.650 4	−52.973 8	−81.810 5
伊春市	55	−77.247 7	16.416 0	−75.903 6	−88.085 8
辽源市	56	−62.752 2	−76.678 9	−43.902 3	−91.890 3
白银市	57	−61.414 5	−38.421 0	−65.259 9	−93.182 8
广安市	58	−26.860 0	−162.811 7	−27.434 5	−94.919 4
来宾市	59	−52.302 6	−144.839 1	−37.856 7	−108.048 1
铜仁市	60	−42.852 5	−143.331 3	−55.700 3	−116.695 9

表 3-2(续)

城市	综合排名	经济发展水平	人口结构质量	环境污染与治理水准	综合得分
贺州市	61	−55.423 0	−170.254 1	−42.285 1	−122.473 7
兴安盟	62	−68.851 8	−59.621 1	−104.648 9	−134.782 5
昌江县	63	−62.242 5	−99.198 1	−90.705 4	−135.931 1

资料来源:根据中国各省份年鉴数据计算得出。

3.3 资源枯竭型城市发展现状评价

3.3.1 单一指标评价

3.3.1.1 资源枯竭型城市经济发展水平现状

按照城市经济发展水平指标得分(图 3-1)从高到低依次排名可以发现,前 5 名的得分均高于 100。重庆市万盛区及南川区得分最高,经济发展水平指标计算结果为 625.69,为第二名的 3.26 倍;昆明市东川区次之,为 191.88,长春市九台区与之有一定的差距,得分为 179.15;徐州市贾汪区较之再减少,为 178.93。石家庄井陉矿区排第五位,得分为 178.70。后五位的得分均低于−75,七台河市最低,指数得分为−77.77,伊春市与之接近,为−77.25,次之为双鸭山市,得分为−76.93,鹤岗市和大兴安岭地区又次之,分别为−75.93 和−75.26。

东部地区的经济发展能力强,经济发展水平得分第四名、第五名、第六名均为东部地区。西部和中部地区的城市主要位于经济发展水平中等层面。西部地区的重庆市经济发展能力极强,得分显著领先,昆明市得分也提升了西部地区的平均经济发展水平。东北地区的经济发展能力较弱,除兴安盟(阿尔山市)外,得分后八名均为东北地区城市。

除昆明市东川区的主要资源类型为铜外,资源枯竭型城市的经济发展水平指标前六位的城市资源类型均为煤,以森工为主要资源类型的城市经济发展水平较差,倒数第二、第五、第六和第十一的城市均以森工为主要资源类型,且经济发展水平指标均小于−60。

通过以上分析,我们得出两个结论:第一,地域空间分布与经济发展水平间的差异性显著(图 3-2)。东部地区分布在经济发展水平较高的中高方面,且分布范围广泛。西部地区的资源枯竭型城市在中低层面经济发展水平中分布较为广泛,中部地区分布在经济发展水平中等方面,东北地区则主要在低级层面。第二,我国资源枯竭型城市的经济发展水平与个别资源类型息息相关(图 3-3)。

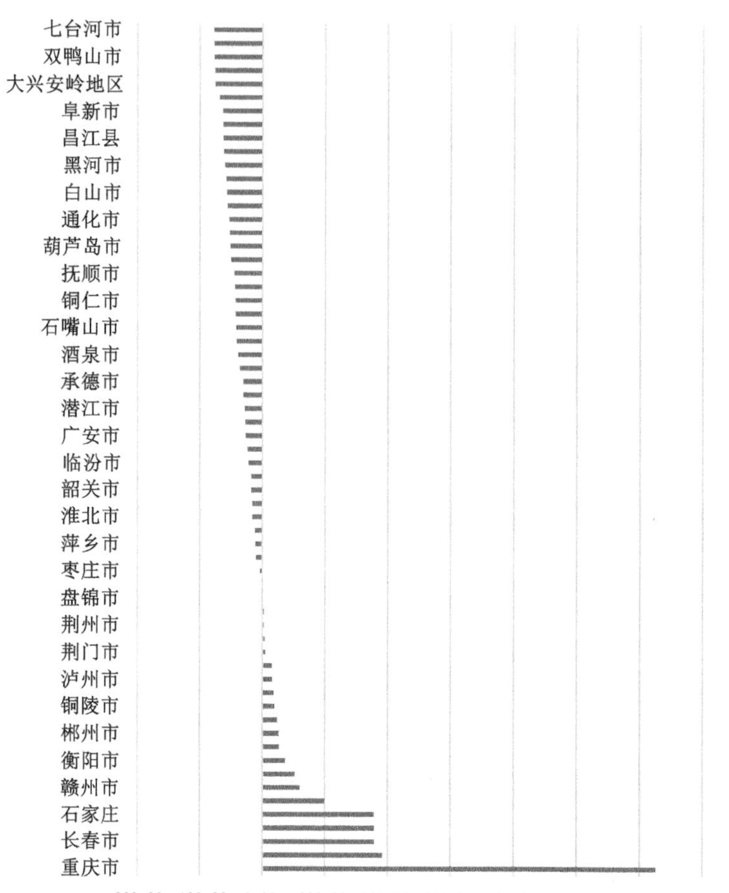

图 3-1　资源枯竭型城市经济发展水平得分

注：限于篇幅问题，本图仅对奇数位次的市县数据进行绘制。

以铜、钨为主要资源的城市经济发展水平较高，多数城市指标得分高于 0，占据经济发展的前列；以煤为主要资源的城市经济发展水平范围广泛，各个层面均有；以森工为主要资源的城市经济发展水平较低，城市指标均小于 0，属于经济发展的负向区域。

将经济发展水平聚焦到每个具体的指标变量中，观察其经济效益的空间分布差异性。

（1）地区生产总值

平均地区生产总值为 2 026.77 亿元，最大值为重庆市万盛区及南川区的 25 002.79 亿元，最小值为昌江县 124.12 亿元，相差 2 478.67 亿元，最大值为最

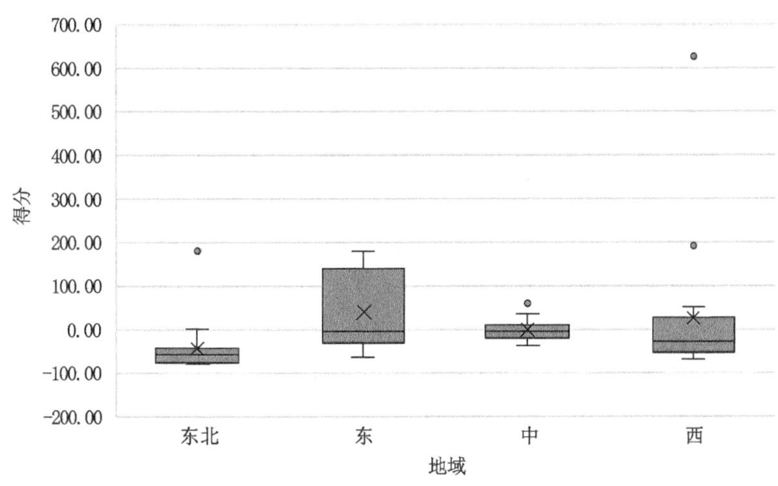

图 3-2 资源枯竭型城市经济发展水平区域差异

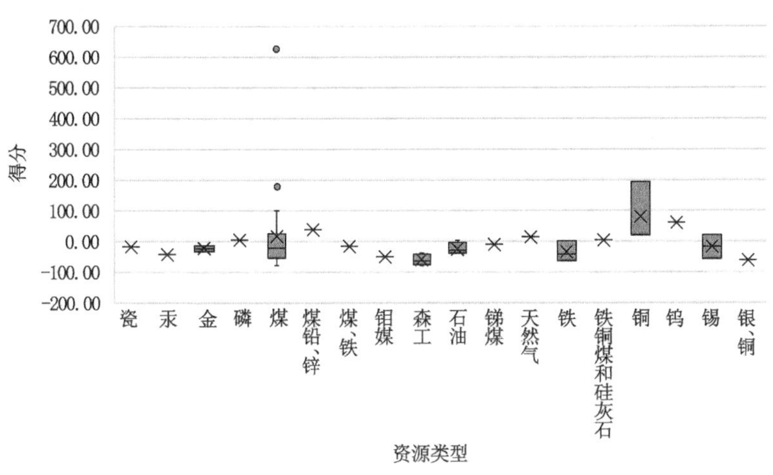

图 3-3 资源枯竭型城市经济发展水平资源类型差异

小值的 201 倍，数量差距显著。

资源枯竭型城市生产总值差异表现在区域划分中(图 3-4)。资源枯竭型城市中，西部地区平均 GDP 被重庆市拉至最高，为 2 954.90 亿元，东部地区平均 GDP 较之略少，为 2 847.75 亿元，中部锐减为 1 740.61 亿元，东北地区最低，为 974.31 亿元。按照多数城市的 GDP 发展水平而言，东部地区表现最好，中西部地区相似，东北地区表现最差。

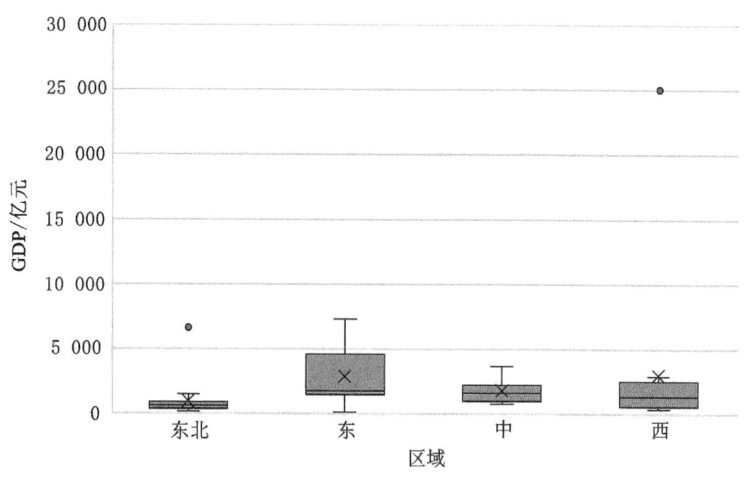

图 3-4 生产总值区域差异

(2) 人均地区生产总值

平均人均地区生产总值为 54 020.01 元,最大值与最小值差值为 73 268 元,最大值为包头市石拐区的 102 949 元,最小值为七台河市 29 681 元。

如图 3-5,西部地区由于人口数较少,人均 GDP 最高,为 59 716.74 元,中部地区次之,为 58 759.32 元,东部地区较少,为 54 629.37 元,东北地区最少,为 43 279.28 元。

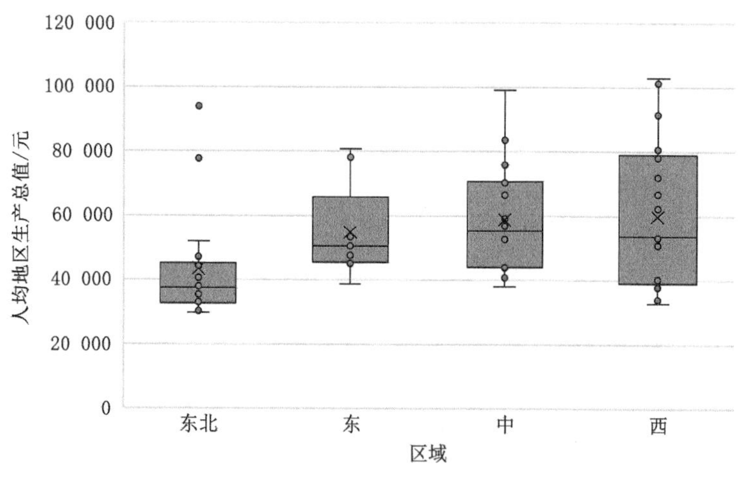

图 3-5 人均生产总值区域差异

(3) 产业结构

资源枯竭型城市中,第一产业构成平均值为 14.57%,最小为 1.1%,最大为 44.9%;第二产业构成平均值为 37.03%,最小为 12.6%,最大为 64.5%;第三产业构成平均值为 48.41%,最小为 32.9%,最大为 65.67%。63 个城市中,第一产业构成小于 10%的资源枯竭型城市有 24 个,第二产业构成超过 40%的资源枯竭型城市有 25 个,第三产业构成超过 50%的资源枯竭型城市有 24 个。

如图 3-6 至图 3-8,中部地区的第一产业占比最少,为 9.81%,东北地区的占比最多,为 20.68%,相差超一倍,东部地区和西部地区保持在 13.65%上下。中部地区的第二产业占比最多,为 42.82%,东北地区的占比最少,为 31.10%,东部地区和西部地区相差不大,分别为 36.44%和 37.46%。中部地区的第三产业占比最少,为 47.37%,东部地区的最多,为 49.88%,东北地区和西部地区的第三产业占比接近,为 48.23%和 48.89%。东北地区的农业和服务业发达,工业发展较弱;东部地区的农业不发达,工业正在向服务业过渡;中部地区的农业发展条件较差,工业发展强,服务业发展较为薄弱;西部地区的三方面产业发展较为平衡,农业和工业发展正在逐步向服务业转换。

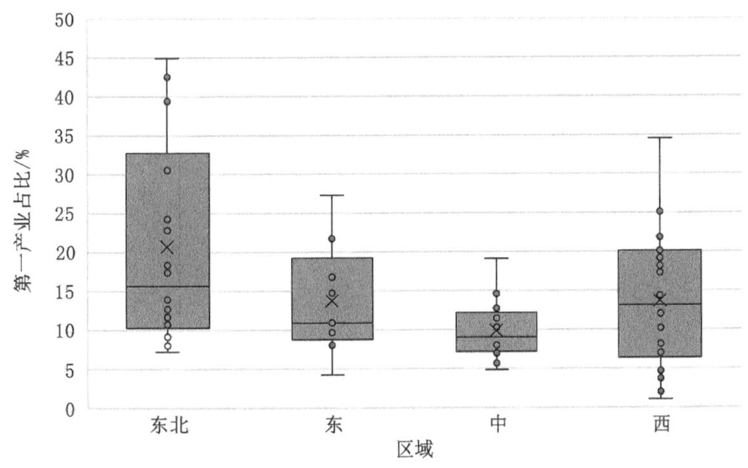

图 3-6 第一产业占比区域差异

(4) 人均可支配收入

资源枯竭型城市中,平均城镇人均可支配收入为 35 524.8 元,最大值与最小值差值为 26 460.0 元,最大值为包头市石拐区的 50 981.0 元,最小值为鹤岗市 24 521.0 元。平均农村人均可支配收入为 17 050.96 元,最大值与最小值差值为 13 916.64 元,最大值为萍乡市的 24 572.64 元,最小值为吕梁市孝义市 10 656.0 元。

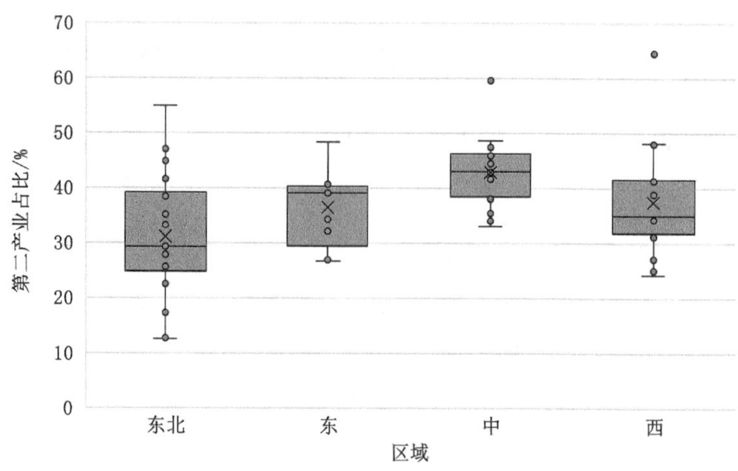

图 3-7 第二产业占比区域差异

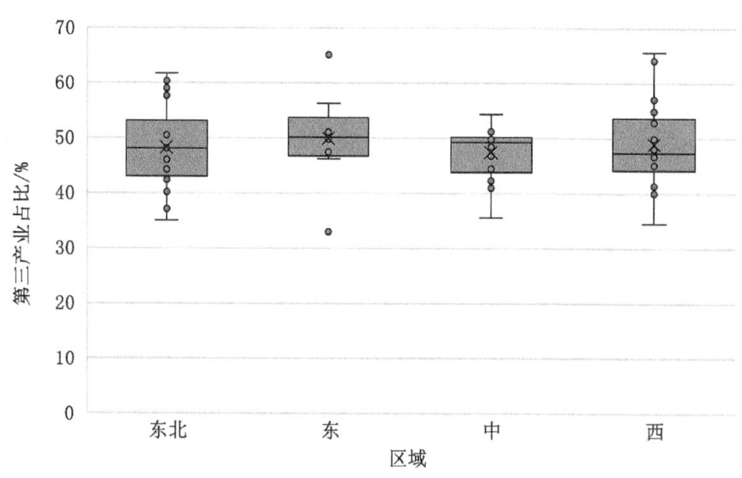

图 3-8 第三产业占比区域差异

西部的城镇和农村可支配收入差距最大，城镇经济发展水平不平衡；东北地区的相差最少，相比而言较为平衡。如图 3-9 和图 3-10，西部地区的城镇人均可支配收入为四个地区中最多，为 38 576.8 元，东部地区次之，为 37 761.81 元，中部为 36 394.85 元，东北地区最差为 30 484.22 元。农村人均可支配收入则与之不同，中部地区的农村人均可支配收入最多，为 18 408.38 元，东部地区相比较少，为 17 556.14 元，东北地区更少，为 16 883.17 元，西部地区最少，为 15 608.74 元。

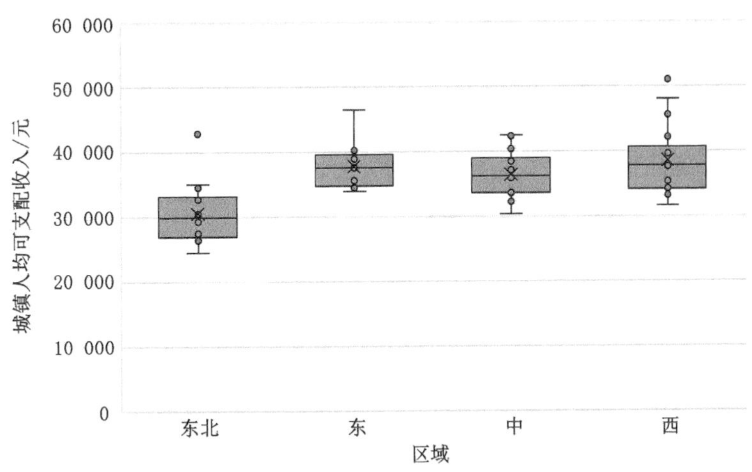

图 3-9 城镇人均可支配收入区域差异

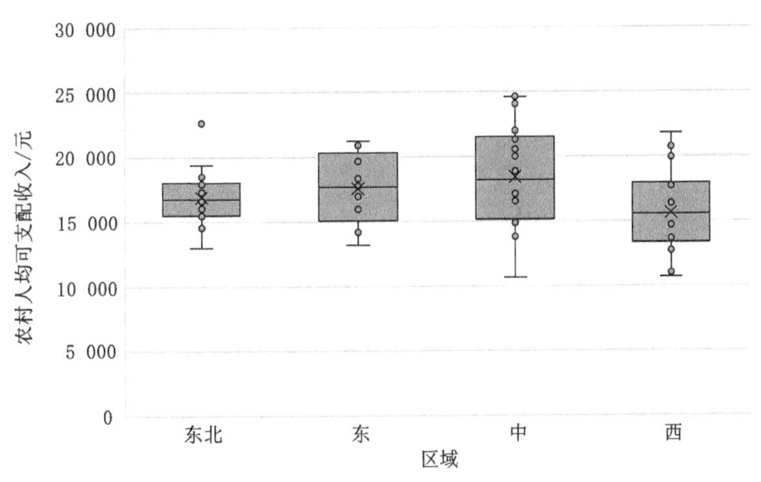

图 3-10 农村人均可支配收入区域差异

(5) 进出口总额

资源枯竭型城市中,平均进出口总额为 194.05 亿元,最大值与最小值差值为 1 340.94 亿元,最大值为石家庄市下花园区的 1 341.1 亿元,最小值为昌江县 0.16 亿元。

东部地区的进出口总额呈现出超越式的断层(图 3-11),为 445.97 亿元,中部、西部相差较小,分别为 179.16、176.73 亿元,东北地区锐减为 100.29 亿元。

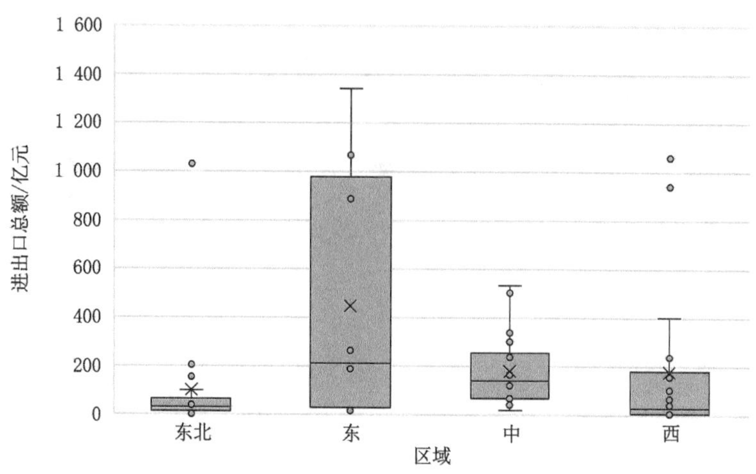

图 3-11 进出口总额区域差异

(6) 规模以上工业企业利润总额

资源枯竭型城市中，平均规模以上工业企业利润总额为 116.65 亿元，最大值与最小值差值为 1 529.13 亿元，最大值为重庆市万盛区及南川区的 1 506.5 亿元，最小值为辽源市的－22.63 亿元。

四个地区的规模以上工业企业利润总额呈现阶梯状(图 3-12)，依次递减分别为西部、东部、中部、东北地区，最大值为 166.47 亿元，最小值为 49.60 亿元，东部地区和中部地区分别为 159.07 亿元、112.65 亿元。

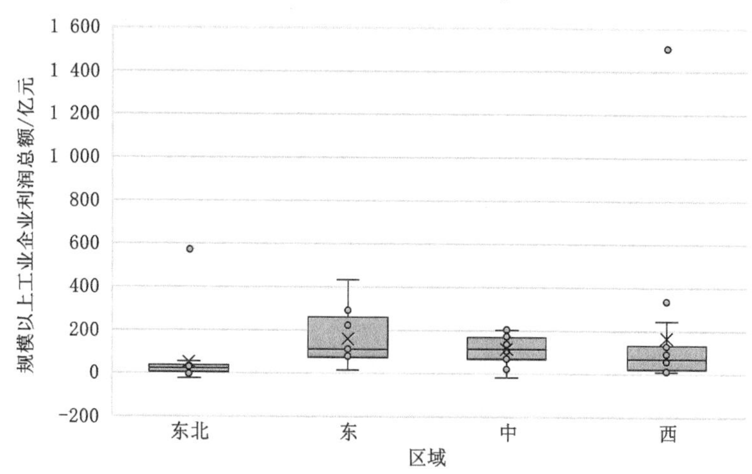

图 3-12 规模以上工业企业利润总额区域差异

(7) 社会消费品零售总额

资源枯竭型城市中,平均社会消费品零售总额为 818.37 亿元,最大值与最小值差值为 11 761.15 亿元,最大值为重庆市万盛区及南川区的 11 787.2 亿元,最小值为昌江县 26.05 亿元。

资源枯竭型城市平均社会消费品零售总额呈现三种水平(图 3-13),最大为西部地区的 1 290.73 亿元,与之相差较少的是东部地区的 1 125.36 亿元,中间层为中部地区的 720.62 亿元,最小为东北地区的 291.26 亿元,水平之间的差异较大。

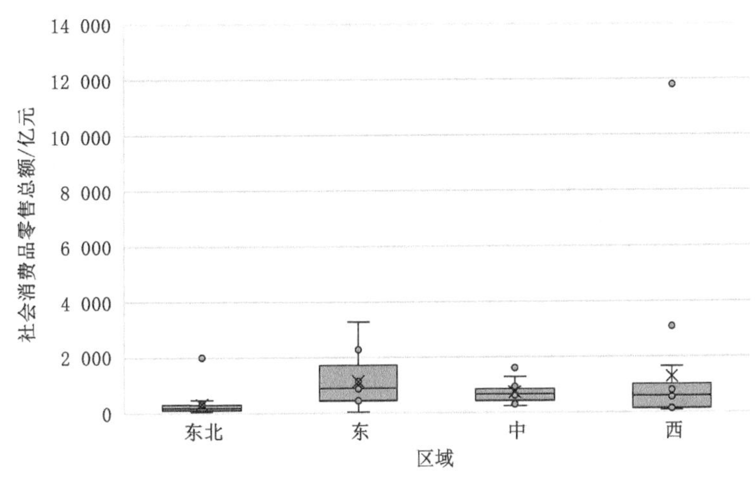

图 3-13　社会消费品零售总额区域差异

3.3.1.2　资源枯竭型城市人口结构质量现状

按照指标得分的排名可以发现,重庆市万盛区及南川区得分最高,人口发展结构指标计算结果为 694.89,是第二名的 2.6 倍;昆明市东川区为人口发展结构得分的第二名,得分值为 267.38,兰州市红古区次之,为 237.16,石家庄井陉矿区和长春市九台区紧跟,分别为 207.49、206.77,均高于 200。西部地区的贺州市平桂区人口结构质量指标得分最低,得分为－170.25;广安市华蓥市次之,为－162.81;紧接为来宾市合山市的得分－144.84,指数也较低,铜仁市万山区为倒数第五位,得分为－102.32。这五者为人口结构质量指标的倒数五位,得分均低于－100。

西部地区的重庆市万盛区及南川区、昆明市东川区、兰州市红古区为人口发展结构得分的前三名;泸州市、铜仁市万山区、来宾市合山市、广安市华蓥市、贺州市平桂区为人口发展结构得分的倒数五名。西部地区城市分布范围广泛,东部、中部、东北地区的得分范围分布较为一致,东部地区的石家庄井陉矿区和东

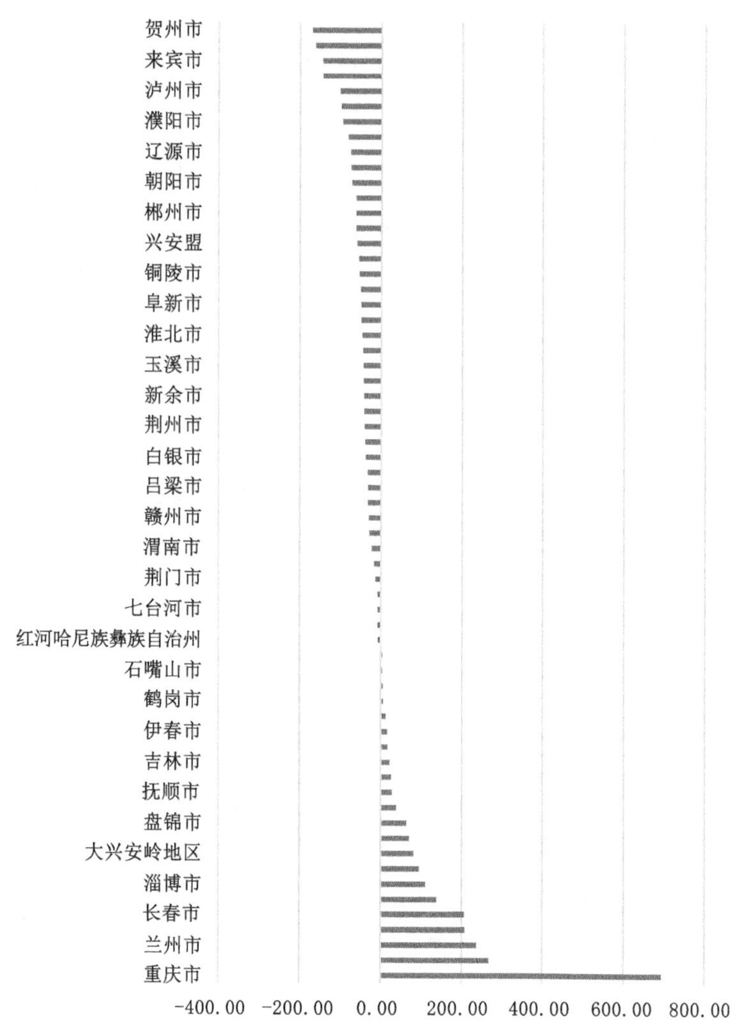

图 3-14 资源枯竭型城市人口结构质量得分

注：限于篇幅问题，本图仅对奇数位次的市县数据进行绘制。

北地区的长春市九台区略微将该范围的人口发展结构得分平均水平拉高。

除昆明市东川区的主要资源类型为铜外，人口发展结构得分的前八名主要资源均为煤。除煤和铜外，以其他资源类型为主的城市人口发展结构得分位于中低水准。

我们得出以下两点结论：人口结构质量与空间的分布相关性较强（图 3-15）。西部地区的人口结构质量处于两端为主，多数位于得分最高和最低范围，少数位于中等层面。东北地区、东部地区和中部地区则主要分布在人口结构质量指标的中低层次。资源枯竭型城市的人口结构质量与资源类型相关性较弱(图 3-16)。除以煤和铜为主要资源类型的城市得分较高外,以其他资源类型为主的城市人口发展结构得分多位于中低水准。

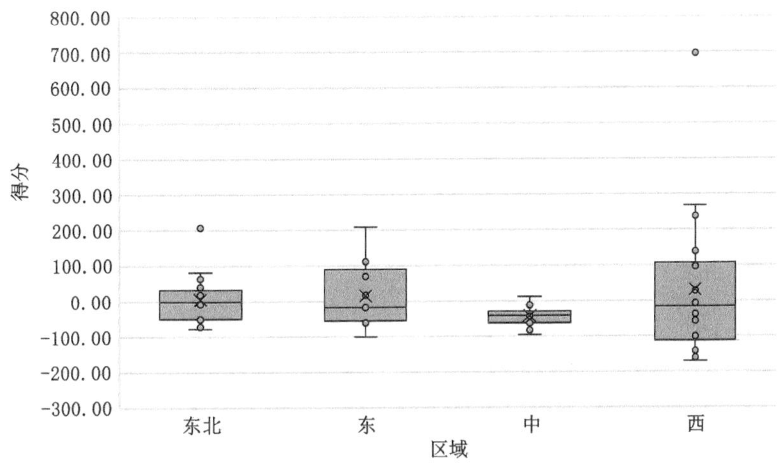

图 3-15　资源枯竭型城市人口结构质量得分区域差异

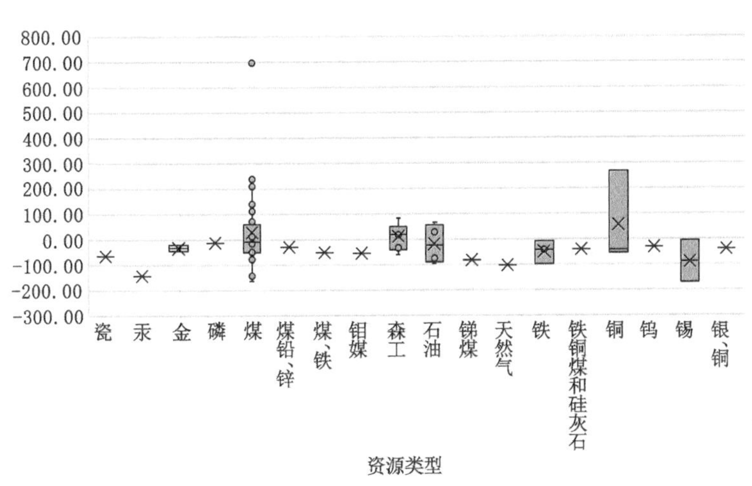

图 3-16　资源枯竭型城市人口结构质量得分资源类型差异

将人口结构差异聚焦到每个具体的指标变量中,观察其社会效益的空间分布差异性。

(1) 常住人口规模

资源枯竭型城市中,平均常住人口为 349.36 万人,常住人口最多的城市为重庆市万盛区及南川区,为 3 208.93 万人,最少为昌江县 23.25 万人。

如图 3-17,东部地区的城市常住人口规模最大,为 492.57 万人,其次是西部地区(444.15 万人),中部地区紧跟其后(332.84 万人),东北地区人数最少,为 199.48 万人。

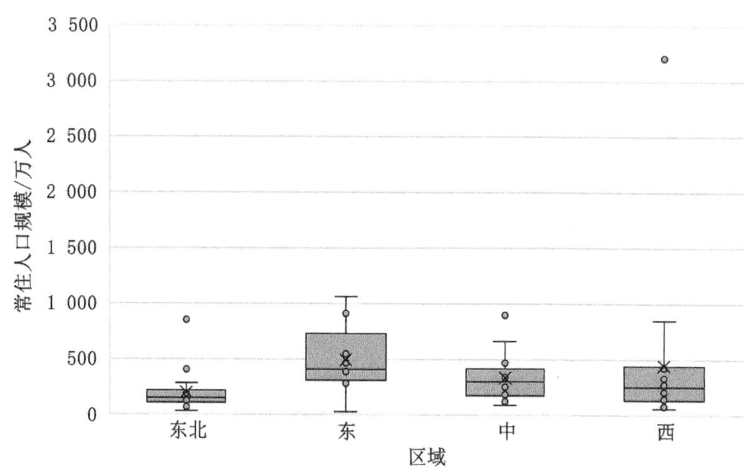

图 3-17 常住人口规模区域差异

(2) 城镇化率

资源枯竭型城市城镇化率平均为 63.65%,城镇化率水平最低的城市为阜新市,城镇化率为 42.2%;城镇化率水平最高的城市为乌海市,城镇化率为 95.88%.

如图 3-18,东北地区人口城镇化率最高(68.50%),东部地区和西部地区相较其分别减少了 4.46%和 5.49%,分别为 64.04%和 63.01%,中部地区最低为 59.25%。

(3) 性别比

男女比例最大的城市为贺州市平桂区,比例值为 111.54%,比例最小的城市为阜新市,比例值为 97.36%。男女比例最为相当的城市为吉林市舒兰市,为 100.06%。资源枯竭型城市男女比例的平均值为 103.68%。如图 3-19,资源枯竭型城市男女性别比例按照东北地区(100.45%)、东部地区(103.53%)、中部地区(104.51%)、西部地区(106.15%)的顺序递增。

(4) 年龄结构

资源枯竭型城市的年龄结构方面,15~60 岁年龄占比最大的城市是兰州市

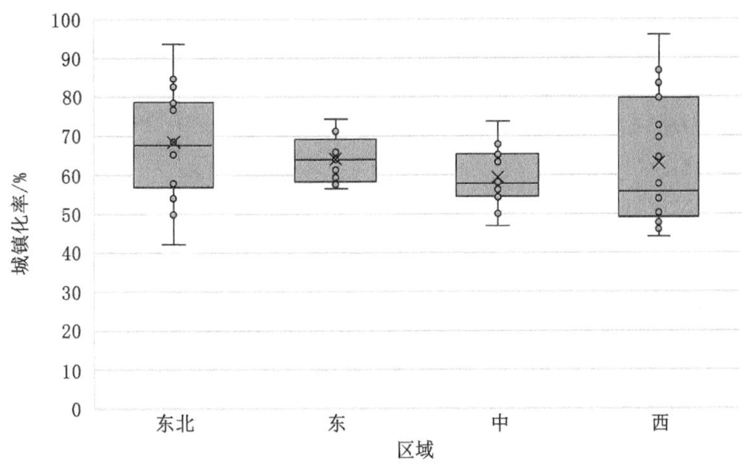

图 3-18 城镇化率区域差异

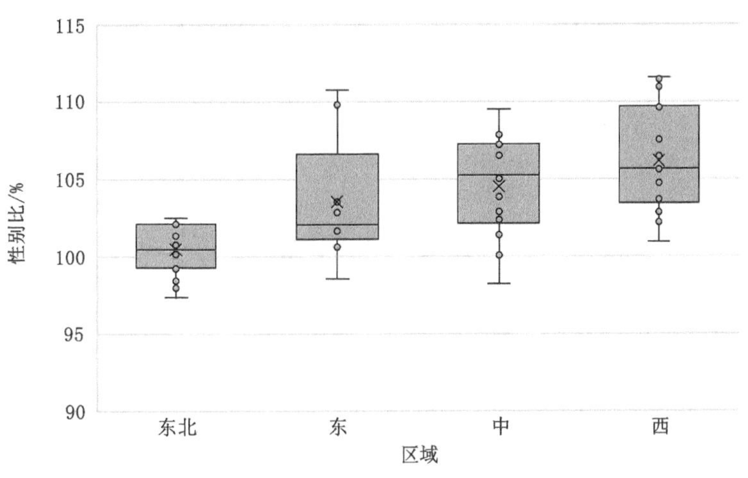

图 3-19 性别比区域差异

红古区，占比为 74.11%；占比最小的为贺州市平桂区，占比为 55.68%。所有城市有工作能力人群的占比平均值为 63.40%。如图 3-20，东部地区(61.22%)和中部地区(61.42%)处于 16～60 岁年龄的比例相差不大，处于类似水平，东北地区(64.45%)和西部地区(65.44%)比例相差不大，处于另一水平。

(5) 受教育程度

资源枯竭型城市的平均受教育年限为 9.82 岁，平均每 10 万人口中拥有的大学(大专及以上)人数为 13 494 人。受教育程度最高的城市为兰州市红古区，平均受教育年限为 11.33 岁，每 10 万人口中拥有的大学(大专及以上)人数为

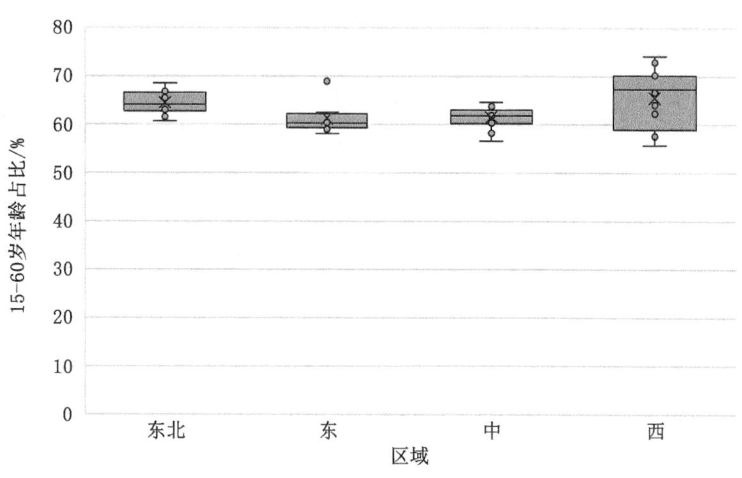

图 3-20　15～60 岁年龄占比区域差异

28 584 人；受教育程度最低的城市为广安市华蓥市，平均受教育年限为 8.48 岁，每 10 万人口中拥有的大学（大专及以上）人数为 6 508 人。

如图 3-21 和图 3-22，东北地区的平均受教育年限（10.07 年）和平均每 10 万人口中拥有的大学（大专及以上）人数（14 573 人）均为最大值，西部地区排名第二，受教育程度（9.74 年）和平均每 10 万人口中拥有的大学（大专及以上）人数（14 286 人）仅次于东北地区，东部地区两指标均处于第三位（9.72 年和 13 524 人），中部地区平均每 10 万人口中拥有的大学（大专及以上）人数（11 608 人）最少且受教育年限（9.70 年）最低。

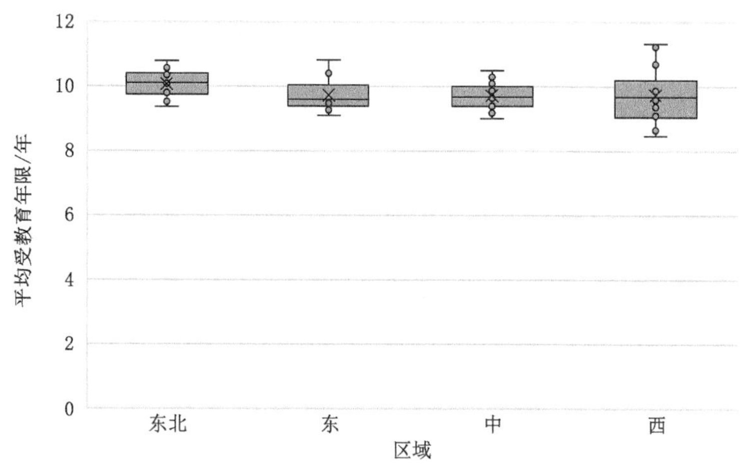

图 3-21　平均受教育年限区域差异

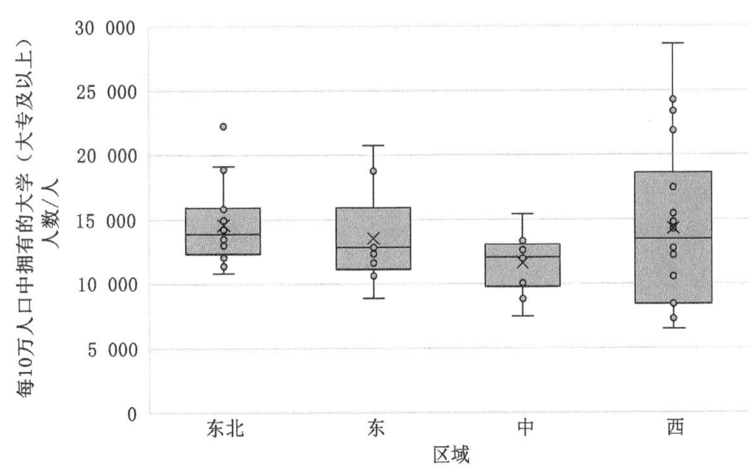

图 3-22　每 10 万人口中拥有的大学(大专及以上)人数区域差异

(6) 医疗卫生机构床位(张)

资源枯竭型城市中,平均医疗卫生机构床位为 24 508 张,最大值与最小值差值为 234 699 张,最大值为重庆市万盛区及南川区的 235 560 张,最小值为昌江县 861 张。

医疗卫生机构床位数在四类地区之间的分布差异性较大(图 3-23),东部地区条件最好为 32 181 张,西部地区次之为 32 207 张,中部紧跟为 22 461 张,东北地区最少为 15 021 张。

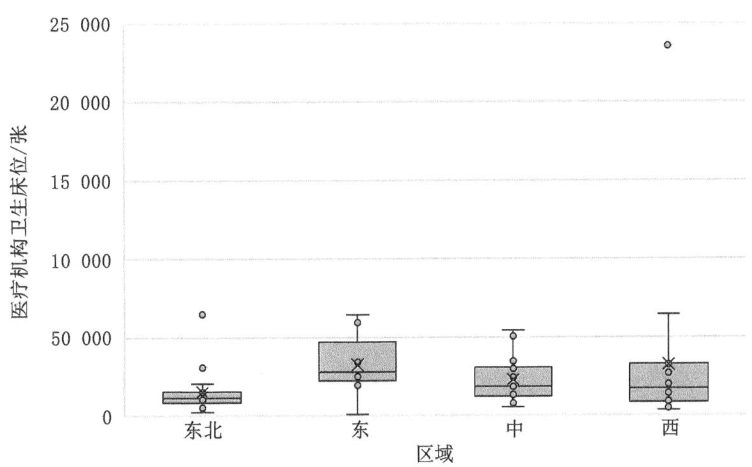

图 3-23　医疗机构卫生床位区域差异

(7) 城镇职工养老保险参保人数

关于资源枯竭型城市的城镇职工参保情况，所有城市的平均城镇职工养老保险参保人数为 92.72 万人。参保情况最好的城市为重庆市万盛区及南川区，城镇职工养老保险参保人数为 1 203.35 万人，最差的城市为昌江县，人数为 4.36 万人，相差 275 倍。

如图 3-24，西部地区的参保情况被重庆市水平拉高(135.03 万)，但多数城市处于低值范围，值域范围较为广泛。东部地区的参保人数占据高值区域(125.94 万)，中部地区(69.69 万)相较于东部地区有较大幅度的下降，东北地区(56.85 万)的情况最差。

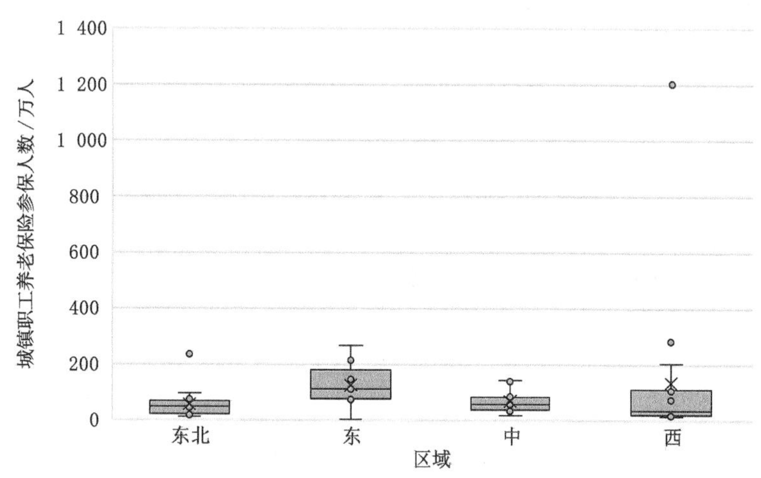

图 3-24　城镇职工养老保险参保人数区域差异

(8) 城镇职工医疗保险参保人数

关于资源枯竭型城市的城镇职工参加医疗保险情况，所有城市的平均城镇职工参加医疗保险人数为 68.84 万人，参保情况最好的城市为重庆市万盛区及南川区，城镇职工参加医疗保险人数为 766.98 万人，最差的城市为昌江县，人数为 3.59 万人，相差 213 倍。

如图 3-25，东部地区的城镇参加医疗保险人数占据高值区域(96.33 万)，值域范围广泛，西部地区(95.71 万)被重庆市拉动至高值区域，东北地区(51.88 万)处于中等区域，中部地区(45.17 万)的参保情况处于低值区域。

(9) 年末参加失业保险人数

资源枯竭型城市的失业保险参保情况方面，所有城市的平均年末参加失业保险人数为 38.60 万人，参保情况最好的城市为重庆市万盛区及南川区，年末参

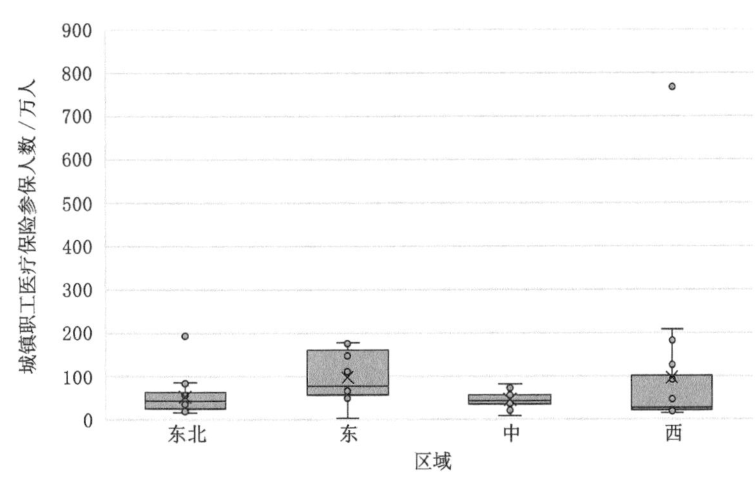

图 3-25 城镇职工医疗保险参保人数区域差异

加失业保险人数为 548.48 万人，最差的城市为昌江县，人数为 2.79 万人，相差 195 倍。

如图 3-26，年末参加失业保险人数与城镇养老保险参保人数情况相似。东部地区的城镇参加失业保险人数占据高值区域(58.61 万)，值域范围广泛，西部地区(55.33 万)次之，中部地区(28.06 万)和东北地区(22.41 万)处于低值区域。

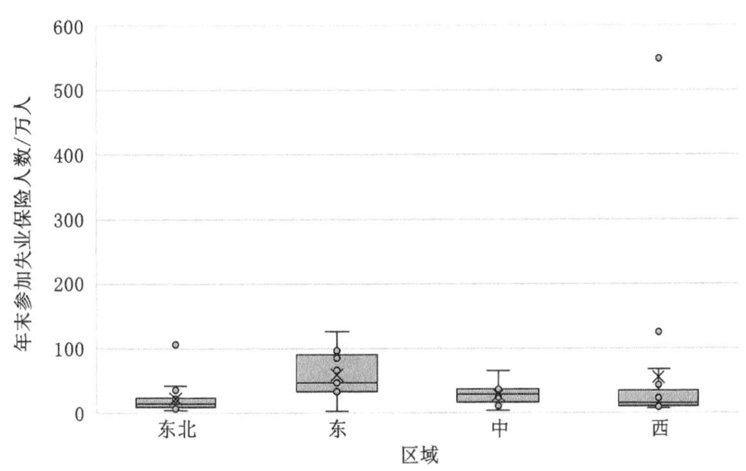

图 3-26 年末参加失业保险人数区域差异

3.3.1.3 资源枯竭型城市环境污染与治理水准

按照环境污染与治理水准指标得分(图 3-27)的排名可以得到，环境污染与治理水准指标排名前四的是重庆市万盛区及南川区、包头市石拐区、石嘴山市、渭南市潼关县，具体指标值分别为 192.51、154.34、119.05、109.21，均值大于 100。排名倒数两名的是兴安盟阿尔山市和昌江县，指标值低于－90，分别为－104.65 和－90.71。

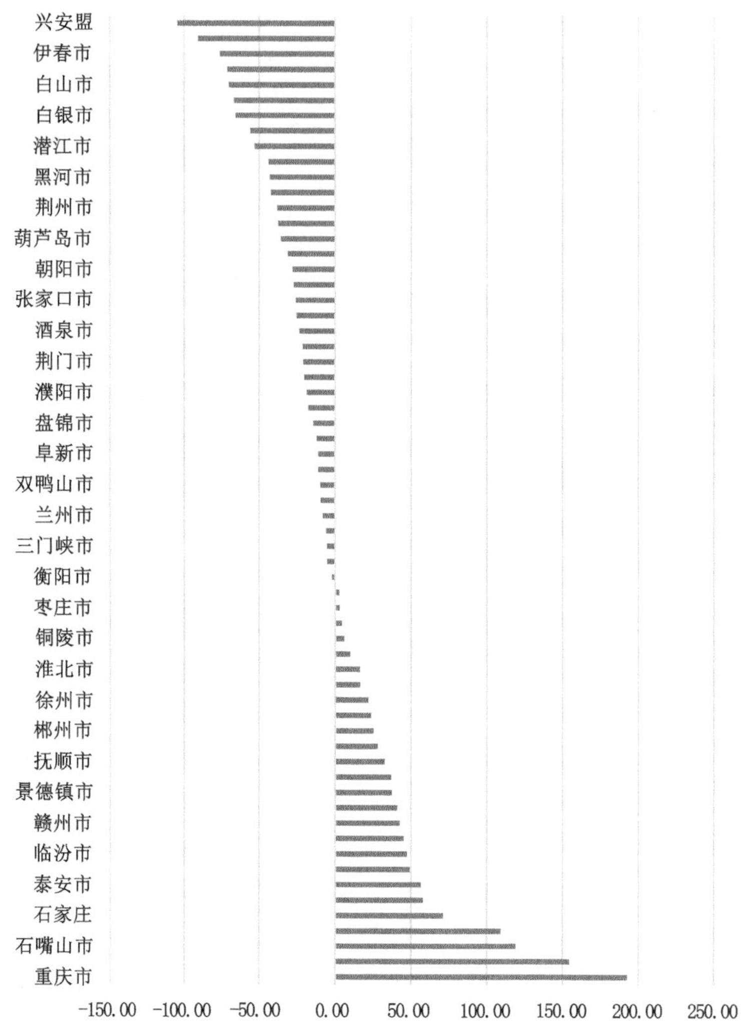

图 3-27 资源枯竭型城市环境污染与治理水准指标得分

注:限于篇幅问题，本图仅对奇数位次的市县数据进行绘制。

对其资源类型与空间分布进行分析，得到空间分布(图 3-28)和资源类型(图 3-29)与环境污染和治理水准相关。东部地区和中部地区的城市环境污染与治理水准指标分布在中高水平，东北地区的分布在中低层次；西部地区的则在各个层次都有分布，范围较为广泛。以煤、金、铜、钨、瓷等为主要资源类型的城市治理水准较高，以森工、石油、锡、汞为主要资源类型的城市环境污染与治理水准指标值较低，以铁为主要资源类型的城市环境污染与治理水准得分分布范围较为广泛。

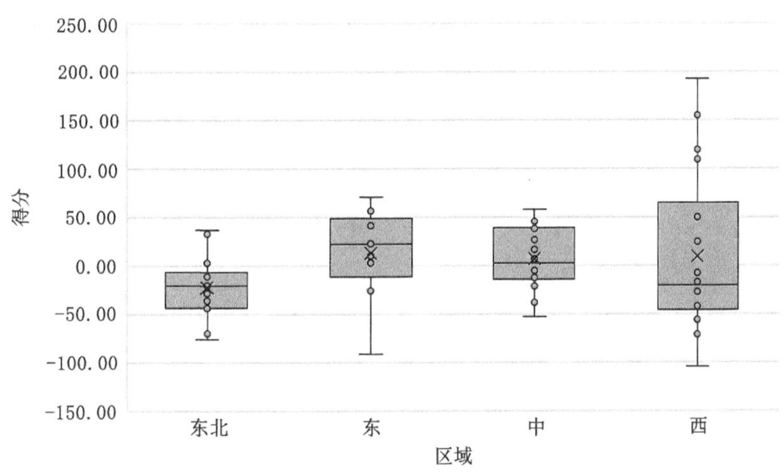

图 3-28　资源枯竭型城市环境污染与治理水准指标得分区域差异

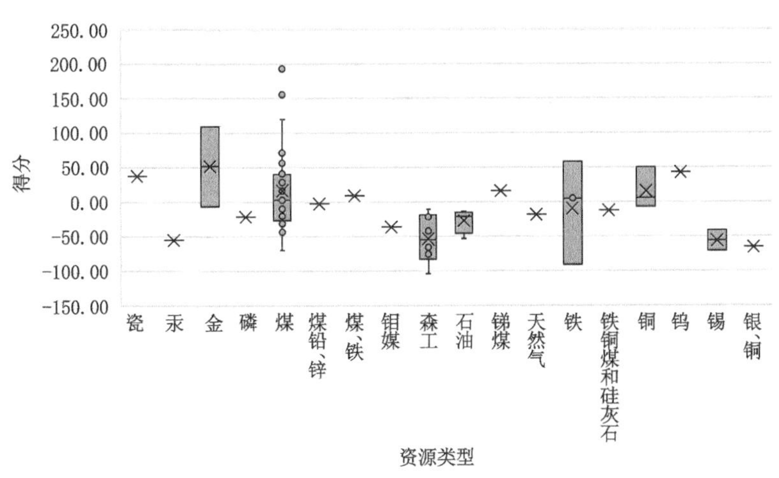

图 3-29　资源枯竭型城市环境污染与治理水准指标得分差异

将城市环境污染治理与水准聚焦到每个具体的指标变量中，观察其生态效益的空间分布差异性。

(1) 环境污染程度归一化指数

限于数据的可获取性，将工业颗粒排放物、工业二氧化硫排放量、工业氮氧化物排放量进行归一化，求归一化三者结果的平均值；求二氧化硫、二氧化氮、粗颗粒物的年平均浓度，并对其归一平均化。将二者得到的结果相统一，并归一至0～100作为环境污染程度归一化指数。

在环境污染方面，资源枯竭型城市环境污染程度归一化指数表现出一定的差异性。范围从0～100，最小为濮阳市(0)，最大为重庆市万盛区及南川区(100)，平均值为16.74，污染程度较为严重，指数大于40的城市包括重庆市万盛区及南川区(100)、包头市石拐区(75.53)、石嘴山市(60.34)、渭南市(58.73)、昆明市(44.25)。污染程度较低的城市即指数低于3的包括酒泉市(2.77)、铜仁市(2.68)、兴安盟(2.44)、红河哈尼族彝族自治州(2.21)、昌江县(1.95)、贺州市(1.55)、濮阳市(0)。

不同地区的资源枯竭型城市表现出的环境污染程度不一，如图3-30，西部地区和东部地区污染程度较大，指数分别为25.46和18.90，中部地区的污染程度一般，指数为12.80，东北地区的污染程度最低，指数为10.90。

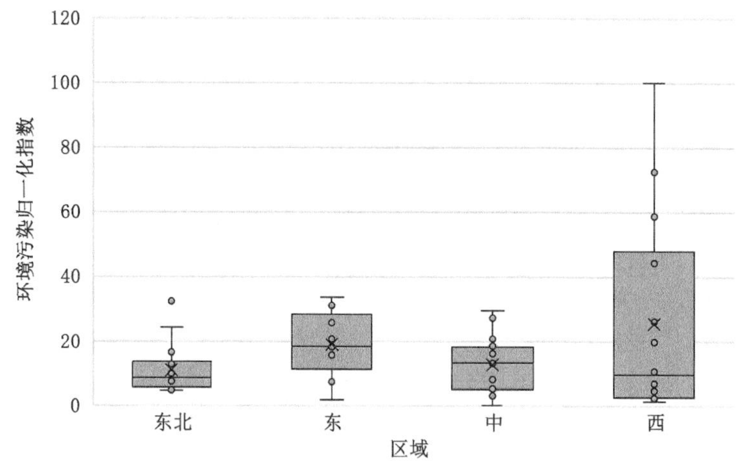

图3-30　环境污染归一化指数区域差异

(2) PM2.5年平均浓度平均值

PM2.5年平均浓度平均值为34.56 mg/m^3，最大值为濮阳市和石家庄市的58 mg/m^3，最小值为昌江县和黑河市的16 mg/m^3。大于55 mg/m^{3}的城市为石家庄市(58 mg/m^3)、濮阳市(58 mg/m^3)和焦作市(56 mg/m^3)，小于20 mg/m^3

的城市包括红河哈尼族彝族自治州(18 mg/m³)、大兴安岭地区(17 mg/m³)、黑河市(16 mg/m³)和昌江县(16 mg/m³)。

不同地区的 PM2.5 年平均浓度平均值也存在一定的差异性,如图 3-31,东部地区(39 mg/m³)和中部地区(38.11 mg/m³)的 PM2.5 年平均浓度处于同一等级,东北地区(31.5 mg/m³)和西部地区(31.83 mg/m³)处于同一等级。

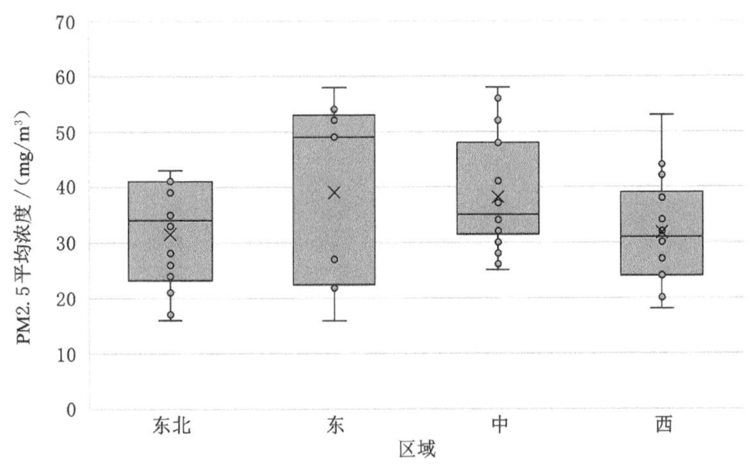

图 3-31　PM2.5 年平均浓度区域差异

(3) 生活垃圾无害化处理

在生活垃圾无害化处理方面,各资源枯竭型城市均处理较好,生活垃圾无害化处理率平均值达到了 99.69%,最小为伊春市的 95.1%,63 个资源枯竭型城市中 52 个城市垃圾无害化处理率达到了 100%,低于 99%的城市包括伊春市(95.1%)、玉溪市(95.97%)、通化市(96.1%)、红河哈尼族彝族自治州(97.21%)、渭南市(98.71%)。

如图 3-32,东部地区的生活垃圾无害化处理率达到 99.998%,中部地区的为 99.96%,西部地区(99.48%)和东北地区(99.47%)的较低。

(4) 建成区绿化覆盖率

对建成区绿化覆盖率而言,最高为景德镇市的 53.96%,最低为兴安盟的 33.26%,平均水平为 42.28%。各个地区之间的建成区绿化覆盖率在 36%～46%之间分布较为均匀,景德镇市(53.96%)、萍乡市(50.72%)、新余市(50.7%)、赣州市(49.85%)、郴州市(47%)绿化水平较高,白山市(35.37%)、朝阳市(35.05%)、兴安盟(33.26%)绿化水平较低。

如图 3-33,中部地区(44.04%)的绿化水平最高,东部地区(42.58%)次之,东北地区(41.47%)和西部地区(41.17%)最低。

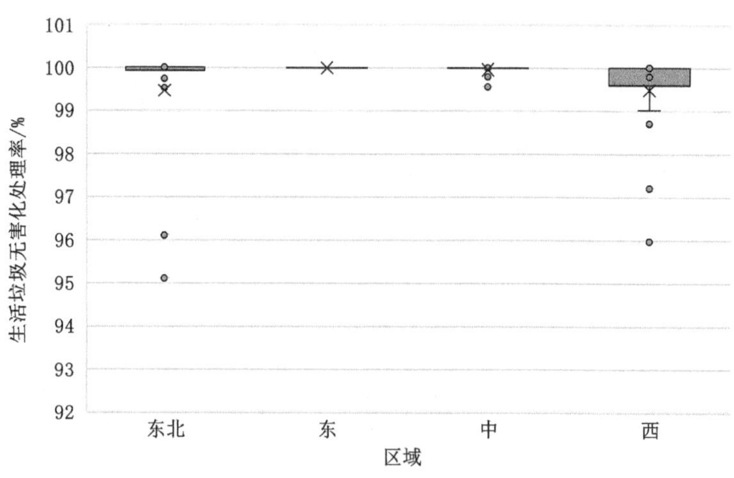

图 3-32　生活垃圾无害化处理率区域差异

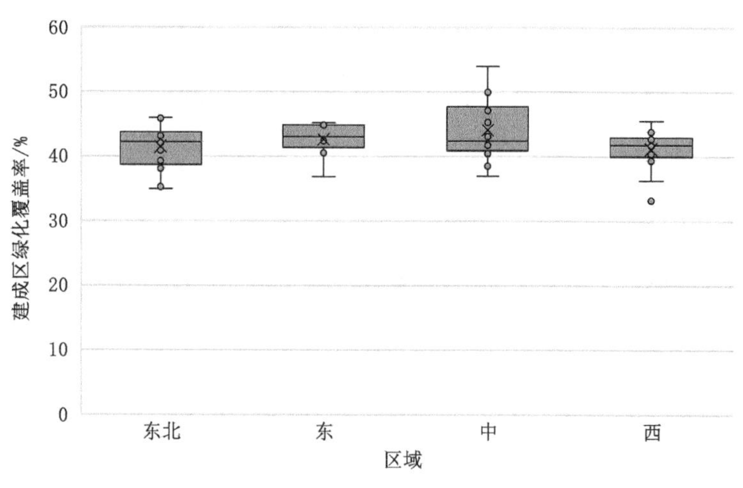

图 3-33　建成区绿化覆盖率区域差异

3.3.2　复合指标评价

就中国资源枯竭型城市的综合发展现状而言(图 3-34),综合发展现状指标大于 100 的城市包括重庆市万盛区及南川区(702.42)、昆明市东川区(228.48)、石家庄市井陉矿区(216.46)、包头市石拐区(194.27)、长春市九台区(190.29)、徐州市贾汪区(127.10)、淄博市淄川区(120.27)。综合发展现状指标小于－100

的城市包括来宾市合山市（—108.05）、铜仁市万山区（—116.70）、贺州市平桂区（—122.47）、兴安盟阿尔山市（—134.78）、昌江县（—135.93），排名为倒数五位。

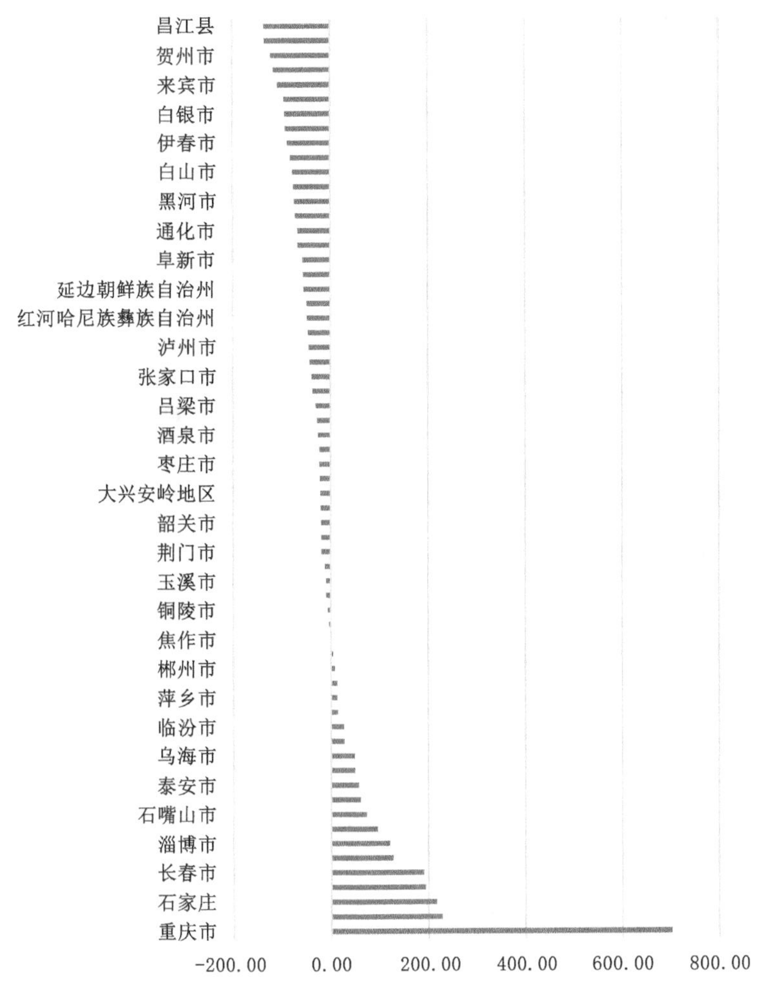

图 3-34 资源枯竭型城市综合发展得分

注：限于篇幅问题，本图仅对奇数位次的市县数据进行绘制。

地域空间分布与综合发展现状存在显著的差异性（图 3-35）。西部地区和东部地区表现出综合发展水平较高的特征，西部地区的昆明市东川区和东北地区的长春市九台区综合发展水平高带动了相应地区平均综合发展水平得分。中部地区的综合发展水平较为集中，分值处于中等水平。东北地区的地区综合发展水平差距较小，分值处于四个地区的低层次水准。

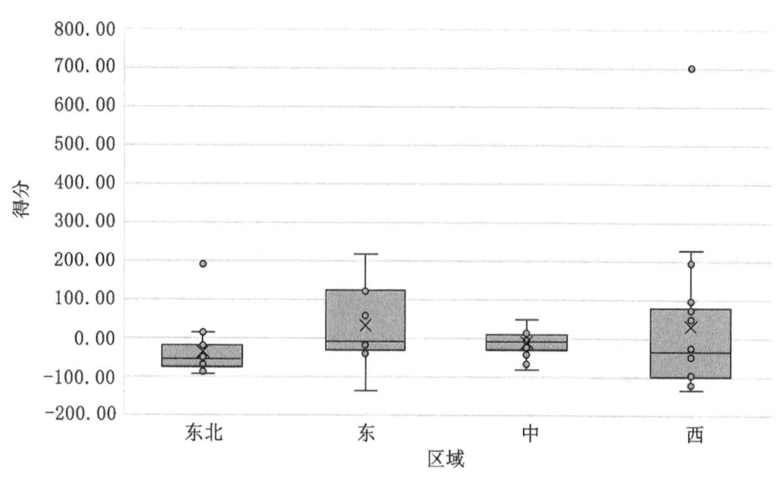

图 3-35　按地区划分,资源枯竭型城市综合发展区域差异

地区的综合发展水平差异与其资源类型相关(图 3-36)。昆明市东川区以铜为主要资源类型,长春市九台区以煤为主要资源类型;以铜为主要资源类型的城市综合发展现状水平较高,以煤为主要资源的城市综合发展现状水平指标分布在各个层次;以瓷、金、铁、石油等为主要资源的城市综合发展现状水平指标分布在中等层次;以森工、锡、汞、天然气为主要资源的城市综合发展现状水平较低,城市指标均小于 0,属于发展的负向区域。

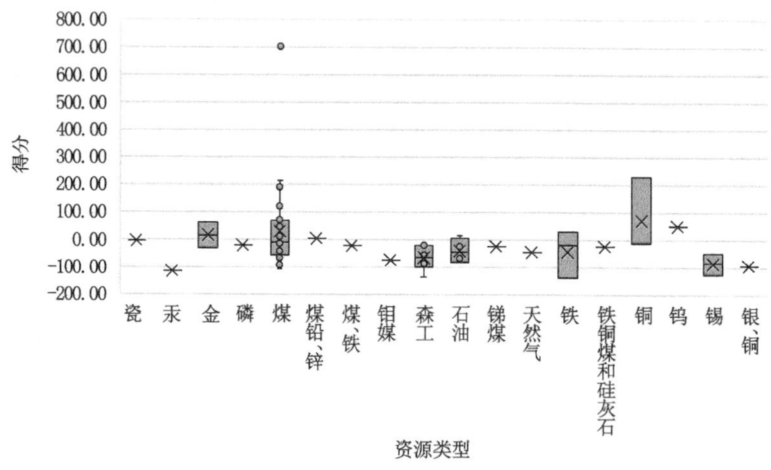

图 3-36　按资源类型划分,资源枯竭型城市综合发展区域差异

3.4 资源枯竭型城市发展现状耦合协调度分析

对中国资源枯竭型城市的经济发展、人口结构、生态环境三个子系统进行耦合协调度分析，得到以下结果，见表 3-3。

表 3-3 资源枯竭型城市发展现状耦合协调度分析结果

所在地级市	耦合度 C 值	耦合协调度 D 值	协调等级	耦合协调程度
长春市	0.994	0.652	7	初级协调
盘锦市	0.924	0.465	5	濒临失调
抚顺市	0.726	0.427	5	濒临失调
辽阳市	0.779	0.402	5	濒临失调
吉林市	0.8	0.401	5	濒临失调
延边朝鲜族自治州	0.86	0.357	4	轻度失调
通化市	0.802	0.344	4	轻度失调
葫芦岛市	0.822	0.34	4	轻度失调
阜新市	0.68	0.335	4	轻度失调
黑河市	0.777	0.327	4	轻度失调
朝阳市	0.758	0.326	4	轻度失调
大兴安岭地区	0.528	0.323	4	轻度失调
白山市	0.81	0.318	4	轻度失调
辽源市	0.764	0.302	4	轻度失调
鹤岗市	0.536	0.302	4	轻度失调
七台河市	0.47	0.298	3	中度失调
双鸭山市	0.506	0.29	3	中度失调
伊春市	0.56	0.251	3	中度失调
石家庄市	0.981	0.675	7	初级协调
徐州市	0.986	0.595	6	勉强协调
淄博市	0.965	0.589	6	勉强协调
泰安市	0.851	0.507	6	勉强协调

表 3-3(续)

所在地级市	耦合度 C 值	耦合协调度 D 值	协调等级	耦合协调程度
枣庄市	0.866	0.42	5	濒临失调
韶关市	0.833	0.417	5	濒临失调
承德市	0.767	0.416	5	濒临失调
张家口市	0.892	0.398	4	轻度失调
昌江县	0.915	0.233	3	中度失调
赣州市	0.888	0.506	6	勉强协调
衡阳市	0.941	0.464	5	濒临失调
新余市	0.787	0.463	5	濒临失调
临汾市	0.782	0.458	5	濒临失调
郴州市	0.859	0.456	5	濒临失调
焦作市	0.92	0.455	5	濒临失调
萍乡市	0.789	0.448	5	濒临失调
铜陵市	0.896	0.445	5	濒临失调
荆门市	0.946	0.434	5	濒临失调
黄石市	0.922	0.428	5	濒临失调
淮北市	0.826	0.425	5	濒临失调
景德镇市	0.769	0.425	5	濒临失调
三门峡市	0.873	0.413	5	濒临失调
娄底市	0.805	0.409	5	濒临失调
吕梁市	0.867	0.408	5	濒临失调
荆州市	0.967	0.404	5	濒临失调
濮阳市	0.814	0.352	4	轻度失调
潜江市	0.946	0.345	4	轻度失调
重庆市	1	0.995	10	优质协调
昆明市	0.991	0.682	7	初级协调
包头市	0.827	0.624	7	初级协调
兰州市	0.907	0.537	6	勉强协调

表 3-3(续)

所在地级市	耦合度 C 值	耦合协调度 D 值	协调等级	耦合协调程度
乌海市	0.849	0.49	5	濒临失调
渭南市	0.66	0.461	5	濒临失调
石嘴山市	0.622	0.459	5	濒临失调
玉溪市	0.929	0.445	5	濒临失调
酒泉市	0.841	0.401	5	濒临失调
泸州市	0.88	0.392	4	轻度失调
红河哈尼族彝族自治州	0.981	0.388	4	轻度失调
铜川市	0.8	0.37	4	轻度失调
白银市	0.814	0.3	4	轻度失调
铜仁市	0.822	0.272	3	中度失调
来宾市	0.706	0.272	3	中度失调
广安市	0.605	0.271	3	中度失调
贺州市	0.501	0.211	3	中度失调
兴安盟	0.558	0.177	2	严重失调

(1) 耦合度

资源枯竭型城市发展现状子系统耦合度 C 值排序见图 3-37。耦合度最高的城市为重庆市(1),最低的城市为七台河市(0.47)。63 个资源枯竭型城市的耦合度平均值为 0.810。耦合度高表明系统发展水平相对一致,互相依赖强,相互影响大。重庆市、昆明市和石家庄市的经济发展、人口结构、生态环境子系统得分均处于较高水平,属于高水平的耦合,红河哈尼族彝族自治州和荆州市的三系统属于中等偏低区域,属于中等水平的耦合,而昌江县和潜江市的三个子系统均处于低值区,属于低水平的耦合。耦合度低表明系统发展水平差异较为显著,伊春市、兴安盟、鹤岗市、大兴安岭地区、双鸭山市、贺州市和七台河市等七个地区的耦合度处于末位,伊春市、鹤岗市、大兴安岭地区和双鸭山市的人口结构较为稳定,但经济发展能力稍逊,环保处理水平弱;兴安盟类似伊春市,但人口数量偏少,结构稳定程度稍弱;在资源枯竭型城市发展中,贺州市的发展弱项在于其人口结构,七台河市则于经济发展方面表现稍差。

资源枯竭型城市的子系统耦合度 C 值区域差异表示见图 3-38。东部地区的资源枯竭型城市平均耦合度最高,耦合度为 0.895,中部地区次之,为 0.867,

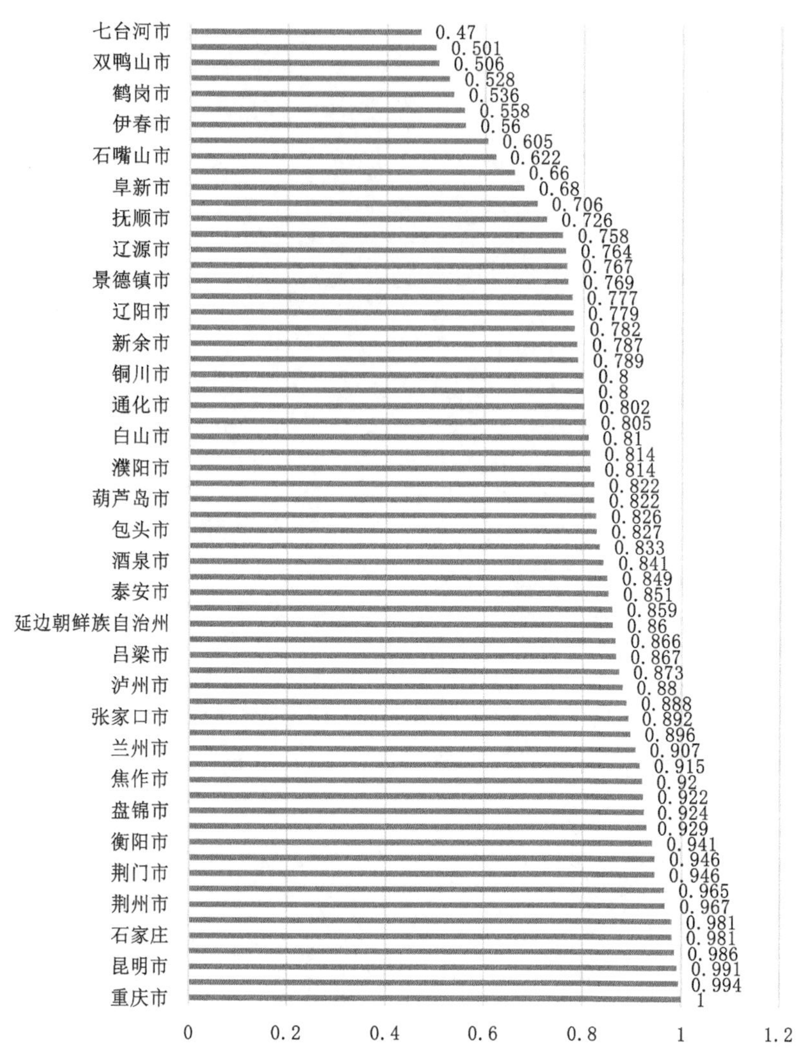

图 3-37 资源枯竭型城市发展现状子系统耦合度 C 值

注:限于篇幅问题,本图仅对奇数位次的市县数据进行绘制。

西部地区略少,为 0.794,东北地区耦合度最差,为 0.728。东北地区和西部地区内部的城市耦合度差异较大,东部地区和中部地区表现出统一的高耦合度特征。东部地区和中部地区的耦合度范围相似,分布较为集中,值域为 0.767～0.786,东北地区和西部地区内部的城市差异较为显著,值范围较大,包含 0.47～1。

(2) 耦合协调度

资源枯竭型城市发展现状耦合协调度 D 值排序见图 3-39。耦合协调度最

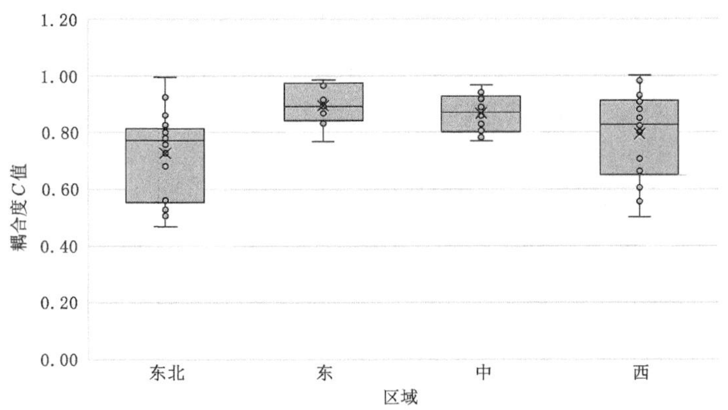

图 3-38 子系统耦合度 C 值区域差异

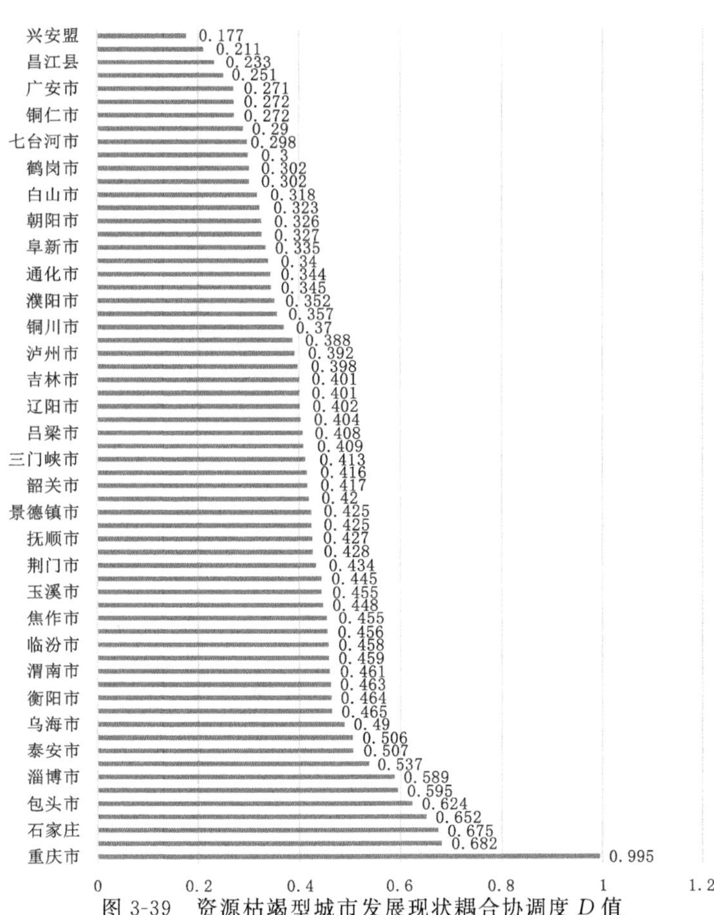

图 3-39 资源枯竭型城市发展现状耦合协调度 D 值

注:限于篇幅问题,本图仅对奇数位次的市县数据进行绘制。

高的城市为重庆市(0.995),最低的城市为兴安盟(0.177)。63个资源枯竭型城市的耦合度平均值为0.416。耦合协调度表示系统中各个部分之间相互作用一致性和有效性的程度,耦合协调度高表示系统之间的协同表现出众。耦合协调度与综合得分的顺序基本一致,经济发展、人口结构、生态环境子系统综合得分高,城市各系统间表现出的耦合协调关系好。

资源枯竭型城市的耦合协调度D值区域差异表示见图3-40。东部地区的平均耦合协调度最大,为0.472,东北地区最小,值为0.359。西部地区和中部地区的值差异较小,西部地区略高,值分别为0.430 4和0.429 9。西部地区内部城市之间的耦合协调度差异显著,值范围包含0.177～0.995。东北地区和东部地区的值范围相似,包含0.233～0.675,中部地区的值范围较为集中,包含0.345～0.506。

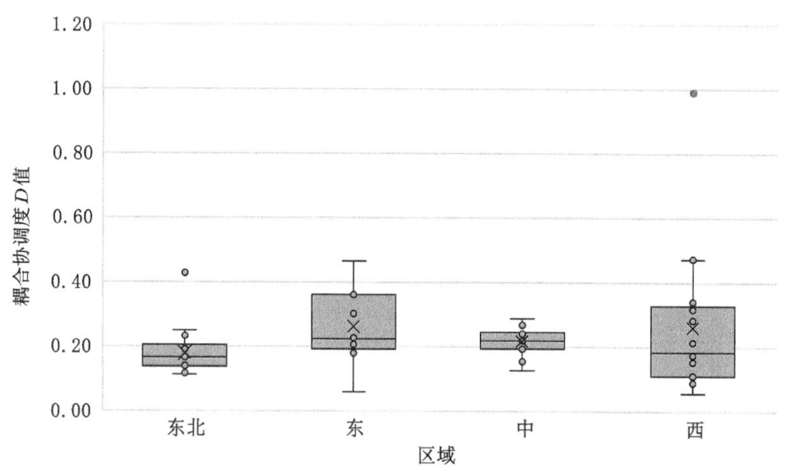

图3-40　资源枯竭型城市发展现状耦合协调度 D 值区域差异

(3) 协调等级

计算63个资源枯竭型城市的发展现状耦合协调度,结果如表3-4所示,极度失调、严重失调、中度失调、轻度失调、濒临失调、勉强协调、初级协调、中级协调、良好协调、优质协调的城市个数分别为0、1、8、17、27、5、4、0、0、1,大部分城市集中在轻度失调和濒临失调等级。

严重失调的城市为兴安盟阿尔山市,优质协调的城市为重庆市。轻度失调和濒临失调的城市占总资源枯竭型城市的69.84%,寻求合适的方式进行转型发展是资源枯竭型城市的必经之路。

将协调等级进行二次分类,将极度失调、严重失调、中度失调、轻度失调归为一类(失调),濒临失调单独归为一类,代表失调与协调之间的临界状态,勉强协

表 3-4 发展现状耦合协调度

耦合协调度 D 值区间	协调等级	耦合协调程度	城市个数
(0.0～0.1)	1	极度失调	0
[0.1～0.2)	2	严重失调	1
[0.2～0.3)	3	中度失调	8
[0.3～0.4)	4	轻度失调	17
[0.4～0.5)	5	濒临失调	27
[0.5～0.6)	6	勉强协调	5
[0.6～0.7)	7	初级协调	4
[0.7～0.8)	8	中级协调	0
[0.8～0.9)	9	良好协调	0
[0.9～1.0)	10	优质协调	1

调、初级协调、中级协调、良好协调、优质协调归为一类(协调),得到资源枯竭型城市的协调分类结果如表 3-5。

表 3-5 发展现状协调分类结果

类别	城市个数	城市名称
失调	26	兴安盟、昌江县、铜仁市、来宾市、广安市、伊春市、双鸭山市、贺州市、七台河市、红河哈尼族彝族自治州、潜江市、张家口市、泸州市、延边朝鲜族自治州、葫芦岛市、濮阳市、白银市、白山市、通化市、铜川市、黑河市、辽源市、朝阳市、阜新市、鹤岗市、大兴安岭地区
濒临失调	27	荆州市、荆门市、衡阳市、玉溪市、盘锦市、黄石市、焦作市、铜陵市、三门峡市、吕梁市、枣庄市、郴州市、乌海市、酒泉市、韶关市、淮北市、娄底市、吉林市、萍乡市、新余市、临汾市、辽阳市、景德镇市、承德市、抚顺市、渭南市、石嘴山市
协调	10	徐州市、淄博市、兰州市、赣州市、泰安市、长春市、昆明市、石家庄市、包头市、重庆市

资源枯竭型城市协调表现出的一大特征为复合指标得分高,且资源类型多数为煤,煤炭城市在转型过程中已经实现了一定的成果。资源枯竭型城市失调表现出的特征为复合指标得分低且存在分指标极度偏低,多数失调城市在东北地区,东北地区借助老工业基地的地位,当市场机制开始发挥主要作用的时候,东北还停留在资源掠夺型的重工业时期,纵使有丰富的能源,在经济短时间内扩

充时，煤炭和森林资源却也接近完全干枯的状态[17]。资源衰竭是重工业发展的巨大阻碍，转型过程成果较为缓慢。

3.5 资源枯竭型城市发展现状聚类分析

采用K均值聚类算法对发展现状评价结果进行聚类分类。依据经济发展、人口结构、生态环境三个子系统得分，将城市分为5类，聚类后的聚类中心与结果见表3-6和表3-7。

表 3-6 发展现状聚类中心

	1	2	3	4	5
经济发展水平	−51.414 7	109.239 1	137.666 9	625.694 0	−15.434 1
人口结构质量	−75.711 4	252.269 0	146.717 8	694.890 3	−13.736 1
环境污染与治理水平	−45.464 4	20.580 7	65.180 5	192.509 8	8.451 4

表 3-7 中国资源枯竭型城市发展现状聚类

城市	聚类	距离聚类中心的距离
张家口市	5	36.750 1
承德市	5	40.304 2
吕梁市	5	27.232 0
临汾市	5	43.150 3
乌海市	5	110.072 0
盘锦市	5	82.870 7
抚顺市	5	56.723 2
辽阳市	5	27.828 9
吉林市	5	49.893 8
延边朝鲜族自治州	5	94.915 6
大兴安岭地区	5	116.453 0
七台河市	5	62.808 9
鹤岗市	5	70.046 3
淮北市	5	34.338 7
铜陵市	5	53.274 2
萍乡市	5	46.471 5

表 3-7(续)

城市	聚类	距离聚类中心的距离
景德镇市	5	57.205 0
新余市	5	58.920 4
赣州市	5	84.445 7
枣庄市	5	49.961 7
泰安市	5	65.271 0
焦作市	5	34.653 2
三门峡市	5	32.860 8
黄石市	5	38.559 8
荆门市	5	36.013 1
荆州市	5	56.927 3
郴州市	5	66.176 7
娄底市	5	69.074 4
衡阳市	5	55.194 9
韶关市	5	37.163 4
红河哈尼族彝族自治州	5	86.402 8
玉溪市	5	51.945 4
铜川市	5	48.688 3
渭南市	5	102.246 3
酒泉市	5	56.532 3
石嘴山市	5	115.172 1
重庆市	4	0.000 0
石家庄市	3	73.576 2
包头市	3	124.150 9
长春市	3	78.200 0
徐州市	3	97.319 2
淄博市	3	56.997 9
昆明市	2	88.810 0
兰州市	2	88.810 0
兴安盟	1	63.763 2
阜新市	1	44.491 0
朝阳市	1	18.436 5

表 3-7(续)

城市	聚类	距离聚类中心的距离
葫芦岛市	1	22.128 8
辽源市	1	11.485 5
白山市	1	85.371 4
通化市	1	29.669 0
伊春市	1	100.405 9
黑河市	1	42.847 4
双鸭山市	1	61.642 5
濮阳市	1	36.250 5
潜江市	1	24.528 9
来宾市	1	69.550 8
贺州市	1	94.681 0
昌江县	1	52.111 5
广安市	1	92.273 9
泸州市	1	77.233 4
铜仁市	1	68.924 1

聚类一表示经济发展、人口结构、生态环境三个子系统均较低的城市状况，聚类二表示经济发展、人口结构、生态环境三个子系统得分处于中低水平且人口结构得分高于另外两者的城市状况，聚类三表示经济发展、人口结构、生态环境三个子系统得分处于中低水平且生态环境得分处于中低偏高的城市状况，聚类四表示经济发展、人口结构、生态环境三个子系统均较高的城市状况，聚类五表示经济发展、人口结构得分低且生态环境得分处于中低水平的城市状况。

根据五个类别的特征，将其进行二次划分，根据经济发展、人口结构、生态环境得分的高低将其划分为高高高、低低低、低低高三类，得到资源枯竭型城市的类别划分如表 3-8。

表 3-8　发展现状聚类分类结果

类别	城市个数	城市名称
高高高	8	重庆市、石家庄市、包头市、长春市、徐州市、淄博市、昆明市、兰州市
低低低	19	兴安盟、阜新市、朝阳市、葫芦岛市、辽源市、白山市、通化市、伊春市、黑河市、双鸭山市、濮阳市、潜江市、来宾市、贺州市、昌江县、广安市、泸州市、铜仁市、白银市

表 3-8(续)

类别	城市个数	城市名称
低低高	36	张家口市、承德市、吕梁市、临汾市、乌海市、盘锦市、抚顺市、辽阳市、吉林市、延边朝鲜族自治州、大兴安岭地区、七台河市、鹤岗市、淮北市、铜陵市、萍乡市、景德镇市、新余市、赣州市、枣庄市、泰安市、焦作市、三门峡市、黄石市、荆门市、荆州市、郴州市、娄底市、衡阳市、韶关市、红河哈尼族彝族自治州、玉溪市、铜川市、渭南市、酒泉市、石嘴山市

高高高类别中，重庆市特征尤为显著，经济发展、人口结构、生态环境各项得分处于极高水平，转型发展现状好，经济发达，人口结构良好，生态环境健康；东部地区的各项指标发展处于中等偏高水平。低低低类别中，以东北地区的资源枯竭型城市为主，发展现状较差；处于西部、中部地区的城市表现出经济发展水平一般，人口结构一般[18]，但生态环境污染情况较少，环境保护水准较高，给资源枯竭型城市转型发展带来了契机和时间。

3.6 本章小结

本章从中国资源枯竭型城市的经济发展、人口结构、生态环境三方面进行分析，建立评价体系，进行数据降维，利用单一指标和复合指标两类评价方法，考察城市主要资源类型、地区分布与资源枯竭型城市发展水平的关系，采用耦合协调度分析和聚类分析，明确中国资源枯竭型城市的发展现状与系统的协调发展关系，为后续进行转型发展现状、能力的评价以及转型效果的分析奠定发展基础。本章得到以下结论：

(1) 单一指标。经济发展方面，东部地区的评分结果总体较好，其他地区的负值水平较为严重。人口结构方面，除中部地区较为落后外，各个地区的能力较为均一，评价得分在－100～100 范围内波动。环境污染及保护方面，地区之间的得分差异较为显著，中部地区的得分大多为正，东北地区大多为负，西部、东部地区的污染防治保护能力得分处于－50～50 周围。

(2) 复合指标。东北地区的综合发展评价得分处于负值范围内，整体发展水平表现较差，中部地区、西部地区、东部地区的得分依次增长，整体维持在－50～100 范围内。

(3) 资源枯竭型城市的协调度分析结果和复合指标得分结果相似，重庆市极度协调，东北地区多数城市处于失调状态，中部、西部地区处于临界状态较多，东部地区较为协调。失调城市占资源枯竭型城市的 41.27%，协调城市占比

15.87%,42.86%的资源枯竭型城市处于濒临失调的临界状态。

(4) 资源枯竭型城市可以分为高高高、低低低、低低高三类。高高高的城市以煤和铜为主要资源类型,各项指标得分较高。低低低的以中部地区和东北地区城市为主,各项指标得分处于负值区域。低低高的为经济发展水平和人口结构一般,生态环境污染情况较少的西部地区城市。各项特征为资源枯竭型城市发展提供了转型思路。

(5) 资源枯竭型城市主要资源类型与资源枯竭型城市发展水平表现出的相关性较弱。以煤和铜作为主要资源类型的城市经济发展水平高,以稀有金属为主要资源类型的城市人口结构较差,以森工和铁作为主要资源类型的城市环境污染及治理能力弱。

(6) 资源枯竭型城市地区分布与资源枯竭型城市发展水平相关性强。东北地区的经济发展水平和生态环境保护水平较低,但人口结构质量处于中等水平。西部地区的经济发展、人口结构、生态环境得分处于中等水平,但地区之间的差异逐渐增大。中部地区的经济发展处于中等水平,人口结构质量差,环境保护方面能力较强,地区内部的特征表现较为一致。东部地区的经济发展能力强,人口结构和环境保护方面处于中等水平。

参考文献

[1] ZHUANG X,LI X,XU Y. How can resource－exhausted cities get out of “the valley of death”? an evaluation index system and obstacle degree analysis of green sustainable development[J]. International Journal of Environmental Research and Public Health,2022,19(24):16976

[2] LI X,ZHUANG X. Eco-city problems:industry-city-ecology, urbanization development assessment in resource-exhausted cities[J]. Sustainability, 2022,15(1):166.

[3] 王京晶. 资源型城市发展评价与转型决策研究[D]. 武汉:武汉理工大学,2009.

[4] LI X,WANG D. Does transfer payments promote low-carbon development of resource-exhausted cities in China? [J]. Earth's Future,2022,10(1): 10.1029/2021EF002339.

[5] ZHANG H, XIONG L, LI L, et al. Political incentives, transformation efficiency and resource-exhausted cities[J]. Journal of Cleaner Production, 2018,196:1418-1428.

[6] 李晶.城市可持续发展指标体系及评价方法研究:以资源枯竭型城市为例[J].财经问题研究,2005(6):52-56.

[7] 赵奥.辽宁省资源型城市绿色转型创新发展成效的评价体系研究[J].北方经济,2021(7):60-63.

[8] 王艳,邓锋.资源型城市转型阶段识别及效果评价:以鄂尔多斯市为例[J].中国国土资源经济,2022,35(3):22-29.

[9] 王武林,李昕,杨文越.东北地区资源型城市经济增长与转型路径[J].东北亚经济研究,2021,5(6):44-54.

[10] GUO Y,LIU Y. Sustainable poverty alleviation and green development in China's underdeveloped areas[J]. Journal of Geographical Sciences,2022,32(1):23-43.

[11] RASUL G, THAPA G B. Sustainability of ecological and conventional agricultural systems in Bangladesh: an assessment based on environmental, economic and social perspectives [J]. Agricultural Systems,2004,79(3):327-351.

[12] 王丹.山东省对外可持续贸易发展效率的评价研究[D].青岛:中国海洋大学,2011.

[13] 王建强.资源型城市发展评价及转型决策体系研究:基于模糊综合评价理论[J].北方经贸,2017(2):33-35.

[14] 王俪静.资源型城市转型发展的协调性研究[D].郑州:郑州大学,2020.

[15] FANG X C, CHEN H, WANG X L. Coordination of economic development and ecological environment in resource exhausted cities[J]. Ecological Economy,2015,11:36-42.

[16] SHAO J,ZHOU J. Study on the influences of industry transformation on the sustainable development of resource-exhausted city space[J]. Procedia Engineering,2011,21:421-427.

[17] 王晨.东北老工业基地资源枯竭型城市转型政策实施成效评价研究[D].长春:东北师范大学,2022.

[18] 陈青云.我国东中西部经济增长对环境污染影响的对比研究[D].长沙:湖南大学,2009.

4 资源枯竭型城市转型发展能力评价

4.1 资源枯竭型城市转型发展理论框架

4.1.1 资源枯竭型城市转型的概念、内涵和本质

概括地讲，转型就是指通过变换事物的结构而增加或减少事物功能的过程。转型是一个复合的概念、复杂的系统和有机联系的综合体[1]。资源型城市转型，不是指一个国家的转型，也不是单指某个企业的转型，而是指一个国家内的城市的转型，并且是一种特殊类型城市——资源型城市的转型。转型问题涉及经济、政治、法律、社会和文化等诸多领域[2]。资源型城市转型是可持续发展的客观要求和历史发展的必然。在这个意义上讲，资源型城市转型是城市的经济社会发展由传统的资源依赖型、单一的经济结构发展模式向寻求新的经济增长点、多元的发展模式转变，使资源优势向经济优势转变，根本的是传统社会结构向现代社会结构转变，从而规避衰败以保证既能满足当前城市发展的需要，又能满足未来城市发展的需求。

资源枯竭型城市转型的内涵主要包括：主导产业、支柱产业、优势产业的再选择、再配置，生态环境的修复，市场取向的调整，劳动力的转移培训与安置，资源结构调整及资源取向的转化，人文价值观的转变，等等。这一切，也涉及经济战略和经济政策的再调整过程。

资源枯竭型城市转型的本质是资源枯竭型城市的产业提升和转换，是产业结构调整和产业竞争力提高的结合，是资源枯竭型城市摆脱对于不可再生性自然资源的依赖，城市的可持续发展得到培育[3]。资源枯竭型城市转型的主体一般包括政府、企业、个人三方。在市场经济体制下，各主体的利益目标不尽相同，转型方法也有着很大的差异。从理论上讲，个人和企业的选择余地较大，他们可以在本地区“转型”，也可以在异地实现“转型”。在本地区“转型”，个人可以改行换工作，企业可以生产其他产品或提供其他服务，部分企业也可以从外地购买所需原材料继续生产原来的产品；在异地实现“转型”，个人可以到外地改行或从事原来的工作，企业也可以搬迁到外地继续生存。而政府只能选择在本地区“转型”。在实践中，由于退出障碍和进入壁垒都很大，个人和企业无论是在本地区

"转型",还是异地"转型",相关的成本都很高。资源型城市在转型过程中,也需要寻求这三个转型主体的利益均衡点。

4.2 指标体系构建及评价方法

4.2.1 指标体系构建原则

指标体系的构建在于通过选择适当的指标,客观科学地反映和衡量资源枯竭型城市转型绿色发展水平,识别和判断资源枯竭型城市转型发展所处阶段及制约因素,为当地政府决策、科学研究等提供城市转型成果定量化评价及需要进一步发展完善的方向[4]。由于资源枯竭型城市转型绿色发展是由复杂的多变量组成,且变量之间具有较强的关联性,为了在复杂而庞大的参量中选择少量的指标以较好地反映城市转型绿色发展的水平,保证指标体系总体的合理性,在选取指标的过程中,需用一些原则进行约束,本研究指标体系遵循原则如下:

(1) 系统性与层次性原则:典型资源枯竭型城市的转型绿色发展评价会包含资源、环境、经济、社会等多个方面。系统元素之间相互制约、相互影响,应在其转型绿色发展内涵的基础上,研究各要素之间的关系并进行综合考虑和全面分析,分层次、多角度选取能系统反映资源枯竭型城市转型绿色发展状况的各项具体指标。

(2) 代表性原则:评价资源枯竭型城市转型绿色发展的状况会受多种因素的制约和影响,应根据重要程度选择具有代表性且能反映某一方面的特征指标,使指标具有一定的普遍性和适用性。

(3) 可获取性原则:指标选取要充分考虑到数据的可获取性、代表性和真实性。这些指标的具体数据应当大部分能够从城市或者相关地区的历年公开发布的统计年鉴、国民经济和社会发展统计公报中查找到,少部分其余数据也应当可以通过正式发布的政府工作报告等其他正规方式进行获取。

(4) 动态性原则:生态环境—经济—社会三个方面的互相影响和制约不是立刻明显显现的,往往需从具有一定时间尺度的具体指标中才能窥探。资源枯竭型城市转型绿色发展历程同样也是一个持续产生动态变化的过程。所以在选取指标时不能忽视动态变化的特点,最终确定的各项指标应是一个动态和静态相结合且能获取到多个连续年份的数值的体系。

4.2.2 指标体系构建

4.2.2.1 指标体系构建的思路

对于绿色发展指标体系的构建，许多专家学者从绿色发展内涵出发，构建包括资源消耗、生态效益、循环经济发展、环境治理、城市建设等方面的评价指标体系；对于资源枯竭型城市转型成果指标体系的构建则多从经济发展、社会发展、生态环境等方面来选取具体指标[5]。本研究在指标的选取上首先利用理论分析法、频度统计法等。

首先，根据资源枯竭型城市转型特点与绿色发展的内涵、特征等进行综合分析，以资源枯竭型城市转型绿色发展的内涵为指引，筛选出一部分重要的特征指标。其次，根据国家发布的绿色发展测算体系以及对近五年资源型城市转型成果指标体系和绿色发展评价体系的相关文献进行分析，获取出现频率较高的指标。最后，考虑指标数据的可获取性，最终得到运用于本评价体系的必选指标。

本研究所构建的指标体系既要求保护生态环境又要求体现经济发展和居民生活质量的提高，同时考核政府扶持力度；既全面反映资源枯竭型城市转型绿色发展历程中各个层面的要素，涵盖节能减排、资源综合利用等绿色指标，又涵盖政府支持力度及经济发展质量等发展指标。

(1) 经济发展指标。主要包括反映经济增长、经济结构、经济绿色程度的指标。本书用财政收入增长率和财政收入自给率来体现一个地方可用财力的经济实力，用地区生产总值增长率来体现城市整体经济变化，用人均地区生产总值增长率来体现区域居民经济收入水平，用三次产业产值结构变动与三次产业就业结构变动来反映经济结构，用资源型产业从业人员在总从业人员中所占的比重与非资源型产业从业人员在总从业人员中所占的比重来评价一个地区的产业转型能力。

(2) 生态保护指标。林木是一个地区重要的生态资源，本书用森林覆盖率反映城市生态资源的丰富程度。耕地和水是人类赖以生存的资源，本书用耕地保有量变化率与河湖水面变化率来反映城市生产生活资源的丰富程度。

(3) 居民生活质量变化指标。在城市转型历程中，人民生活水平的提高和绿色化水平是一个重要方面。本书选取城市化水平变化率和职工平均工资变化率来体现居民生活质量方面的变化，同时采用人均年用水量变化率来体现居民生活能耗水平。

(4) 政府扶持力度指标。在资源枯竭型城市转型历程中政府将会起到不容忽视的主导作用，对政府扶持力度进行测度具有重要意义。本书采用固定资产投资总额与实际利用外资总额这两个指标体现出政府招商引资所取得的成果。

4.2.2.2 指标体系的确定

本研究根据指标体系的构建原则，结合已有文献的研究、专家意见和基础理论研究，从资源枯竭型城市转型绿色发展的内涵出发，构建起绿色发展的评价指标体系，共 20 个指标，其中正向指标 16 个、负向指标 4 个。具体的指标体系见表 4-1。

表 4-1 评价指标属性表

一级分类	二级分类	指标名称	指标属性
转型能力	自身转型能力	地区生产总值(亿元)	正向指标
		人均地区生产总值(元)	正向指标
		一般公共预算收入(亿元)	正向指标
		固定资产投资总额(万元)	正向指标
	获取外来援助能力	实际利用外资总额(亿元)	正向指标
转型过程评价	产业结构变动评价	三次产业产值结构变动(%)	负向指标
		三次产业就业结构变动(%)	负向指标
	资源型及非资源型产业结构变动评价	资源型产业从业人员在总从业人员中所占的比重(%)	负向指标
		非资源型产业从业人员在总从业人员中所占的比重(%)	正向指标
	经济发展水平和速度评价	地区生产总值变化率(%)	正向指标
		人均地区生产总值变化率(%)	正向指标
		一般公共预算收入变化率(%)	正向指标
		财政收入自给率(%)	正向指标
	城市发展水平和居民生活质量变化评价	城市化水平变化率(%)	正向指标
		职工平均工资变化率(%)	正向指标
	城市安全变化评价	森林面积变化率(%)	正向指标
		人均年用水量变化率(%)	负向指标
		耕地保有量变化率(%)	正向指标
		河湖水面率变化率(%)	正向指标
		公园绿地面积变化率(%)	正向指标

在筛选参评指标时，分别依据频率统计法、理论分析法等。频率统计法主要是统计已有资源枯竭型城市转型绿色发展的相关评价指标体系的研究成果中指标出现的频率，按照出现频率的高低进行选取。理论分析法是根据资源枯竭型城市转型绿色发展的内涵选择，同时选取具有资源枯竭型城市特色的指标。

4.3 资源枯竭型城市转型发展能力评价

4.3.1 单一指标评价:转型效果评价

资源枯竭型城市进行转型发展,主要体现在经济发展水平和速度、城市发展水平和居民生活质量、资源利用现状和环境改善程度方面,最终要实现城市的可持续发展。

4.3.1.1 经济发展水平和速度的评价

经济发展水平和速度的评价,采用地区生产总值变化率、人均地区生产总值变化率、一般公共预算收入变化率和财政收入自给率的变化率这几个指标进行评价和分析。

对于资源枯竭型城市来说,地区生产总值是描述地区经济发展水平的宏观指标,人均地区生产总值是反映人均经济发展水平的重要指标,地区生产总值和人均地区生产总值增长速度越快,城市转型效果就越好。一般公共预算收入是用于保障和改善民生、推动经济发展的财政收入,所以一般公共预算收入增长速度越快,城市转型效果越好。财政收入自给率的变化在资源枯竭型城市转型发展过程中有规律可循,呈现先下降后上升的趋势。这是因为在转型发展的初期,由于经济发展的需要,有大量的财政支出,财政收入自给率会下降;等到了转型发展的后期,财政支出趋于正常,财政收入自给率会上升。因此财政收入自给率可以作为评价资源枯竭型城市转型发展效果的指标。

(1) 东部地区

图 4-1 给出了 2010—2020 年东部地区资源枯竭型城市的地区生产总值和人均地区生产总值的变化率。从图中可以看出,东部地区所有城市的地区生产总值均为增长,增幅在 0～100%范围内的有张家口市、承德市、石家庄市、枣庄市、泰安市和淄博市,增幅超过 100%的有徐州市、韶关市和昌江县。增长速度最快的为徐州市,增幅为 155%;增长速度最慢的为淄博市,增幅为 18.7%。东部地区城市的人均地区生产总值,除了淄博市下降之外,其他的城市均上升。淄博市人均地区生产总值的降幅值为－1.96%,徐州市人均地区生产总值增幅最大为 143%,石家庄市的人均地区生产总值增幅最小为 3.94%。结合地区生产总值和人均地区生产总值来看,徐州市在转型过程中经济发展最快;除徐州市外,韶关市和昌江县经济发展较快;淄博市是所有城市中经济发展最慢的城市。

从图 4-2 中可以看出,东部地区城市的一般公共预算收入增长率大都很高。在所有一般公共预算收入增长的城市中,枣庄市的增幅为 82.6%;除了枣庄市

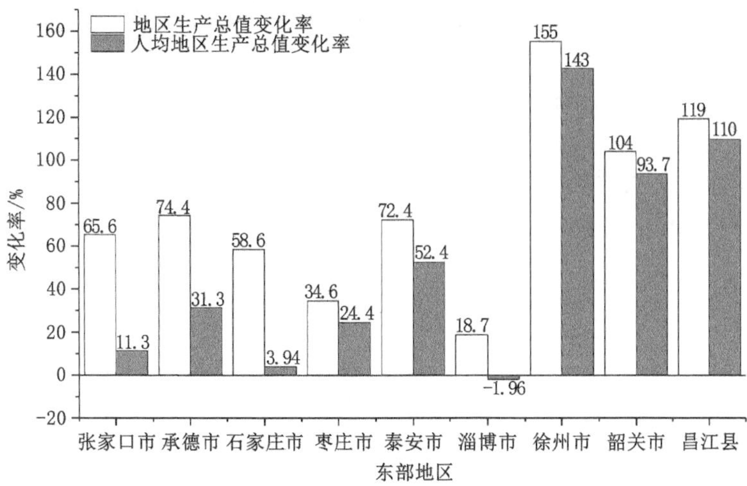

图 4-1　2010—2020 年东部地区城市地区生产总值和人均地区生产总值的变化率

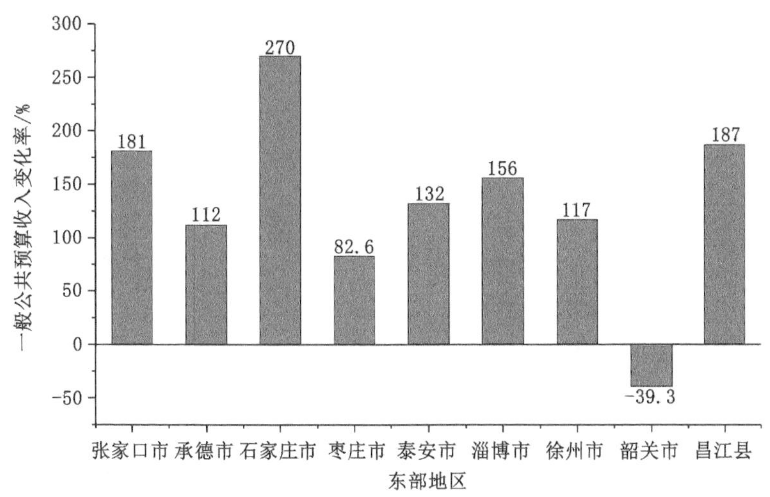

图 4-2　2010—2020 年东部地区城市一般公共预算收入变化率

外，其他所有的城市增幅都超过了 100%，分别是张家口市（181%）、承德市（112%）、石家庄市（270%）、泰安市（132%）、淄博市（156%）、徐州市（117%）和昌江县（187%）。韶关市是唯一一般公共预算收入减少的城市，降幅为 39.3%。因此，石家庄市是一般公共预算收入增长最快的城市，其余城市的一般公共预算收入增长较快；韶关市的一般公共预算收入减少。

从图 4-3 中可以看出，有 3 个城市的财政收入自给率下降，分别是张家口市、承德市和徐州市，降幅分别为21%、30.6%和25.3%，它们处于城市转型发展的前期阶段；其他6个城市的财政收入自给率增加，分别是石家庄市(0.588%)、枣庄市(44%)、泰安市(55.5%)、淄博市(62.4%)、韶关市(28.3%)和昌江县(55%)，这6个城市基本上处于城市转型发展的中期阶段。其中，承德市的财政收入自给率降幅最大，淄博市的财政收入自给率增幅最大。

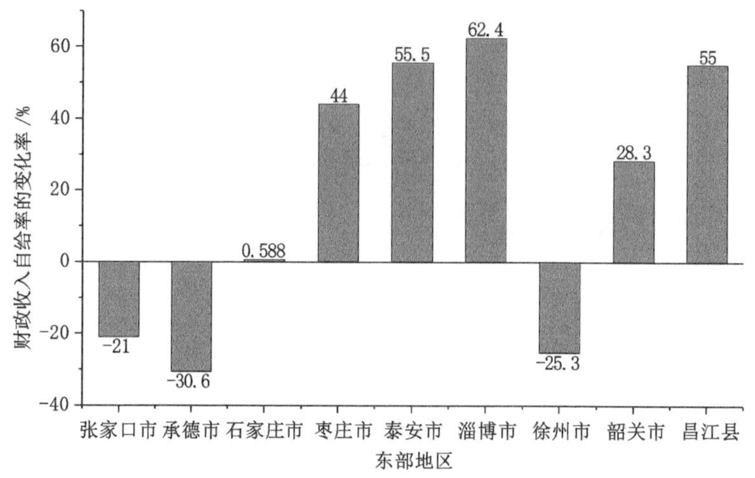

图4-3　2010—2020年东部地区城市财政收入自给率的变化

(2) 东北地区

从地区生产总值的变化率来看(图4-4)，14个城市的地区生产总值有不同程度的增长，其中增幅最大的是黑河市，增幅为135%，增幅最小的是辽源市，增幅为4.83%。其余的分别是伊春市(45.8%)、大兴安岭(43%)、黑河市(135%)、鹤岗市(35.5%)、双鸭山市(24.6%)、白山市(17.6%)、长春市(99.4%)、延边州(33.4%)、阜新市(33.2%)、盘锦市(40.7%)、朝阳市(33.4%)、辽阳市(13.9%)和葫芦岛市(45%)。4个城市的地区生产总值降低，降幅从大到小分别是七台河市(－32.4%)、吉林市(－19.3%)、通化市(－15.2%)和抚顺市(－7.52%)。

从人均地区生产总值的变化率来看(图4-4)，只有七台河市和吉林市呈现下降的趋势，幅度分别为－9.76%和－14.2%；其余城市的人均地区生产总值增加，其中增幅在0～100%的地级市有13个，分别是鹤岗市(64%)、双鸭山市(54%)、辽源市(12.1%)白山市(31.3%)、长春市(76.7%)、延边州(41.5%)、通化市(24%)、阜新市(46.3%)、盘锦市(39.6%)、抚顺市(5.57%)、朝阳市(41%)、辽阳市(30.5%)和葫芦岛市(55.2%)。增幅超过100%的地级市为伊春市(108%)、大兴安岭地区(122%)和黑河市(214%)。

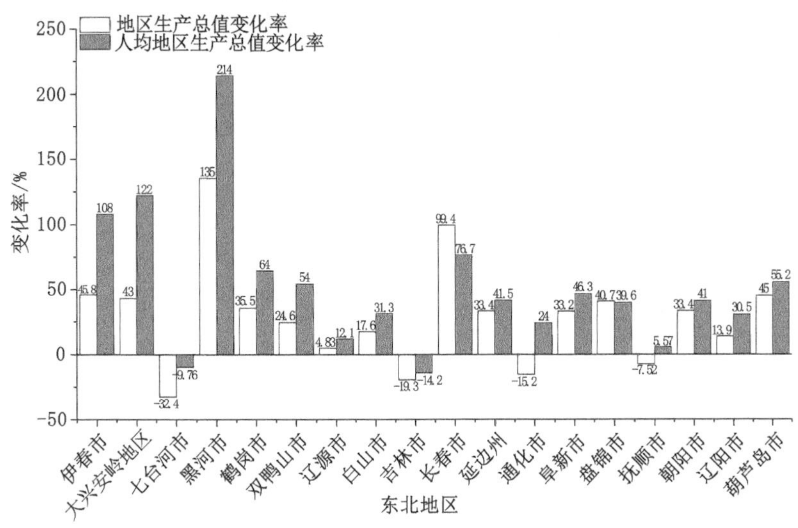

图 4-4　2010—2020 年东北地区城市地区生产总值和人均地区生产总值的变化率

综合来看，东北地区的资源枯竭型城市中，黑河市在转型过程中经济发展最快，发展水平最高。伊春市、大兴安岭地区和长春市的经济发展较快。七台河市、吉林市、通化市和抚顺市在转型过程中经济发展情况并不理想，地区生产总值和人均地区生产总值有不同程度的下降。其余城市的经济发展较为顺利和平稳。

从东北地区城市的一般公共预算收入变化情况来看，增幅较大的城市有伊春市（83.2％）、大兴安岭地区（81％）、黑河市（183％）、长春市（144％）和盘锦市（96.5％）；一般公共预算收入减少的城市有七台河市（－17.5％）、辽源市（－0.176％）、白山市（－12.9％）和抚顺市（－5.61％），降幅均没有超过20％，下降幅度较小。其余城市的一般公共预算收入增长较为平缓，增幅在15％～60％之间。

如图 4-6，东北地区的 18 个城市中，除了黑河市的财政收入自给率略微增长外，其他城市的财政收入自给率都在降低。下降速度最快的是七台河市，降幅达到了 68％。除了七台河市，降幅超过 40％的城市有伊春市（－41.2％）、鹤岗市（－51.8％）、双鸭山市（－51.3％）、辽源市（－53.7％）、白山市（－57％）、吉林市（－44.3％）、延边州（－44.3％）、朝阳市（－47％）和葫芦岛市（－46.4％）；降幅在 30％～40％的城市有 3 个，分别为通化市（－33.7％）、抚顺市（－30.8％）和辽阳市（－36.1％）；降幅在 20％～30％之间的城市为大兴安岭地区（－22.7％）；降幅在 10％～20％之间的城市有 2 个，分别是长春市（－14％）和盘锦市

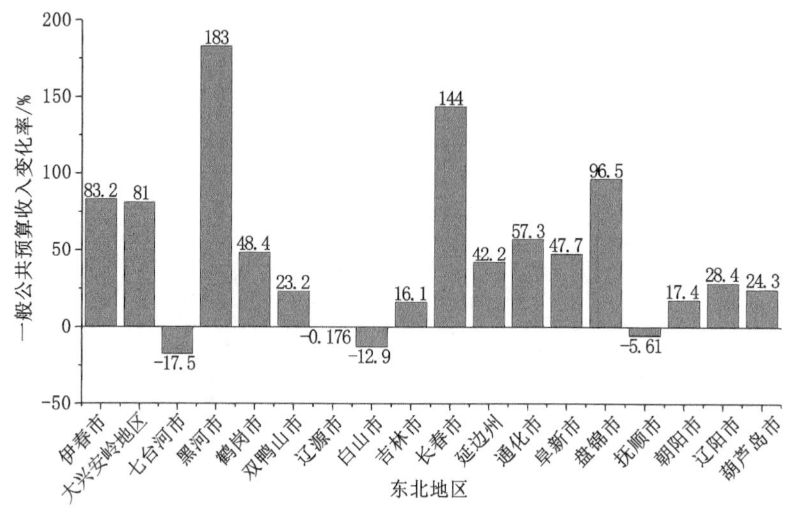

图 4-5 2010—2020 年东北地区城市一般公共预算收入变化率

(—11.6%)。从整个东北地区来看,这 18 个城市基本都处于转型发展前期阶段,财政收入自给率都有不同程度的下降。

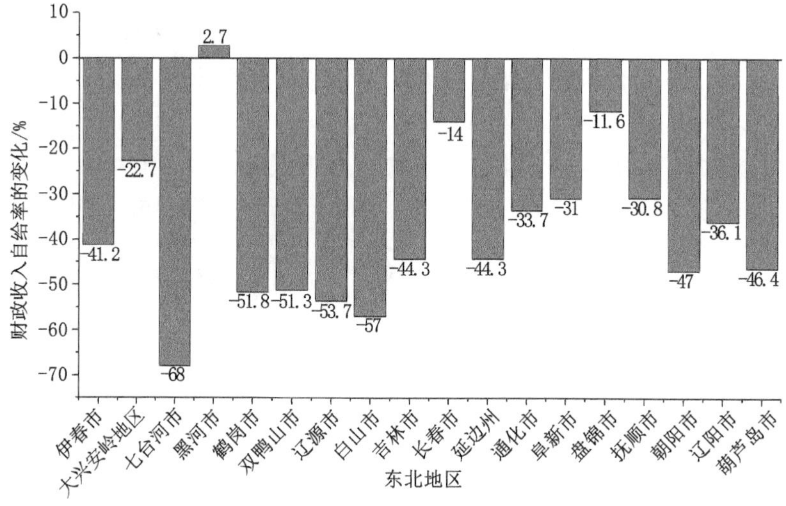

图 4-6 2010—2020 年东北地区城市财政收入自给率的变化

(3) 中部地区

图 4-7 给出了中部地区 18 个资源枯竭型城市的地区生产总值变化率和人均地区生产总值的变化率。

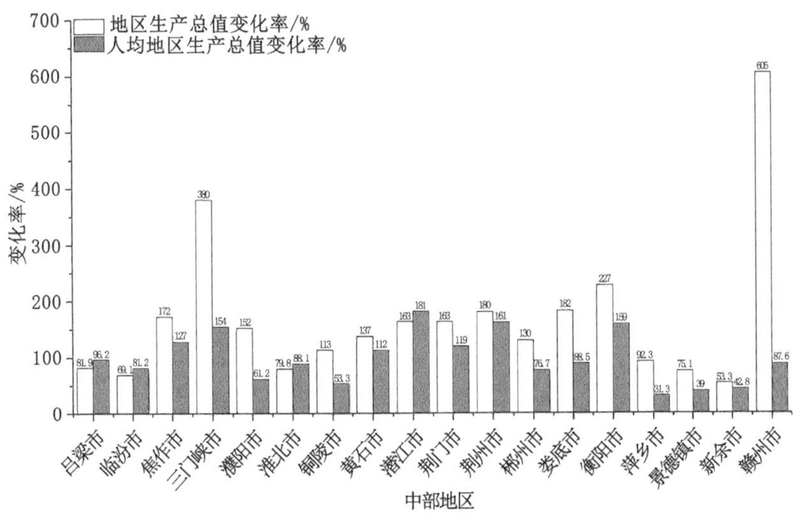

图 4-7　2010—2020 年中部地区城市地区生产总值和人均地区生产总值的变化率

从地区生产总值来看，增幅超过 100％的城市一共有 12 个，其中赣州市的地区生产总值增速最快，增幅为 605％，其余的分别是焦作市(172％)、三门峡市(380％)、濮阳市(152％)、铜陵市(113％)、黄石市(137％)、潜江市(163％)、荆门市(163％)、荆州市(180％)、郴州市(130％)、娄底市(182％)和衡阳市(227％)。剩下 6 个城市的增幅都在 50％以上，其中增幅最大的是萍乡市(92.3％)，增幅最小的是新余市(53.3％)。

从人均地区生产总值来看，增幅在 0～50％的城市有 3 个，为萍乡市(31.3％)、景德镇市(39％)和新余市(42.8％)；增幅在 50％～100％的城市有 8 个，分别是吕梁市(96.2％)、临汾市(81.2％)、濮阳市(61.2％)、淮北市(88.1％)、铜陵市(53.3％)、郴州市(76.7％)、娄底市(88.5％)和赣州市(87.6％)；增幅超过 100％的城市有 7 个，分别是焦作市(127％)、三门峡市(154％)、黄石市(112％)、潜江市(181％)、荆门市(119％)、荆州市(161％)和衡阳市(159％)。

结合地区生产总值和人均地区生产总值来看，赣州市和三门峡市是经济发展速度较快的城市，景德镇市和新余市相较于其他城市来说经济发展速度较慢。

从图 4-8 中可以看出，有 14 个城市的一般公共预算收入增长较快，增幅均超过了 100％，增幅在 100％～200％之间的城市有 9 个，增幅超过 200％的城市有 5 个，分别是三门峡市(288.8％)、荆门市(290.4％)、荆州市(290.6％)、赣州市(470.2％)和娄底市，娄底市的一般公共预算收入增幅达到 1 627％，远远超过中部地区的其他城市。同时，有 2 个城市的一般公共预算收入出现了下降的情况,分别是郴州市(—51.17%)和景德镇市(—42.36%)。

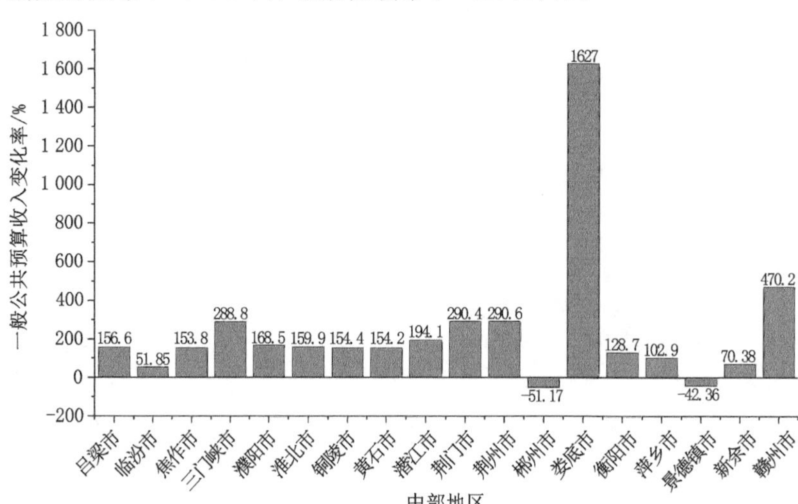

图 4-8　2010—2020 年中部地区城市一般公共预算收入变化

从图 4-9 财政收入自给率的变化来看,吕梁市和临汾市的财政收入自给率出现下降,其中临汾市的降幅较大,幅度为—35.3%,吕梁市的降幅较小,幅度为—17.4%。其余城市的财政收入自给率均增加,增幅都超过了 20%,其中增幅在 20%～30%的城市有潜江市(26%)、郴州市(21.6%)和赣州市(29.8%);增幅在 30%～40%的城市有黄石市(35%)、荆门市(38.9%)、荆州市(32.9%)和

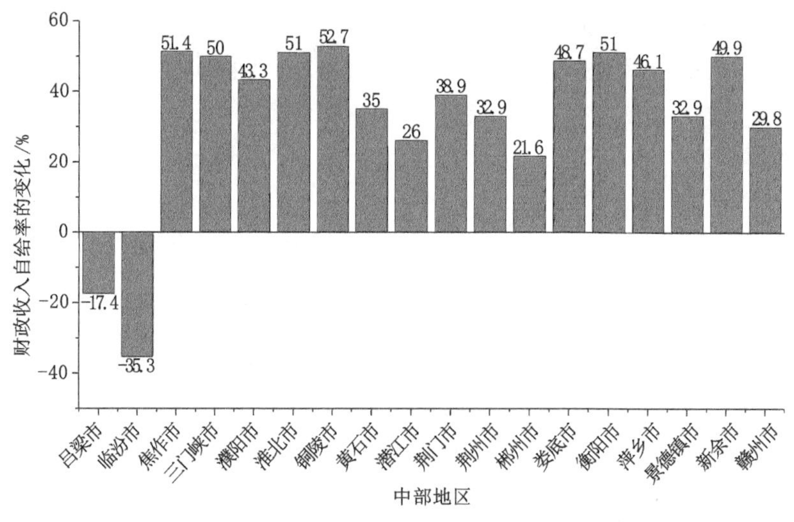

图 4-9　2010—2020 年中部地区城市财政收入自给率的变化

景德镇市(32.9%);在增幅超过40%的城市中,最低的是濮阳市(43.3%),最高的是铜陵市(52.7%)。可以看出,吕梁市和临汾市处于城市转型发展的初期阶段,财政收入自给率降低;其他16个城市已经经过一段时间的转型发展,财政收入自给率提高。

(4)西部地区

图4-10给出了2010—2020年西部地区资源枯竭型城市的地区生产总值和人均地区生产总值的变化率。

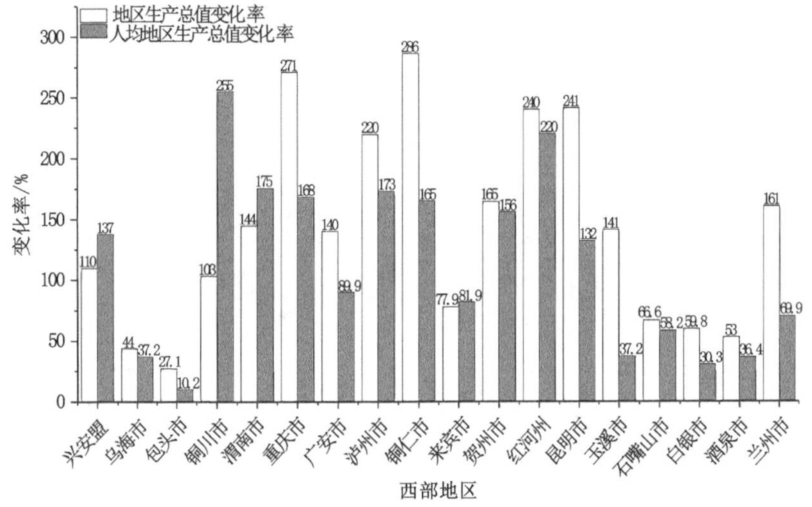

图4-10 2010—2020年西部地区城市地区生产总值和人均地区生产总值的变化率

从地区生产总值来看,所有城市的地区生产总值均上涨,增幅超过100%的城市有12个,其中增速最快的是铜仁市,增幅为286%,其余的城市分别是兴安盟(110%)、铜川市(103%)、渭南市(144%)、重庆市(271%)、广安市(140%)、泸州市(220%)、贺州市(165%)、红河州(240%)、昆明市(241%)、玉溪市(141%)和兰州市(161%)。剩下的6个增幅不超过100%的城市中,增幅最高的是来宾市(77.9%),最低的是包头市(27.1%)。

从人均地区生产总值来看,增幅在0~50%的城市有5个,分别是乌海市(37.2%)、包头市(10.2%)、玉溪市(37.2%)、白银市(30.3%)和酒泉市(36.4%);增幅在50%~100%的城市有4个,分别是广安市(89.9%)、来宾市(81.9%)、石嘴山市(58.2%)和兰州市(69.9%);剩下的9个城市增幅均超过100%,其中最大的是铜川市(255%),最小的是昆明市(132%)。

综合来看,重庆市、泸州市、铜仁市、红河州和昆明市相较于其他城市经济发展速度较快,乌海市和包头市经济发展较为缓慢。

从图 4-11 中可以看出，除石嘴山市外，西部地区城市的一般公共预算收入都增长，增幅超过 100%的城市有 13 个，其中增长速度相对较快的城市有兴安盟(391%)、广安市(373%)、来宾市(389%)和酒泉市(397%)，增幅均超过 300%；增长速度小于 100%的城市有 4 个，分别是乌海市(60.5%)、包头市(4.31%)、铜川市(81.8%)和白银市(30.3%)。石嘴山市的一般公共预算收入下降，幅度为－0.937%。

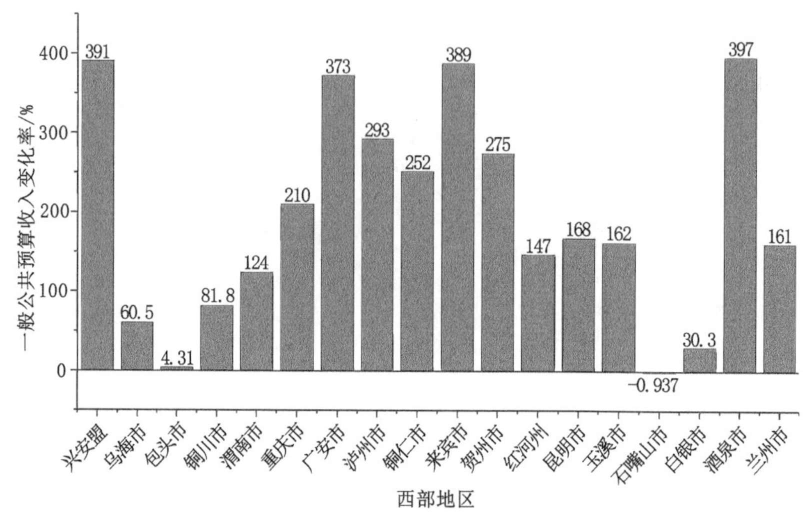

图 4-11　2010—2020 年西部地区城市一般公共预算收入变化率

从财政收入自给率变化来看，如图 4-12，乌海市和包头市的财政收入自给率下降，乌海市的幅度为－10.6%，包头市的幅度为－43.6%。西部地区其余 16 个城市的财政收入自给率均上升，增幅在 10%～20%的城市有 3 个，分别是铜川市(19%)、渭南市(15.7%)和石嘴山市(14.5%)；增幅在 20%～30%的城市有 5 个，分别是来宾市(23.2%)、贺州市(21.5%)、红河州(28.4%)、白银市(24.9%)和酒泉市(27.1%)；增幅在 30%～40%的城市有 2 个，为铜仁市(34.2%)和玉溪市(39.7%)。增幅超过 40%有 6 个，其中增幅最大的为昆明市(99.9%)，增幅最小的为重庆市(45.5%)。可以看出，乌海市和包头市处于城市转型初期阶段，其他城市处于转型的中期和后期阶段。

4.3.1.2　城市发展水平和居民生活质量的评价

城市发展水平和居民生活质量的评价，采用城市化水平变化率和职工平均工资变化率这 2 个指标进行评价和分析。

城市是一个地区的中心，对于资源枯竭型城市来说，城市化水平是评价城市

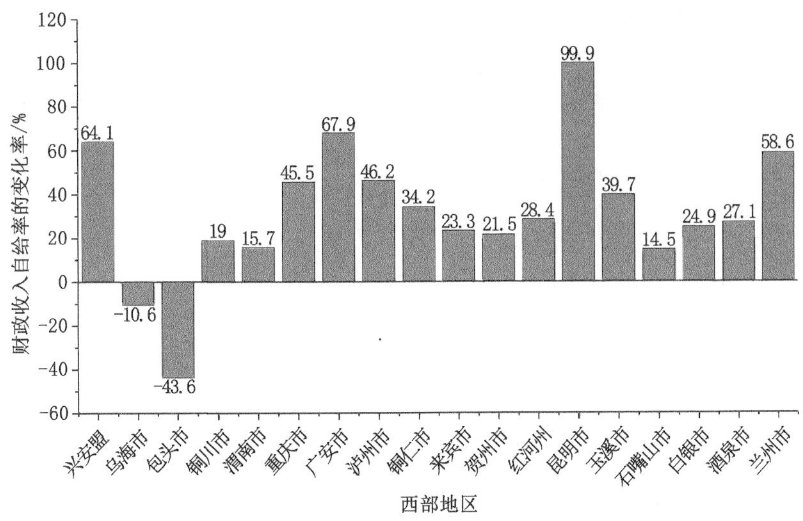

图 4-12　2010—2020 年西部地区城市财政收入自给率的变化

发展水平的一个重要指标，城市化过程可以促进社会经济发展，改善地区的产业结构；职工平均工资代表城市居民的个人收入，职工平均工资的增长，可以在一定程度上表明居民生活质量的提高。因此采用这 2 个指标可以反映资源枯竭型城市在转型发展过程中的社会效益。

(1) 东部地区

从图 4-13 中可以看出，东部地区城市的城市化水平均有提升，增幅最大的是张家口市(46.4%)，其次是承德市(46.3%)，增幅最小的是韶关市(9.14%)。

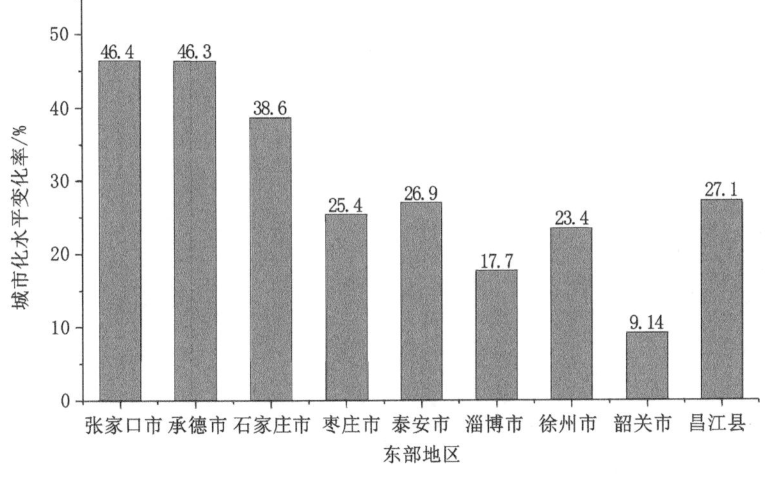

图 4-13　2010—2020 年东部地区城市的城市化水平变化率

相较于其他城市，张家口市、承德市和石家庄市的城市化发展速度较快，淄博市和韶关市的城市化发展速度较慢。

从图 4-14 中可以看出，职工平均工资增幅较大的城市有承德市(157%)、泰安市(156%)和韶关市(157%)；增幅相对较小的城市是石家庄市(99.5%)。整体来看，从 2010—2020 年，东部地区城市的职工平均工资的增幅很大，基本上都翻了一番。

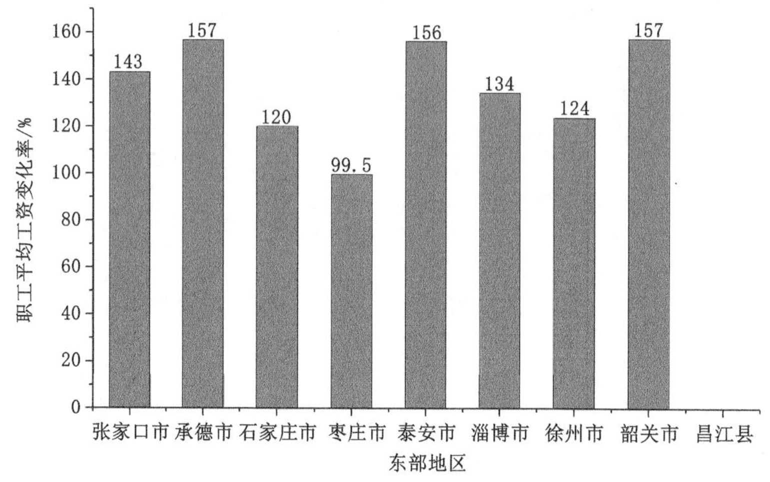

图 4-14　2010—2020 年东部地区城市职工平均工资变化率

注：昌江县无数据。

(2) 东北地区

从城市化水平来看，如图 4-15，通化市的城市化水平下降，幅度为－3.1%，是所有东北地区城市中唯一下降的城市。其他 17 个城市的城市化水平均上升，增幅在 0～40%之间，其中增幅较大的城市有黑河市(24%)、朝阳市(31.1%)和葫芦岛市(31.8%)，这 3 个城市的城市化水平发展较快；增幅较小的城市有伊春市(0.774%)、大兴安岭地区(6.629%)、鹤岗市(7.89%)、白山市(6%)、延边州(8.71%)和抚顺市(9.28%)，这 6 个城市的城市化水平发展相对其他城市发展较慢。

从职工平均工资来看，如图 4-16，东北地区所有城市的职工平均工资水平均有增长，且增幅都在 60%以上，增幅在 60%～100%之间的城市有 8 个，其中增幅最小的城市是白山市(63.5%)；增幅超过 100%的城市有 10 个，增幅最大的城市是伊春市(161%)。整体来看，东北地区资源枯竭型城市的职工平均工资增长较多，人民生活质量提升较大。

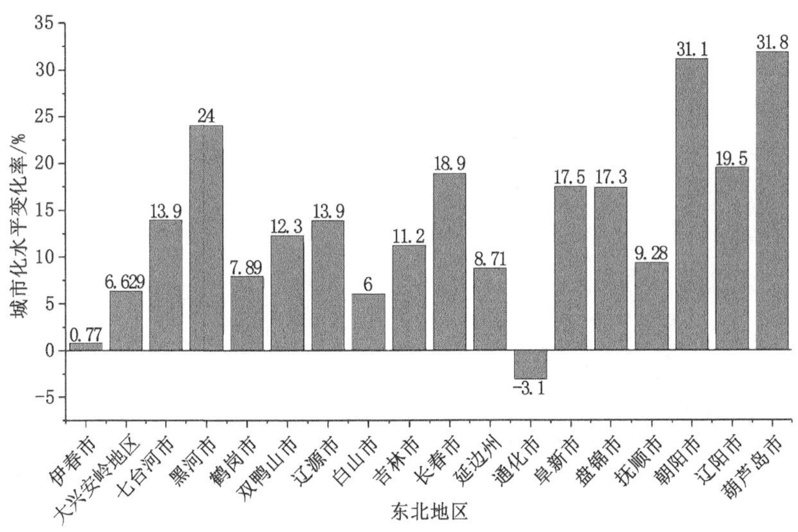

图 4-15　2010—2020 年东北地区城市的城市化水平变化率

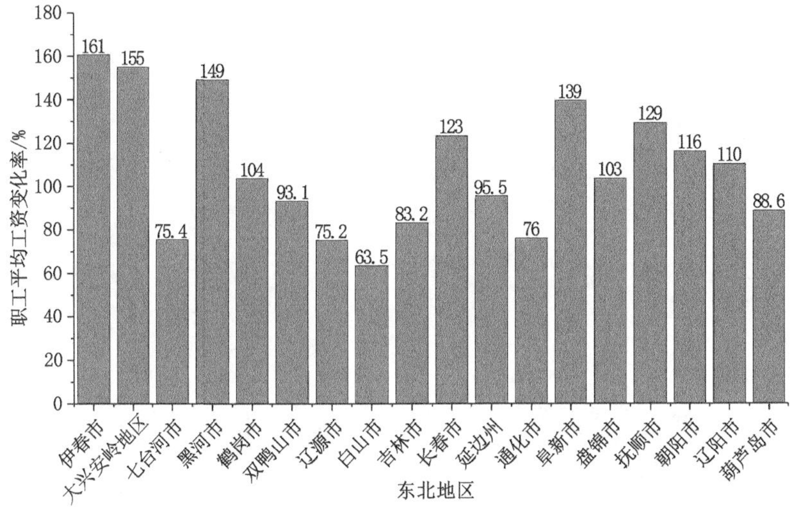

图 4-16　2010—2020 年东北地区城市职工平均工资变化率

(3) 中部地区

从图 4-17 可以看出，铜陵市的城市化水平有所下降，幅度为－8.97％，是中部地区城市中唯一下降的城市。中部地区其他 17 个城市的城市化水平均有所上升，其中增幅较大，城市化水平提升较快的城市有吕梁市(40.6％)、濮阳市(59.5％)和赣州市(47.3％)；增幅较小，城市化水平提升相对较慢的城市有

5个，分别是淮北市(14.6%)、黄石市(16.1%)、萍乡市(14.6%)、景德镇市(15.5%)和新余市(19.5%)。此外，中部地区其他城市的城市化水平发展比较稳定，发展速度适中。

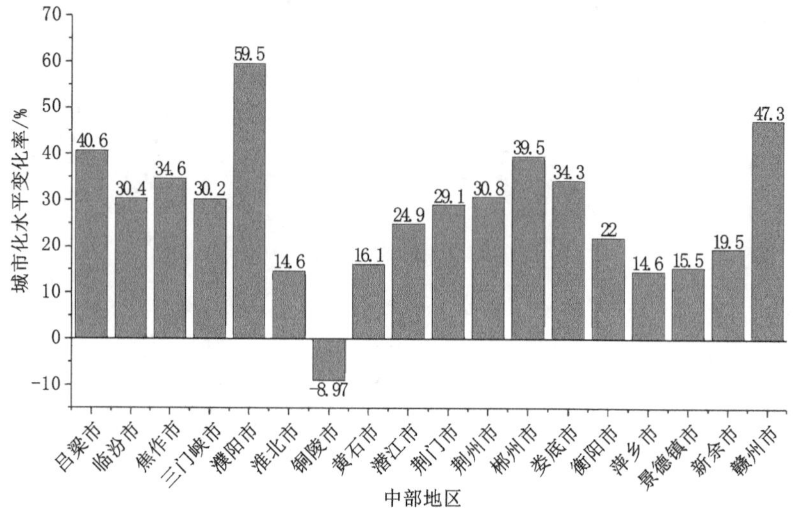

图 4-17　2010—2020年中部地区城市的城市化水平变化率

从职工平均工资来看，如图4-18，中部地区城市的职工平均工资增长较多，吕梁市(98.9%)、淮北市(83.3%)和荆门市(84.8%)相较于其他城市增长较少，

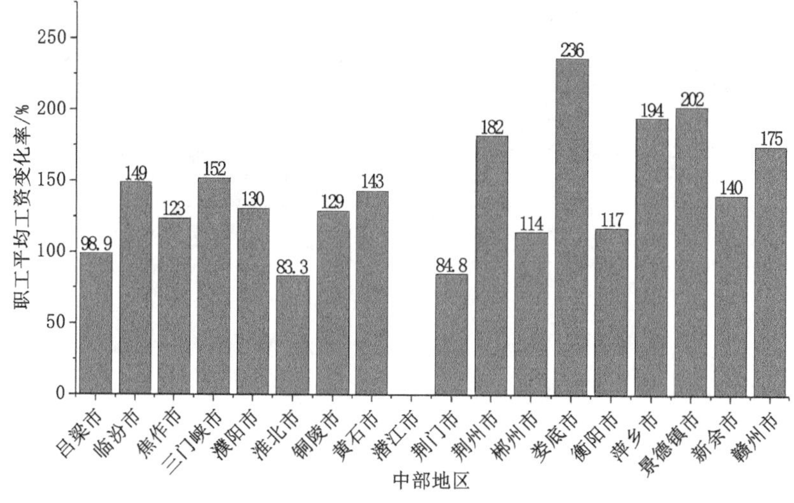

图 4-18　2010—2020年中部地区城市职工平均工资变化率

注：潜江市无数据。

但是增幅也都超过了 80%。除这 3 个城市外，中部地区其他城市的职工平均工资增幅都超过了 100%，其中增幅较大的城市有 5 个，分别是荆州市(183%)、娄底市(236%)、萍乡市(194%)、景德镇市(202%)和赣州市(175%)。整体来看，中部地区城市的职工平均工资增长多，人民生活质量提升大。

(4) 西部地区

从图 4-19 可以看出，西部地区所有城市的城市化水平都有增长，但增幅大小不一。乌海市(1.1%)、包头市(8.39%)、铜川市(9.98%)、昆明市(18.1%)、石嘴山市(13.5%)和兰州市(8.94%)的增幅相较于其他城市比较小，城市化水平增长速度较慢。城市化水平增速较快的城市有 4 个，分别是渭南市(59.6%)、广安市(51.6%)、铜仁市(77.1%)和红河州(55.5%)。其他城市的城市化水平发展比较平稳。

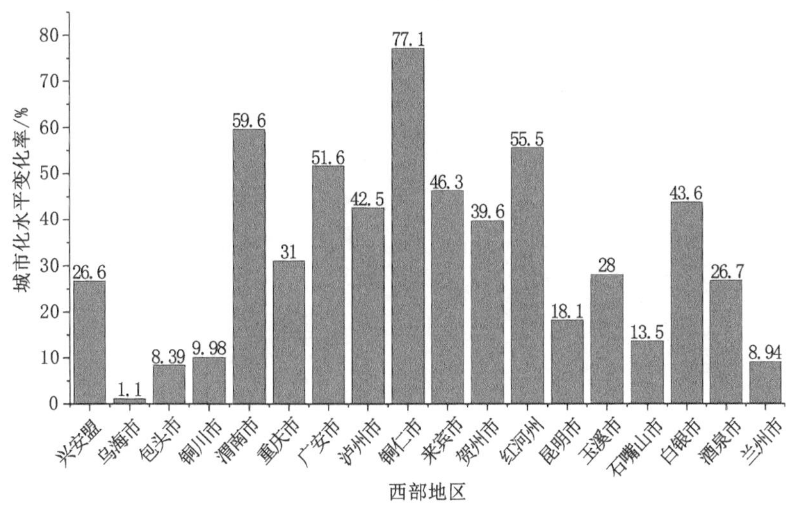

图 4-19　2010—2020 年西部地区城市的城市化水平变化率

从职工平均工资来看，如图 4-20，西部地区城市的职工平均工资增长很多，增幅最小的包头市为 97.1%，剩下的城市增幅均超过 100%，其中增幅超过 200%的城市有 3 个，分别是泸州市(215%)、红河州(208%)和酒泉市(207%)。西部地区整体的居民生活质量显著提高。

4.3.1.3　资源利用现状评价

资源利用现状属于城市安全变化评价的一部分，采用人均年用水量变化率和耕地保有量变化率这 2 个指标进行评价和分析。

水资源和土地资源是重要自然资源，对于资源枯竭型城市来说，在转型发展过程中，作为主体的矿产资源濒临枯竭，如何在城市转型过程中改善资源利用状

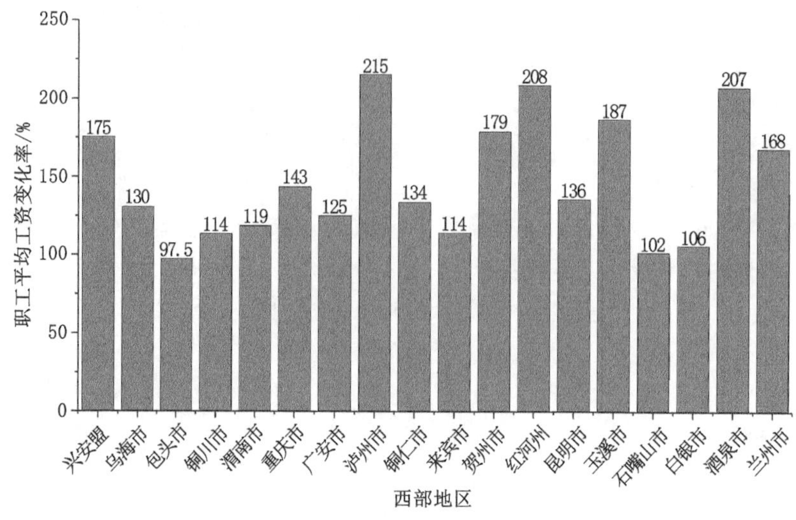

图 4-20　2010—2020 年西部地区城市职工平均工资变化率

况，实现城市的成功转型和可持续发展显得十分重要。人均年用水量表明城市水资源利用状况，可以在一定程度上反映用水效率和用水结构；耕地保有量对保障城市粮食安全至关重要，是城市转型发展中城市安全的体现。

(1) 东部地区

从图 4-21 可以看出，承德市的人均年用水量增长最多，增幅达到 373%；枣庄市的人均年用水量下降最快，幅度为 −52.6%。其他人均年用水量增长的城

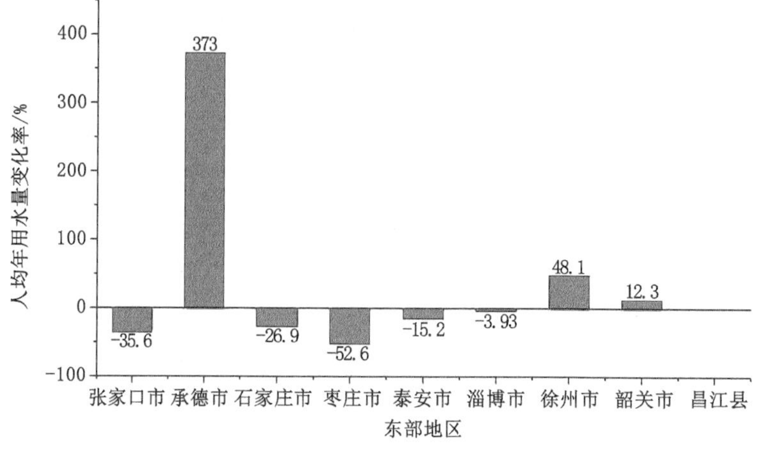

图 4-21　2010—2020 年东部地区城市人均年用水量变化率

注：昌江县无数据。

市有徐州市(48.1%)和韶关市(12.3%),下降的城市有张家口市(−35.6%)、石家庄市(−26.9%)、泰安市(−15.2%)和淄博市(−3.93%)。整体来看,东部地区人均年用水量下降的城市居多。

从耕地保有量的变化来看,如图4-22,东部地区所有城市均下降,幅度较小的城市有枣庄市(−0.309%)和韶关市(−0.588%),降幅较大的城市是石家庄市(−10.7%)。东部地区城市整体的降幅不大,除石家庄市外,其他城市的降幅都在−10%以内。可以看出,东部地区8个资源枯竭型城市在转型过程中或多或少都占用了耕地面积,导致了耕地面积不同程度的减少。

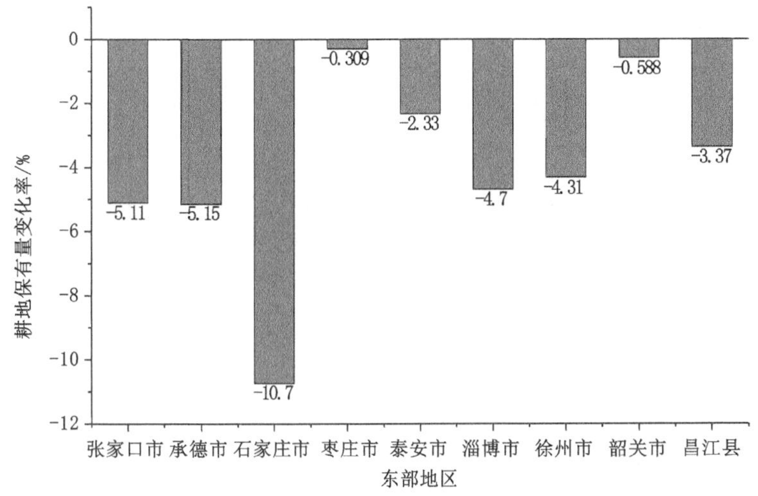

图4-22　2010—2020年东部地区城市耕地保有量变化率

(2) 东北地区

从图4-23可以看出,东北地区城市人均年用水量增长最快的是延边州,增幅达到了213%,其他增长的城市增幅在0～50%之间。人均年用水量下降的城市有9个,整体降幅并不大,降幅较大的城市有七台河市(−54.1%)和辽阳市(−48.8%),降幅较小的城市有辽源市(−0.407%)、吉林市(−6.69%)和葫芦岛市(−6.68%)。东北地区城市整体的人均年用水量变化中,增长和降低的城市在数量上几乎各占半数。

从图4-24可以看出,耕地保有量增长的城市有8个,增幅最大的是大兴安岭地区(33.7%),其他城市的增幅都在10%以内,增幅最小的是七台河市(0.204%),这些城市在转型过程中对耕地资源进行了补充或基本保持现有水平。在耕地保有量下降的城市中,黑河市(−46.5%)和吉林市(−40.2%)的降幅较大,在转型过程中占用了大量的耕地面积;伊春市(−0.337%)、辽源市

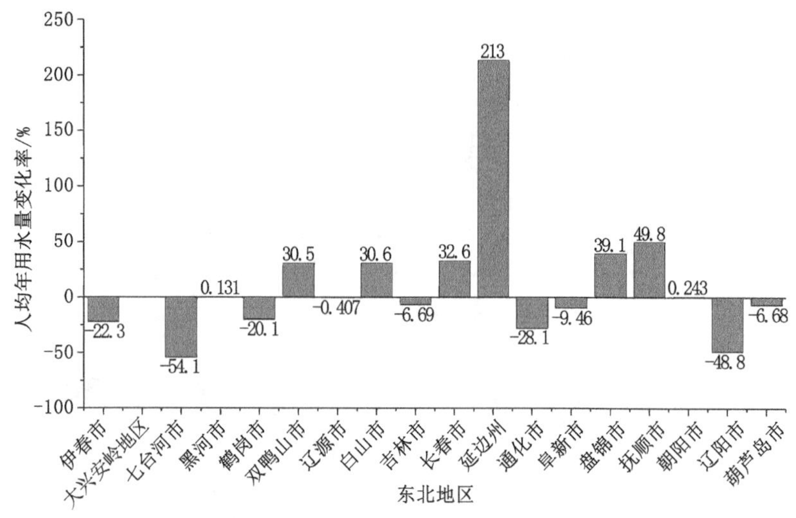

图 4-23　2010—2020 年东北地区城市人均年用水量变化率

注:大兴安岭地区无数据。

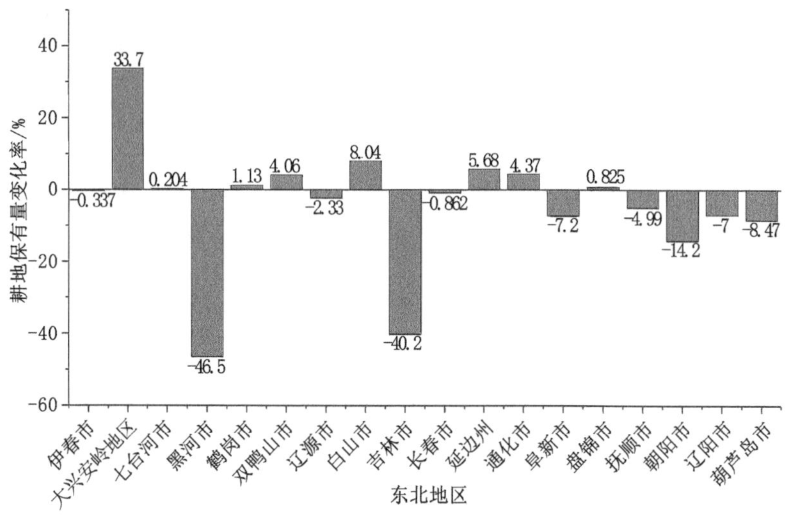

图 4-24　2010—2020 年东北地区城市耕地保有量变化率

(—2.33%)和长春市(—0.862%)的降幅相对较小。

(3) 中部地区

从图 4-25 可以看出,赣州市的人均年用水量增长最快,增幅达到 248%;三门峡市(112%)和萍乡市(74.1%)的增幅也相对较大。在人均年用水量下降的城市中，铜陵市的降幅最大为53%，焦作市的降幅最小为1.23%。中部地区整体人均年用水量增加的城市多于下降的城市。

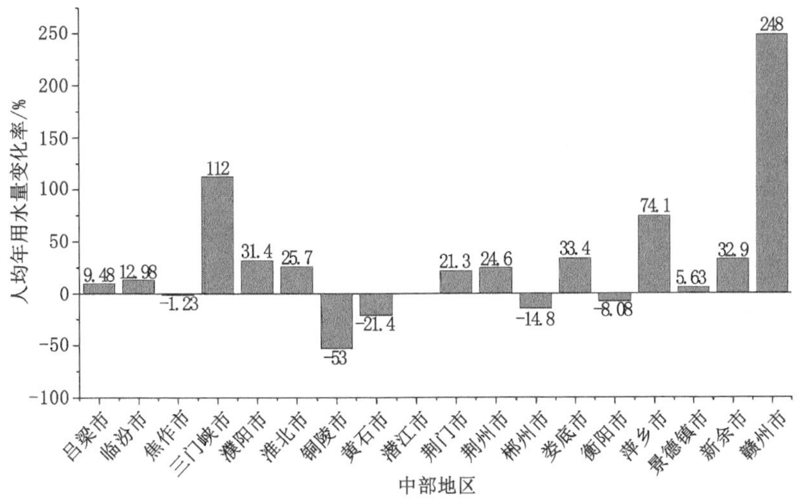

图 4-25 2010—2020 年中部地区城市人均年用水量变化率

注：潜江市无数据。

从耕地保有量的变化率来看，如图 4-26，中部地区只有临汾市的耕地保有量增长，增幅为1.07%，其他城市的耕地保有量均下降，但是整体的幅度不大，在－10%～0的范围内。耕地保有量降幅相较于其他城市较小的有三门峡市

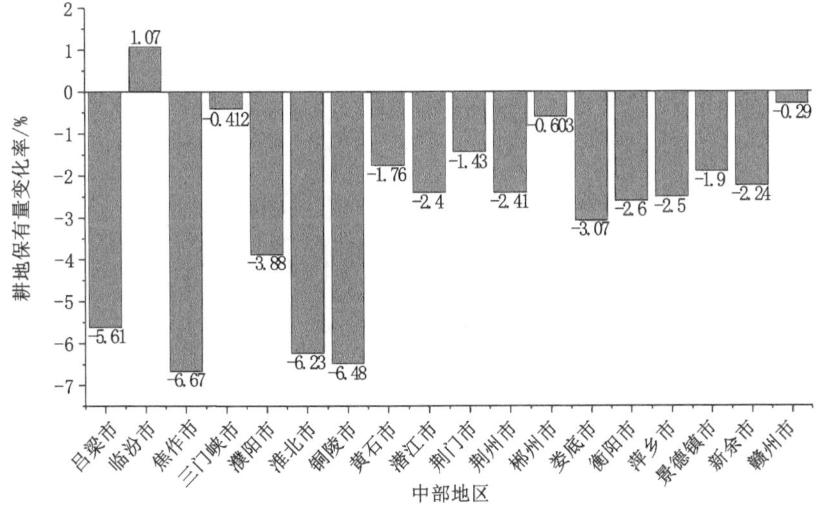

图 4-26 2010—2020 年中部地区城市耕地保有量变化率

(－0.412％)、荆州市(－0.603％)和赣州市(－0.29),降幅相对较大的城市有吕梁市(－5.61％)、焦作市(－6.67％)、淮北市(－6.23％)和铜陵市(－6.48％)。整体来说,中部地区的资源枯竭型城市在转型过程中对耕地的占用情况良好,耕地面积的减少量小。

(4) 西部地区

如图4-27,西部地区城市的人均年用水量变化比较大,人均年用水量增加的城市有14个。增幅最大的城市是兴安盟(3537％),远远大于其他城市,此外重庆市(142.1％)、广安市(225.7％)和铜仁市(165.9％)的增幅也超过了100％,增幅最小的城市是红河州(4.111％),西部地区城市整体人均年用水量增长较快。同时,昆明市、石嘴山市、白银市和兰州市的人均年用水量降低,幅度分别是－33.26％、－11.06％、－64.55和－17.77％,整体的降幅相对较小。

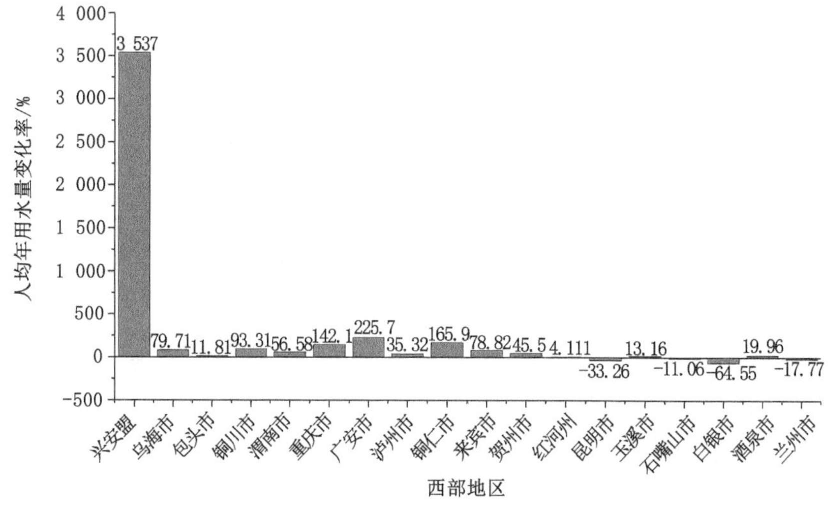

图4-27　2010—2020年西部地区城市人均年用水量变化率

从图4-28可以看出,西部地区城市耕地保有量降低的城市有14个,其中降幅最小的是重庆市(－1.09％),降幅最大的是兰州市(－8.97％)。有4个城市的耕地保有量增长,分别是红河州(2.08％)、石嘴山市(3.43％)、白银市(0.908％)和酒泉市(16.2％)。整体来说,西部地区的资源枯竭型城市在转型过程中对耕地占用量较少,且有部分城市对耕地面积进行了补充。

4.3.1.4　环境改善程度评价

资源型城市在发展中大多会对环境造成不同程度的损害,因此环境改善程度是对资源枯竭型城市转型评价发展中一个重要的方面。

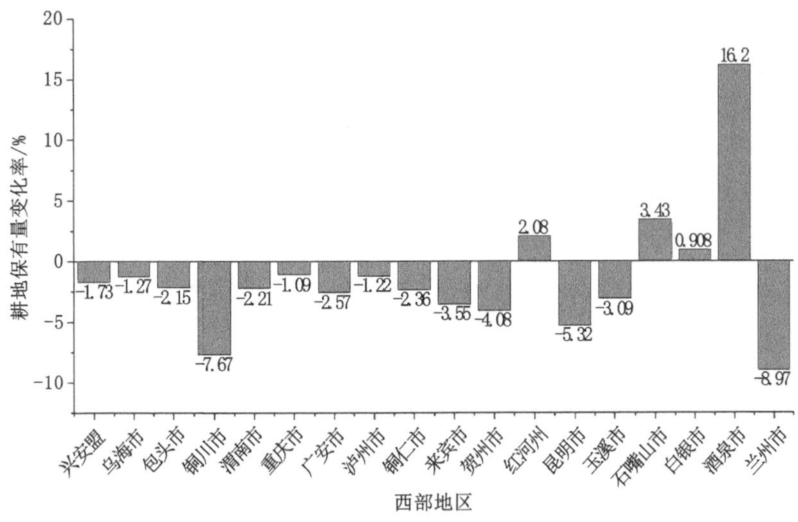

图 4-28 2010—2020 年西部地区城市耕地保有量变化率

对于环境改善程度选取公园绿地面积变化率、河湖水面率变化率和森林面积变化率三个指标进行评价。

（1）东部地区

从图 4-29 可以看出，公园绿地面积增长最少的是承德市，增幅为 0.547%，基本上没有太大的变化，环境改善程度较低。除承德市外，其他城市的公园绿地面积都有增长，其中石家庄市、泰安市和韶关市的增幅相对较大，分别为66.1%、

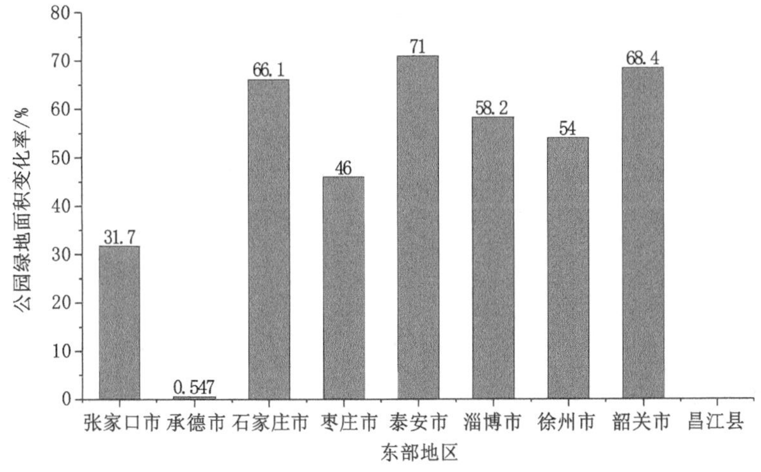

图 4-29 2010—2020 年东部地区城市公园绿地面积变化率

注：昌江县无数据。

71%和68.4%，环境质量改善程度较高。张家口市、枣庄市、淄博市和徐州市的公园绿地面积的增幅都超过30%，环境有不同程度的改善。

从图4-30可以看出，泰安市的河湖水面率的降幅很大，幅度达到−59.2%，城市的水域面积明显下降。石家庄市和淄博市的河湖水面率也下降较多，幅度分别为−14.7%和−23.1%。张家口市、承德市、枣庄市和徐州市的河湖水面率下降较少。韶关市和昌江县的河湖水面率上升，增幅分别是2.84%和20%。因此从河湖水面率变化率指标来看，泰安市、石家庄市和淄博市的环境质量改善程度相对较低，昌江县的环境质量改善程度较高。

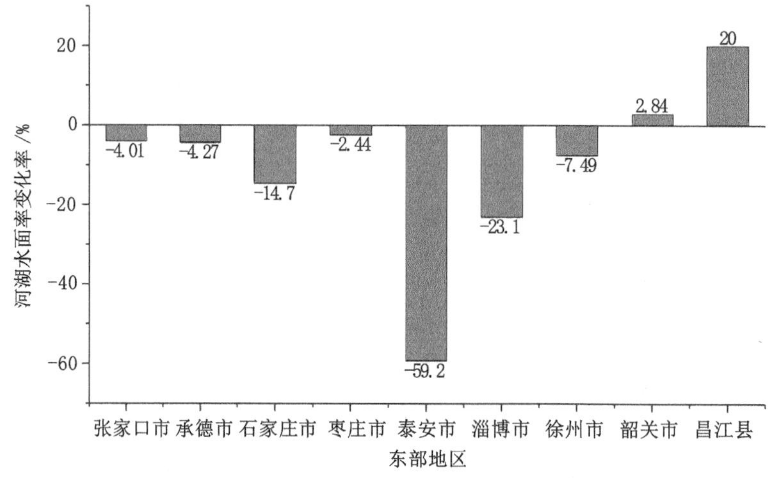

图4-30　2010—2020年东部地区城市河湖水面率变化率

如图4-31所示，张家口市和泰安市的森林面积增加，增幅分别为12.7%和3.39%。承德市、石家庄市、枣庄市、淄博市、徐州市、韶关市和昌江县的森林面积减少，降幅最大的是徐州市，幅度为−22.4%；其次是石家庄市，幅度为−7.61%；其他城市的降幅较小，均在4%以内。可以看出，东部地区大部分城市的森林面积减少，除了张家口市和泰安市，其他城市的环境改善情况不太理想。

(2) 东北地区

如图4-32所示，东北地区的资源枯竭型城市中，公园绿地面积增加的城市多于面积减少的城市。在公园绿地面积增加的城市中，延边州、盘锦市、朝阳市和葫芦岛市的增幅较大，分别是209%、126%、362%和94.5%，环境改善情况较好，其余城市的环境也有不同程度的改善。黑河市、鹤岗市、双鸭山市和白山市的公园绿地面积减少，幅度分别为−7.19%、−10.5%、−14.4%和−0.629%，整体降幅很小，环境质量略有下降。

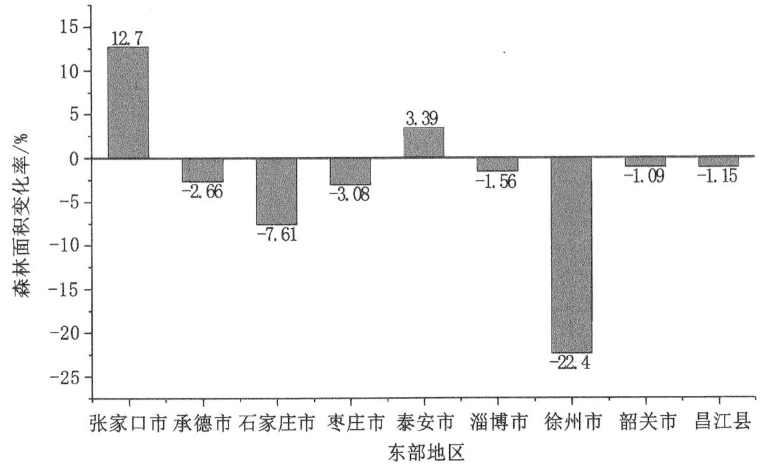

图 4-31　2010—2020 年东部地区城市森林面积变化率

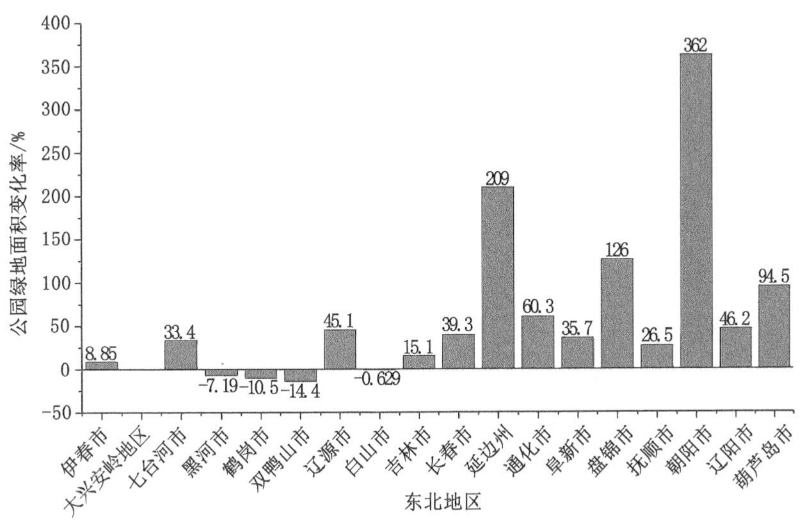

图 4-32　2010—2020 年东北地区城市公园绿地面积变化率

注:大兴安岭地区无数据。

从图 4-33 可以看出,东北地区河湖水面率增加的城市有 12 个,其中增幅较大的城市有双鸭山市、白山市、延边州和阜新市,增幅分别是 96.9%、46.9%、65%和 61.4%;增幅较小的城市有大兴安岭地区(2.89%)和七台河市(1.2%)。河湖水面率下降的城市有 6 个,分别是伊春市(−2.28%)、黑河市(−16%)、鹤岗市(−48.3%)、长春市(−39.3%)、通化市(−4.87%)和盘锦市(−26.1%)。

从河湖水面率变化率指标进行评价，双鸭山市、白山市、延边州和阜新市的环境改善情况较好；鹤岗市、长春市和盘锦市的环境改善情况较差。

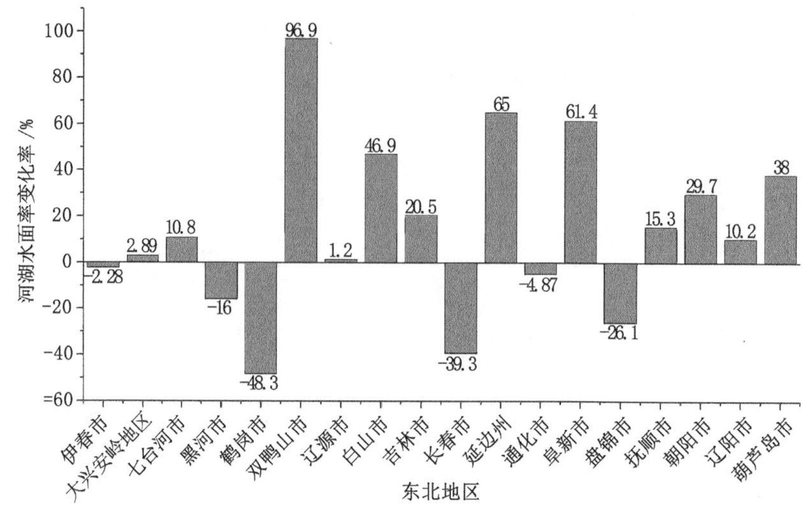

图 4-33　2010—2020 年东北地区城市河湖水面率变化率

根据图 4-34 所示，东北地区城市的森林面积的变化差异比较大。黑河市、吉林市、阜新市和朝阳市的森林面积增长较多，增幅分别为 194%、66.7%、34.5%和 85.7%。大兴安岭和盘锦市的森林面积降幅较大，幅度为－15.9%和－65.5%。辽阳市的森林面积没有变化，2020 年的森林面积与 2010 年持平，增

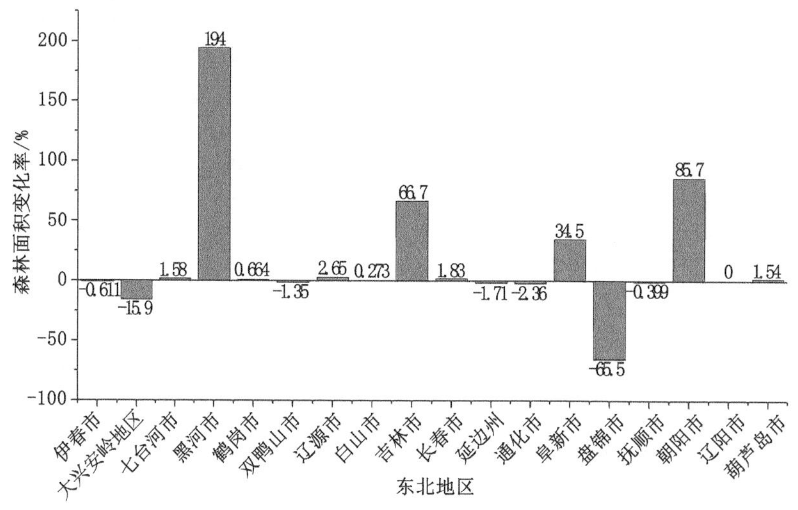

图 4-34　2010—2020 年东北地区城市森林面积变化率

幅为 0。伊春市、七台河市、鹤岗市、双鸭山市等 11 个城市森林面积的变化很小,增幅和降幅的值均在 3%以内。因此从森林面积变化率指标进行评价,黑河市、吉林市、阜新市和朝阳市的环境改善情况较好,盘锦市的环境改善情况较差。

(3) 中部地区

如图 4-35,中部地区所有资源枯竭型城市的公园绿地面积有不同程度的增长。其中公园绿地面积增长最多的是赣州市,增幅达到了 225%;增幅超过 100%的城市还有吕梁市、铜陵市、郴州市和衡阳市,分别为 122%、119%、117% 和 128%;增长较少的城市有淮北市、黄石市、娄底市和景德镇市,增幅分别为 20.4%、30.8%、48.2%和 21.5%。临汾市、焦作市、三门峡市、濮阳市、荆门市、荆州市、萍乡市和新余市的公园绿地面积增幅均在 50%~100%之间。从公园绿地面积变化率指标来看,中部地区整体的环境改善较好。

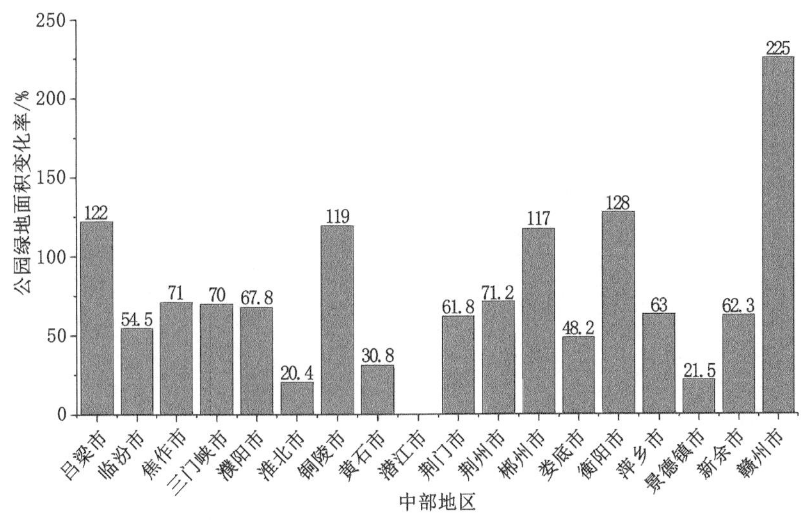

图 4-35 2010—2020 年中部地区城市公园绿地面积变化率

注:潜江市无数据。

从图 4-36 可以看出,中部地区有 9 个城市的河湖水面率变化不大,分别是焦作市、濮阳市、铜陵市、黄石市、潜江市、荆州市、郴州市、萍乡市和景德镇市,增幅在 10%以内,降幅在 10%以内。河湖水面率增幅最大的是荆门市,增幅为 121%;三门峡市、淮北市、娄底市、衡阳市、新余市和赣州市的增幅在 10%~30%之间。吕梁市和临汾市的河湖水面率减少,幅度分别为—32.1%和—10%。从河湖水面率指标来看,中部地区城市中,吕梁市的环境改善情况相对较差,荆门市的环境改善情况相对较好。

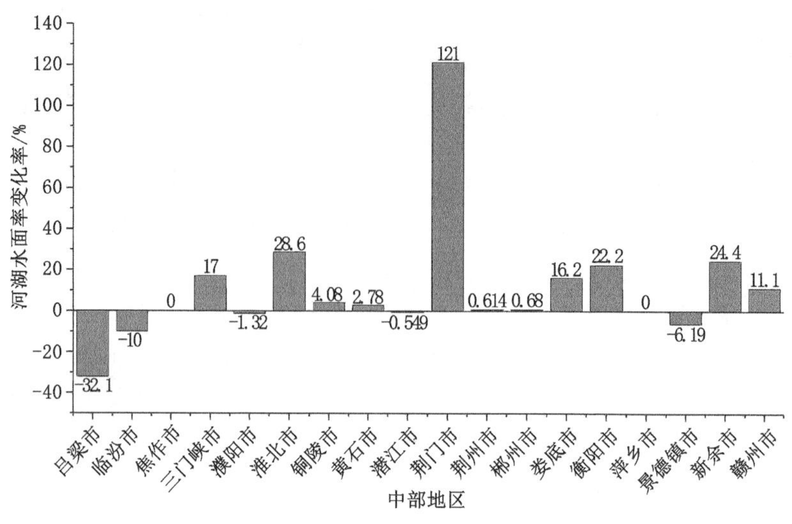

图 4-36　2010—2020 年中部地区河湖水面率变化率

从图 4-37 可以看出，潜江市的森林面积增速较快，增幅为 25%；临汾市和三门峡市的森林面积增长较少，增幅为 3.01%和 0.749%。中部地区其他城市的森林面积有不同程度的下降，下降最多的是濮阳市，幅度为－65.4%；降幅相对较多的城市有吕梁市、淮北市和铜陵市，幅度分别为－6.22%、－10.3%、－7.58%；焦作市、黄石市、荆门市等 11 个城市的森林面积变化基本不大，降幅

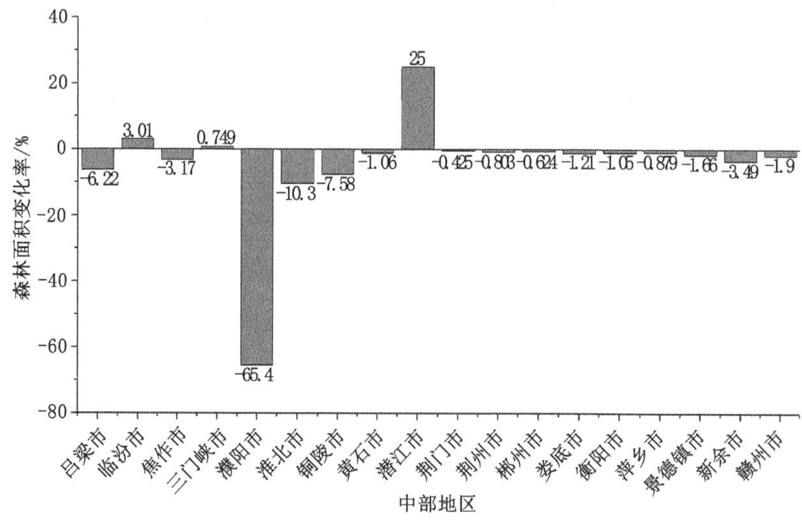

图 4-37　2010—2020 年中部地区城市森林面积变化率

非常小。从森林面积变化率指标来看，潜江市的环境改善情况相对较好，濮阳市的环境改善情况相对较差。

(4) 西部地区

如图 4-38，西部地区中，公园绿地面积增长最多的是铜仁市，增幅达到 695%。泸州市、来宾市、贺州市、玉溪市和兰州市公园绿地面积增长相对较多，增幅均超过 100%，分别是 237%、109%、333%、198% 和 103%；乌海市、包头市、铜川市、广安市、石嘴山市和白银市的公园绿地面积增长相对较少，增幅在 50% 以内，分别是 21.4%、33.4%、28.3%、44.7%、24.2% 和 47.7%；增幅在 50%～100% 的城市有 6 个，分别是兴安盟、渭南市、重庆市、红河州、昆明市和酒泉市。从公园绿地面积变化率指标来看，铜仁市、泸州市、贺州市和玉溪市的环境改善程度相对较高；乌海市、铜川市和石嘴山市的环境改善程度相对较低。

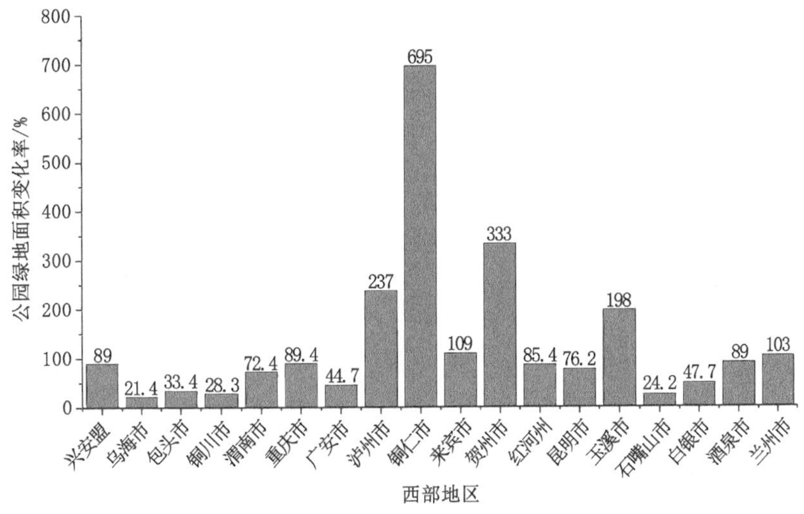

图 4-38　2010—2020 年西部地区城市公园绿地面积变化率

如图 4-39，西部地区中，包头市、渭南市和玉溪市的河湖水面率下降，幅度分别是 −4.17%、−2.56% 和 −1.06%，降幅都很小。在河湖水面率增加的 15 个城市中，重庆市和铜仁市的增长相对较多，增幅分别为 132% 和 88.7%；兴安盟、泸州市、昆明市和白银市的增长相对较少，分别为 8.85%、8.63%、1.41% 和 2.07%；乌海市、铜川市等 9 个城市的增幅在 10%～50% 之间。从河湖水面率变化率的指标来看，乌海市、铜川市、重庆市、铜仁市和红河州的环境改善程度相对较高，包头市、渭南市、玉溪市、昆明市和白银市的环境改善程度相对较低。

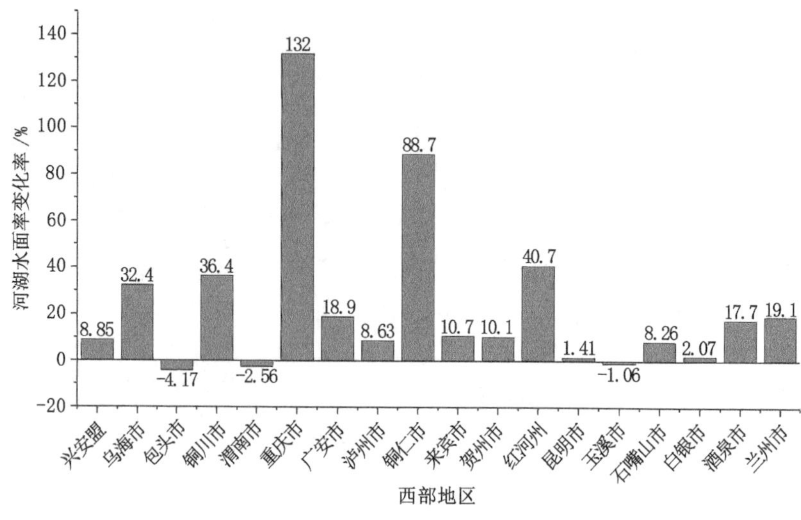

图 4-39　2010—2020 年西部地区河湖水面率变化率

如图 4-40，西部地区城市的森林面积变化幅度不大，在森林面积增加的城市中，乌海市和重庆市的增幅相对较大，分别是 7.14％和 8.84％；兴安盟、包头市等 9 个城市森林面积的增幅在 5％以内。在森林面积减少的城市中，铜川市和石嘴山市的降幅相对较大，幅度分别是－5.77％和－11.3％；铜仁市、贺州市、红河州、昆明市和酒泉市的幅度在－5％以内。从森林面积变化率指标来看，乌海市和重庆市的环境改善情况相对较好，铜川市和石嘴山市的环境改善情况相对较差。

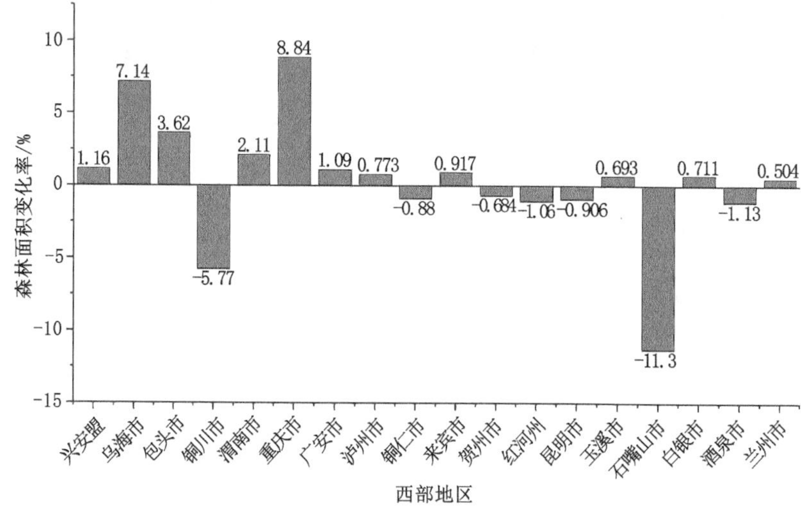

图 4-40　2010—2020 年西部地区城市森林面积变化率

4.3.2 复合指标评价

4.3.2.1 转型过程评价

利用本研究所构建的评价体系，根据上文通过熵权法模型计算得出的各指标权重，代入资源型城市各评价指标的具体数据，得出综合指数。以下将分地区进行解释：

（1）东部地区

从图4-41可以看出，在2010—2020年间，徐州市的全国排名是第27位，在东部地区位居第一位，这与徐州市贾汪区转型取得了显著的成效有着密切联系。此外，泰安市、淄博市、昌江县、韶关市在全国的排名处于中间的位置，并且他们的综合得分相差不大，均是0.27以上。经分析可知是因为这些城市的地区生产总值虽有小幅度增长，但是基数较经济发达地区仍处于劣势，并且这些城市的耕地保有量在下降，森林面积处于下降状态，第二产业在三次产业结构的比重变化不大。河北承德市位居东部地区最后一名，全国第53位。经分析可知是因为从历史上来看，承德由于生态环境和区位等因素，一直是在河北省发展中被边缘化的地区，在河北省各个地级市的经济排名中处于底层；近年来承德发展虽呈现增速，但是由于历史渊源，其转型过程评分在整个东部地区处于底位。

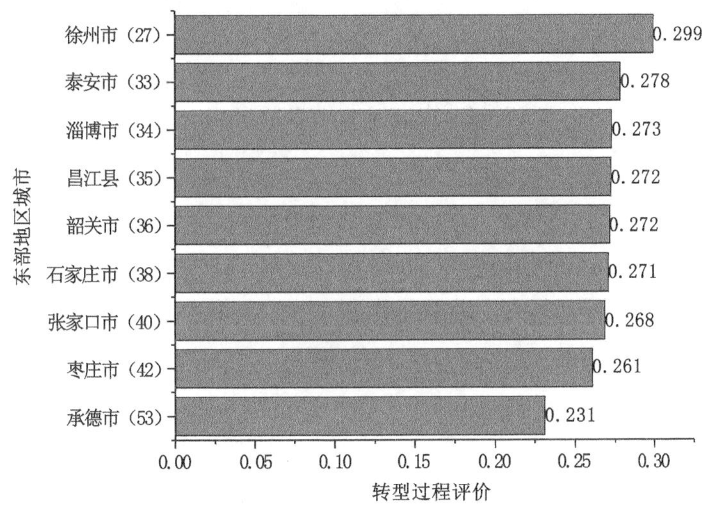

图4-41 东部地区城市转型过程评价图

（2）中部地区

中部地区资源型城市转型排名依次为：娄底市、赣州市、三门峡市、衡阳市、荆州市、淮北市、荆门市、濮阳市、焦作市、铜陵市、黄石市、潜江市、郴州市、萍乡市、新余市、临汾市、吕梁市、景德镇市。

从图 4-42 可以看到，在 2010—2020 年间，娄底市的全国排名是第二位，在中部地区位居第一位。娄底作为传统老工业基地，为湖南全省社会经济发展做出了重要贡献，但同时面临发展基础薄弱、产业结构不优、转型任务繁重、土地资金等要素制约明显等困难和问题。近年来，湖南省人民政府从土地、城市规划、财政金融、生态环保、基础设施、产业发展、社会事业等方面支持娄底的转型发展，因此娄底市资源转型效果十分显著。

景德镇是中国瓷都、中国古老的工业发祥地之一和江西重要的工业基地，是国家认定的第二批资源枯竭城市之一。转型之前暴露出来的问题有：人均水资源占有量偏低，乐安河重金属污染严重；土地资源供需矛盾较为突出；瓷土资源面临枯竭。景德镇在转型十年中，经济实力稳步增强，产业体系日趋成熟，旅游产业融合发展，城乡面貌持续改善，群众幸福指数显著提高，但与排名第一的娄底市相比，仍存在一定程度的提升空间。

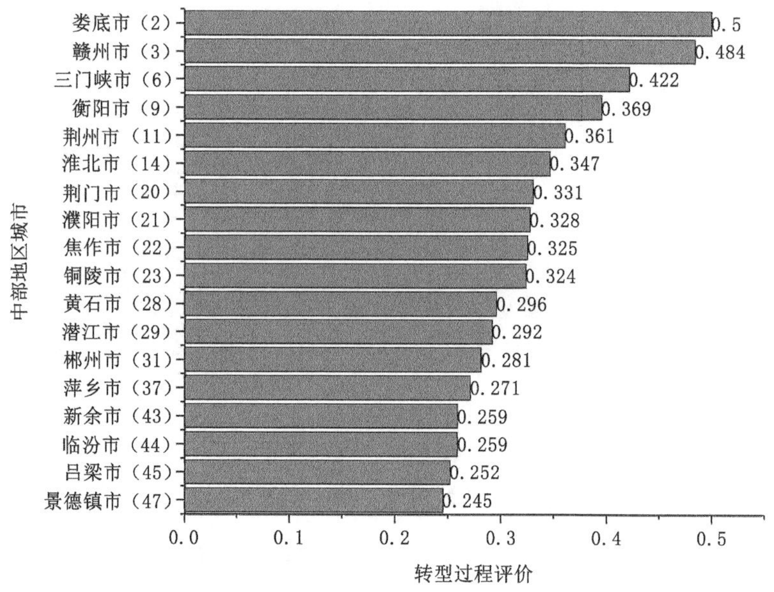

图 4-42　中部地区城市转型过程评价图

（3）西部地区

西部地区资源型城市转型排名依次为：铜仁市、泸州市、贺州市、红河州、重庆市、昆明市、玉溪市、兴安盟、渭南市、来宾市、兰州市、铜川市、广安市、酒泉市、白银市、石嘴山市、乌海市、包头市。如图 4-43。

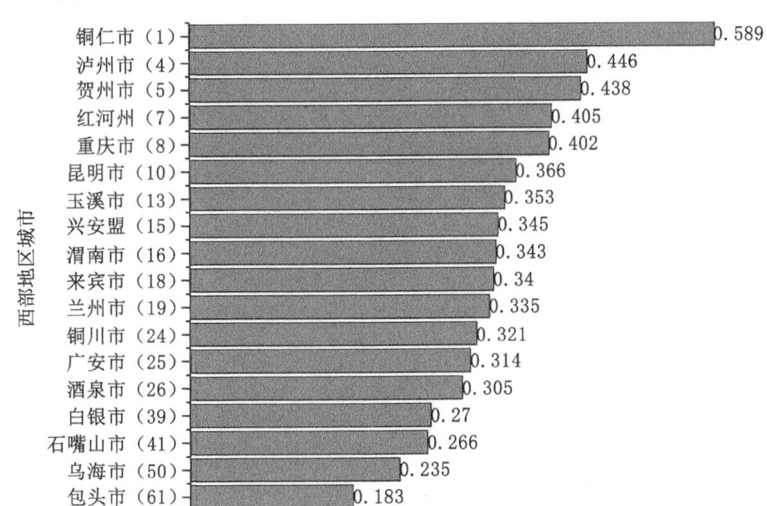

图 4-43 西部地区转型过程评价图

铜仁市在西部地区中排名第一，并且在全国的排名也是第一位。铜仁市万山区为资源枯竭型城市转型做出了良好示范，走出了新道路，提供了新路径。万山区以项目建设作为主线，产业园区建设为载体，产业发展作龙头，城市建设为支撑，统筹社会事业协调发展，全区呈现出经济发展快速、产业提质增效、新城快速崛起、民生持续改善、社会和谐稳定、干部群众共同创建的良好局面。

包头市在西部地区和全国资源枯竭型城市中位居底位。包头市依靠先天的资源优势，对资源产业进行积极布局。2010 年包头市资源型产业从业人员在总从业人员中占比为 59.78%，2020 年包头市资源型产业从业人员在总从业人员中占比为 47.39%，相较而言，虽有小幅度下降，但是资源型产业在包头的发展形势仍良好，以黑色金属冶炼和压延加工业以及有色金属冶炼和压延加工业为代表的资源型产业在包头市经济社会发展中起着举足轻重的作用。当前包头市处于资源型城市产业发展的成熟期。有研究结果表明，资源型城市产业转型的最佳时期是成熟期。所以，当前包头市急需进行产业转型，发挥政府主导作用，推动包头市多元化发展，合理规划产业结构及产业布局，避免进入产业衰退或枯竭。

(4) 东北地区

东北地区资源型城市转型排名依次为：黑河市、朝阳市、伊春市、阜新市、葫芦岛市、延边州、双鸭山市、长春市、大兴安岭地区、鹤岗市、盘锦市、七台河市、通化市、辽阳市、白山市、抚顺市、辽源市、吉林市。如图 4-44。

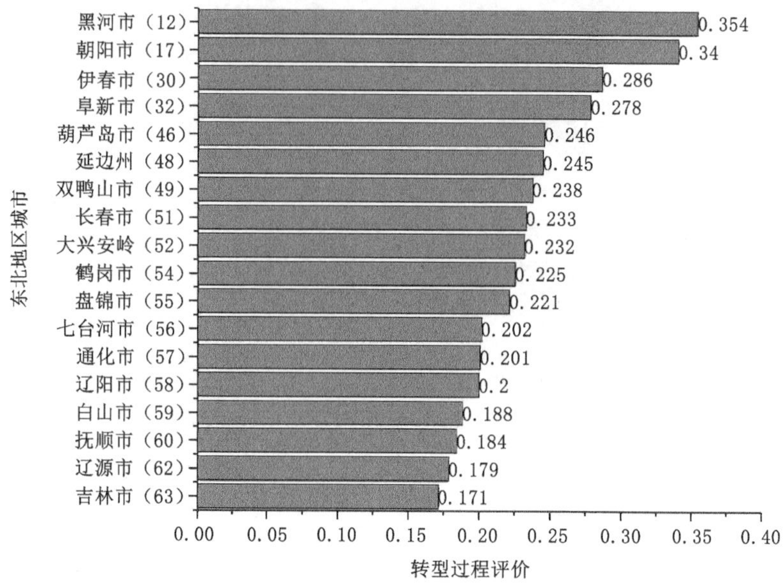

图 4-44　东北地区城市转型过程评价图

黑河市在东北地区中排名第一，并且在全国的排名为第十二位。东北三省的资源型城市约占全国的 1/4，主要是煤炭资源型城市、石油资源型城市和林业城市。东三省依托其资源优势为国家做出巨大贡献，但近年来在可持续发展方面的矛盾和问题却日渐突出，在东北老工业基地振兴中肩负着振兴和转型两副重担。

在东北地区资源型城市中，七台河、吉林、辽源和阜新这几个地级市的产业转型效率始终处于相对有效的水平。这与各个城市的实际发展状况基本相符。这几个城市都是国内较早开始探索转型的资源型城市，例如辽宁省阜新市早在 2001 年就被国务院确立为资源型城市转型试点，到 2013 年阜新市已经基本摆脱资源依赖，形成全新的产业发展格局；吉林省辽源市作为全国首批资源枯竭型城市，结合自身实际不断探索，已经初步形成了“主导特色”的产业格局，产业结构不断优化，服务业的经济总量占全市 1/3 以上，成为该市今后发展的重要支柱。

结合统计数据来看，通化市的科学教育投入明显不足，表明通化市在未来产业转型道路上要加大科学研发投入，推进科技创新平台建设。东三省最突出的问题主要表现为劳动力投入不足，人口呈现负增长态势，这也反映出东北地区的人口外流问题，青壮年劳动力的减少将成为制约产业转型的重要障碍。

此外，东北地区经济发展地域性明显，作为老工业基地，东北地区资源型城市对该区经济的拉动十分显著。因此，要实现产业格局优化调整，就要大力发展高新科技，加大科技和教育的投入，解决本地区人口外流问题，对第三产业的投入更多地向高精尖方向转移，实现产学研相结合，加强基础设施建设，改善生态环境，加强社会保障体系建设。

4.3.2.2　转型能力综合评价

(1) 东部地区

东部地区资源型城市转型能力排名依次为：徐州市、石家庄市、淄博市、泰安市、张家口市、承德市、枣庄市、韶关市、昌江县。如图 4-45。在参与熵权法评价的指标中，实际利用外资总额这一指标的重要性较高，其次是地区生产总值，接下来是一般公共预算收入、固定投资总额、人均地区生产总值等。

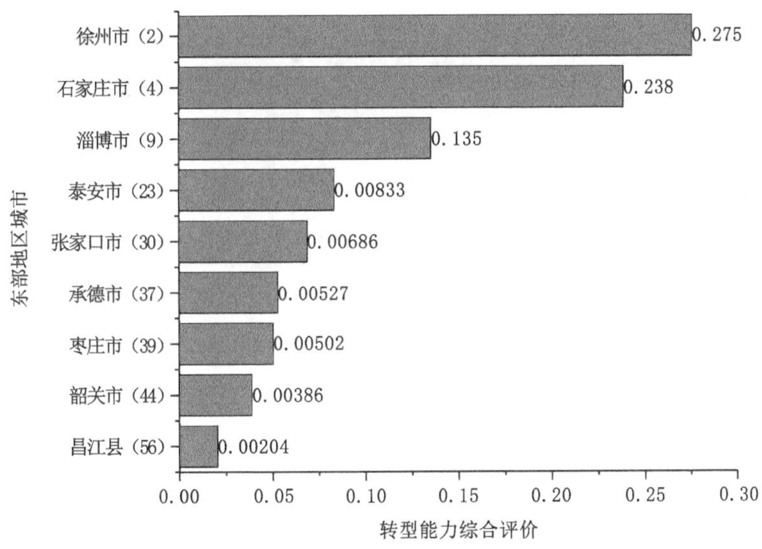

图 4-45　东部地区城市转型能力图

作为江苏省唯一的资源型城市，徐州曾是中国最重要的能源基地之一，形成了以煤炭、钢铁、水泥和化工为主导的重工业体系。然而，和所有资源型城市一样，徐州面临资源枯竭、经济转型的艰巨任务。而鉴于徐州特殊的地理位置，其转型成功与否不仅关乎当地的兴衰，还会影响整个苏北乃至邻省很多城市。近年来，为了应对煤炭资源枯竭，同时为修复生态、实现可持续发展，徐州通过由重变轻、由旧转新的调整，通过异地发展煤化项目、煤矿塌陷区变湿地公园、整个徐州煤矿塌陷区的治理修复等措施实现了“华丽转身”。这与江苏省政府以及徐州市政府在财政方面的大力支持密切相关。

昌江石碌铁矿有百年开采史，采矿业曾长期占到昌江财税收入的一半比重。但随着铁矿资源日益枯竭，昌江于 2011 年被国务院列入资源枯竭型城市。当前昌江县经济社会发展中还存在不少短板：部分指标没有达到预期，城市转型发展缓慢，教育、饮水、住房等民生工作离人民群众期盼仍有差距，安全生产、环境保护问题仍较突出等。对此，昌江应积极探索资源枯竭型城市转型发展之路，立足昌江优势，着力培育重点产业，走出资源困境。

(2) 中部地区

中部地区资源型城市转型能力排名依次为：吕梁市、淮北市、三门峡市、衡阳市、铜陵市、赣州市、新余市、郴州市、焦作市、濮阳市、黄石市、娄底市、荆门市、潜江市、荆州市、景德镇市、萍乡市、临汾市。如图 4-46。从转型能力得分来看，这些城市均在 0.15 以下。

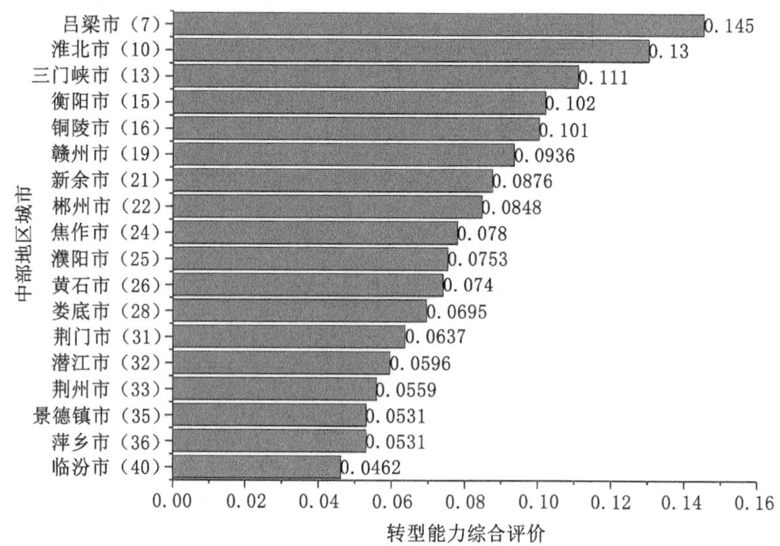

图 4-46 中部地区城市转型能力图

吕梁市成矿地质条件好，矿产资源丰富多样。在晋陕蒙的能源“金三角”区域内，相比区域内的包头、鄂尔多斯、榆林等城市，吕梁市地方财政收入、人均 GDP 等均处末位，区域影响力较弱。因此吕梁市虽在中部地区中表现最优，但其得分欠佳。

临汾作为典型的资源型城市，“一煤独大”问题突出，传统的煤焦钢电产业占到工业经济总量的 90%，由此带来了资源压力的问题等、环境污染的问题、安全生产的问题、区域发展不平衡的问题、收入分配差距扩大的问题等，转型发展任务十分艰巨。近几年来，临汾努力克服经济下行和生态环境治理等多重压力，在转型发展上做了大量的工作，全市经济运行质量不断提高，发展动能持续加快，发展环境全面变优，脱贫攻坚力度加大，各项改革持续深化，民生事业长足发展，各项工作都取得了新的成绩，但是这个变化还是低水平、低层次的，一些指标绝对值依然偏高，未来仍有很长的路要走。

(3) 西部地区

西部地区资源型城市转型能力排名依次为：重庆市、昆明市、包头市、兰州市、玉溪市、泸州市、红河州、渭南市、乌海市、铜川市、石嘴山市、铜仁市、广安市、白银市、酒泉市、兴安盟、贺州市、来宾市。如图 4-47。

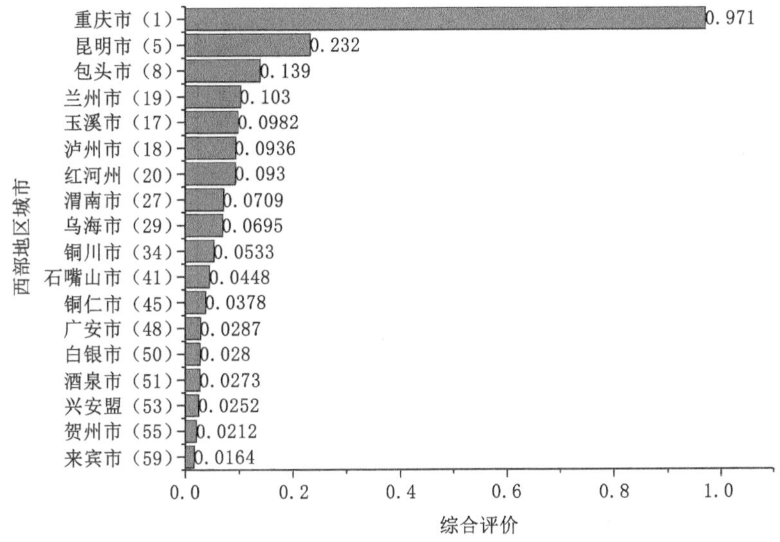

图 4-47　西部地区城市转型能力图

重庆市在西部地区的资源型城市中排名第一，同时在全国资源型城市中排名第一，分值高达 0.971。重庆万盛区从 1938 年开始建矿采煤，已生产出原煤 2 亿多吨，煤炭年产量曾经占到过重庆市的 1/2 和整个四川省的 1/4，为重庆市以及我国西南地区的发展做出过重大的贡献。自 2008 年被国务院确定为全国 69 个资源枯竭型城市以来，万盛区开展了资源枯竭城市矿山地质环境整治项目、特色旅游产业与生态文明建设融合等，做到了工业转型发展持续升级，坚持以人为本，坚持在发展中与生态环境协调。目前，已经成功进入城市转型发展阶段[6]。

来宾市代管的合山市是一座新型的工矿城市，在 2009 年被列为资源枯竭型城市之后，城市就开始规划转型，将境内的矿产资源进行开发。合山市蕴藏着大量的矿产，尤其是煤炭资源，是广西的“煤都”，储量达到广西煤炭总储量的 1/3，更有丰富的大理石和品质很高的石灰石等，自从开发以来得到来自政府以及各方面的资金支持。近年来，合山市围绕创建“全国资源枯竭城市转型发展示范区”的奋斗目标，在改造提升煤电传统产业的同时，大力发展碳酸钙、木材加工、生物医药、智能小家电等新兴产业，构建以稳煤强电、碳酸钙产业链为主的特色工业体系，转型发展取得明显成效，实现从“黑色”向“绿色”、健康、协调、可持续发展的历史性转变。但是由于国家发展政策倾斜以及地理位置差异，来宾市转型仍有很长一段路要走。

(4) 东北地区

东北地区资源型城市转型能力排名依次为：长春市、七台河市、辽源市、盘锦市、白山市、吉林市、辽阳市、抚顺市、延边州、黑河市、朝阳市、葫芦岛市、通化市、双鸭山市、阜新市、鹤岗市、大兴安岭地区、伊春市。如图 4-48。

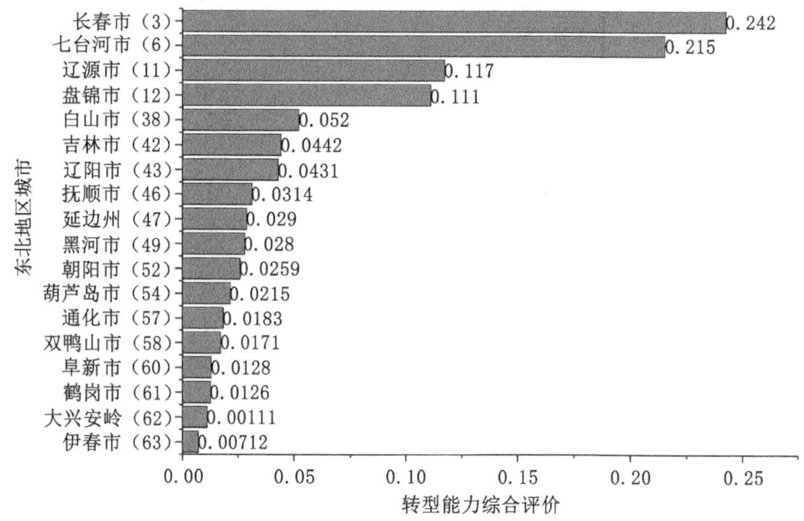

图 4-48　东北地区城市转型能力图

能源关系着现代经济的命脉，21 世纪头十年，中国重化工业的狂飙突进，促使内蒙古、新疆这些能源产地经济迅速崛起，也造就了鄂尔多斯、神木等一批声名显赫的“能源之星”；而随着重化工业“黄金十年”进入尾声、产能过剩开始凸显、能源结构调整在即，中国的区域经济形势也发生了深刻的变革。

作为拥有丰富自然资源和深厚工业基础的东北，同样受到了“资源诅咒”。东北地区是共和国的“长子”，在建国之初的相当长一段时间内，为国家的建设事业做出了突出贡献。然而，片面倚重工业尤其是资源型工业的发展模式，使众多资源型城市难以改变单一的产业结构，老工业基地的增长速度持续放缓。

面对着沉重的转型压力，2013年以来，在全国新能源迅猛发展的大背景下，东北的“风光”之路也越走越宽广。利用丰富的自然资源，东北地区的风电、光伏产业在近些年取得了飞速发展，其中当属长春市表现最好。长春市结合自身的优劣势等具体情况，首先实施了“加减乘除”并举、确保优化升级的调整战略：加法即努力促进投资和需求，减法即坚决淘汰落后和过剩产能，乘法即坚持创新驱动，除法即倾力扩大市场化程度。长春市的转型经验也可供东北地区其他城市参考和借鉴。

伊春通过经济转型，已获得了较大的经济提高，发展了适合本城市的新兴产业，摆脱了以往资源短缺所引起的城市快速收缩，城市收缩的速度已经大大减缓。但今后应该尽快加强城市建设，如医疗、餐饮等方面，提高居民幸福感，同时提高政府从政人员的能力，为城市经济的不断发展进行合理规划和分配，在保证城市发展的前提下，尽可能完善并提高城市居民的生活保障[7]。

4.4　耦合协调度分析

4.4.1　资源枯竭型城市转型能力和转型过程耦合协调度分析

上文评价并分析了资源枯竭型城市的转型能力和转型过程，为了进一步分析资源枯竭型城市转型能力和转型过程之间协调度的关联，对资源枯竭型城市的转型能力和转型过程进行耦合协调度分析。计算方法如下：

耦合度 C 值计算：

$$C=\sqrt{\frac{(U_1+U_2)}{\left(\frac{U_1+U_2}{2}\right)^2}} \tag{4-1}$$

式(4-1)中，C 表示耦合度，取值范围在(0,1)之间，值越大表明资源枯竭型城市转型能力和转型过程之间的相互影响越强烈；U_1 表示资源枯竭型城市转型发展能力得分，U_2 表示资源枯竭型城市转型过程得分，两者的取值由前文计算得出。

耦合度值无法反映两个系统之间的整体协调水平，因此需要进一步计算耦合协调度值 D，计算公式如下：

$$T=\alpha U_1+\beta U_2 \tag{4-2}$$

$$D=\sqrt{C\times T} \tag{4-3}$$

式(4-2)和式(4-3)中，T 表示协调指数；α 和 β 为待定系数，两者和为1，该部分由两个系统进行耦合分析，因此各取值为0.5；D 为耦合协调度值，D 值高说明两系统之间是高水平的相互促进关系，D 值低说明两系统之间是低水平的相互制约关系[8]。基于前人研究，将耦合度和耦合协调度划分如下[9,10]：

运用 $SPSS$ 软件，计算 63 个资源枯竭型城市的转型能力和转型过程的耦合度和耦合协调度，计算结果如表 4-2、表 4-3 所示。

表 4-2　耦合度分类表

耦合度取值范围	耦合类型
$0 \leqslant C \leqslant 0.3$	低耦合时期
$0.3 < C \leqslant 0.5$	拮抗时期
$0.5 < C \leqslant 0.8$	磨合时期
$0.8 < C \leqslant 1$	协调耦合时期

表 4-3　耦合协调度分类表

类型	协调度取值范围	亚类型	U_1 和 U_2 相对大小
严重失调	$0 < D \leqslant 0.2$	转型过程滞后	$U_1 - U_2 > 0.1$
		转型能力滞后	$U_2 - U_1 > 0.1$
		同步受阻	$0 \leqslant \lvert U_1 - U_2 \rvert \leqslant 0.1$
濒临失调	$0.2 < D \leqslant 0.4$	转型过程滞后	$U_1 - U_2 > 0.1$
		转型能力滞后	$U_2 - U_1 > 0.1$
		同步受阻	$0 \leqslant \lvert U_1 - U_2 \rvert \leqslant 0.1$
中度协调	$0.4 < D \leqslant 0.6$	转型过程滞后	$U_1 - U_2 > 0.1$
		转型能力滞后	$U_2 - U_1 > 0.1$
		同步发展	$0 \leqslant \lvert U_1 - U_2 \rvert \leqslant 0.1$
良好协调	$0.6 < D \leqslant 0.8$	转型过程滞后	$U_1 - U_2 > 0.1$
		转型能力滞后	$U_2 - U_1 > 0.1$
		同步发展	$0 \leqslant \lvert U_1 - U_2 \rvert \leqslant 0.1$
优质协调	$0.8 < D \leqslant 1$	转型过程滞后	$U_1 - U_2 > 0.1$
		转型能力滞后	$U_2 - U_1 > 0.1$
		同步发展	$0 \leqslant \lvert U_1 - U_2 \rvert \leqslant 0.1$

从耦合度结果来看，东北地区资源枯竭型城市中没有低耦合时期类型，处于协调耦合时期和磨合时期的城市各有 7 个，这些城市转型能力和转型过程相互作用效果较好；处于拮抗时期的城市有 4 个，其转型能力和转型过程相互作用效果不佳。其中耦合水平最好的城市是盘锦市，最差的是伊春市。东部地区资源

枯竭型城市中有 6 个城市的耦合类型为协调耦合时期，3 个城市的耦合类型为磨合时期，耦合水平最好的城市是石家庄市，最差的是昌江县，东部地区整体的耦合水平良好。中部地区有 7 个城市的耦合类型为协调耦合时期，剩下 11 个城市均为磨合时期，耦合水平最好的是吕梁市，耦合水平最差的是娄底市，中部地区整体的耦合水平良好，但是低于东部地区。西部地区有 5 个城市为协调耦合时期类型，9 个城市为磨合时期类型，4 个城市为拮抗时期类型，耦合水平最好的是重庆市，耦合水平最差的是贺州市，西部地区的整体耦合水平低于其他三个地区。

从耦合协调度结果来看，东北地区有 5 个城市为中度协调类型，13 个城市为濒临失调类型，其中大部分城市表现为转型能力滞后，即转型效果高于其转型能力原本能带来的效果。长春市和辽源市为濒临失调类型，且表现为同步受阻，即转型效果不理想且未达到其转型能力原本能带来的效果。东北地区耦合协调度最好的是朝阳市，最差的是大兴安岭地区。东部地区有 7 个城市为中度协调类型，其中徐州市和石家庄市表现为同步发展，即转型效果好且转型能力强，剩下 5 个城市表现为转型能力滞后。承德市和昌江县表现为濒临失调一转型能力滞后。中部地区娄底市和赣州市为良好协调类型，7 个城市表现为中度协调类型。3 个城市表现为濒临失调类型，潜江市为严重失调类型，即转型能力不强且转型效果不好。中部地区所有城市均表现为转型能力滞后。西部地区有 15 个城市为中度协调类型，泸州市为良好协调类型，铜川市和包头市为濒临失调类型。西部地区除包头市表现为同步受阻之外，其他 17 个城市均表现为转型能力滞后。分地区来看，4 个地区的整体耦合协调度为：西部地区＞中部地区＞东部地区＞东北地区。

4.4.2　资源枯竭型城市转型过程和转型能力子系统耦合协调度分析

在一个系统的内部，耦合度可以用于描述系统内部各要素能够达到的协调程度，耦合度越大表明系统内各要素之间的相互作用程度越强烈[11]。耦合协调度指数用于描述系统内部各要素之间在不同水平下的达成相互和谐、相互促进的属性。城市转型过程包括产业结构变化、经济发展变化、居民生活质量变化和城市安全变化，城市转型能力包括自身转型能力和获取外来援助能力，当这些要素达到一种合理有序协调的均衡状态时，城市转型过程和城市转型能力系统才会达到最理想的状态。因此需要对资源枯竭型城市转型过程和转型能力各子系统进行耦合协调度分析，得出其协调发展程度。采用 SPSS 软件对资源枯竭型城市转型过程和转型能力各个子系统进行耦合协调度分析，分析结果如表 4-4 和表 4-5 所示。

表 4-4 资源枯竭型城市转型能力和转型过程耦合情况

地区	城市	耦合度	耦合类型
东北地区	盘锦市	0.998 8	协调耦合时期
	白山市	0.998 5	协调耦合时期
	抚顺市	0.996 9	协调耦合时期
	长春市	0.972 5	协调耦合时期
	辽阳市	0.968 4	协调耦合时期
	七台河市	0.887 9	协调耦合时期
	通化市	0.818 0	协调耦合时期
	辽源市	0.775 6	磨合时期
	吉林市	0.756 8	磨合时期
	延边州	0.714 5	磨合时期
	葫芦岛市	0.645 0	磨合时期
	双鸭山市	0.622 9	磨合时期
	鹤岗市	0.605 1	磨合时期
	大兴安岭地区	0.555 9	磨合时期
	朝阳市	0.499 4	拮抗时期
	黑河市	0.498 4	拮抗时期
	阜新市	0.463 0	拮抗时期
	伊春市	0.365 1	拮抗时期
东部地区	石家庄市	1.000 0	协调耦合时期
	徐州市	0.998 9	协调耦合时期
	淄博市	0.960 9	协调耦合时期
	承德市	0.890 5	协调耦合时期
	泰安市	0.867 6	协调耦合时期
	张家口市	0.846 5	协调耦合时期
	枣庄市	0.795 6	磨合时期
	韶关市	0.706 8	磨合时期
	昌江县	0.563 2	磨合时期
中部地区	吕梁市	0.990 2	协调耦合时期
	新余市	0.915 3	协调耦合时期
	郴州市	0.865 0	协调耦合时期
	淮北市	0.858 1	协调耦合时期

表 4-4　资源枯竭型城市转型能力和转型过程耦合情况

地区	城市	耦合度	耦合类型
中部地区	景德镇市	0.850 3	协调耦合时期
	铜陵市	0.831 1	协调耦合时期
	黄石市	0.807 7	协调耦合时期
	萍乡市	0.782 3	磨合时期
	临汾市	0.781 1	磨合时期
	焦作市	0.770 1	磨合时期
	潜江市	0.764 7	磨合时期
	濮阳市	0.757 9	磨合时期
	衡阳市	0.744 0	磨合时期
	三门峡市	0.737 3	磨合时期
	荆门市	0.713 4	磨合时期
	赣州市	0.641 4	磨合时期
	荆州市	0.639 9	磨合时期
	娄底市	0.561 0	磨合时期
西部地区	重庆市	0.958 8	协调耦合时期
	昆明市	0.946 6	协调耦合时期
	乌海市	0.929 7	协调耦合时期
	兰州市	0.820 8	协调耦合时期
	包头市	0.807 2	协调耦合时期
	玉溪市	0.785 5	磨合时期
	石嘴山市	0.756 1	磨合时期
	渭南市	0.721 0	磨合时期
	红河州	0.711 3	磨合时期
	铜川市	0.686 1	磨合时期
	泸州市	0.673 3	磨合时期
	白银市	0.637 5	磨合时期
	酒泉市	0.561 4	磨合时期
	广安市	0.557 6	磨合时期
	兴安盟	0.487 7	拮抗时期
	来宾市	0.417 4	拮抗时期
	铜仁市	0.391 5	拮抗时期
	贺州市	0.376 8	拮抗时期

表 4-5　资源枯竭型城市转型能力和转型过程耦合协调度情况

地区	城市	耦合协调度值	耦合协调度类型
东北地区	朝阳市	0.482	中度协调—转型能力滞后
	阜新市	0.481	中度协调—转型能力滞后
	伊春市	0.467	中度协调—转型能力滞后
	黑河市	0.465	中度协调—转型能力滞后
	葫芦岛市	0.431	中度协调—转型能力滞后
	长春市	0.391	濒临失调—同步受阻
	双鸭山市	0.374	濒临失调—转型能力滞后
	辽源市	0.371	濒临失调—同步受阻
	辽阳市	0.368	濒临失调—转型能力滞后
	延边州	0.365	濒临失调—转型能力滞后
	盘锦市	0.365	濒临失调—转型能力滞后
	抚顺市	0.362	濒临失调—转型能力滞后
	通化市	0.340	濒临失调—转型能力滞后
	鹤岗市	0.338	濒临失调—转型能力滞后
	七台河市	0.328	濒临失调—同步受阻
	吉林市	0.322	濒临失调—转型能力滞后
	白山市	0.277	濒临失调—转型能力滞后
	大兴安岭地区	0.268	濒临失调—转型能力滞后
东部地区	徐州市	0.515	中度协调—同步发展
	淄博市	0.493	中度协调—转型能力滞后
	石家庄市	0.472	中度协调—同步发展
	泰安市	0.457	中度协调—转型能力滞后
	张家口市	0.456	中度协调—转型能力滞后
	韶关市	0.433	中度协调—转型能力滞后
	枣庄市	0.423	中度协调—转型能力滞后
	承德市	0.381	濒临失调—转型能力滞后
	昌江县	0.241	濒临失调—转型能力滞后
中部地区	娄底市	0.636	良好协调—转型能力滞后
	赣州市	0.627	良好协调—转型能力滞后
	衡阳市	0.570	中度协调—转型能力滞后
	三门峡市	0.567	中度协调—转型能力滞后

表 4-5(续)

地区	城市	耦合协调度值	耦合协调度类型
中部地区	荆州市	0.556	中度协调—转型能力滞后
	铜陵市	0.539	中度协调—转型能力滞后
	濮阳市	0.51	中度协调—转型能力滞后
	淮北市	0.497	中度协调—转型能力滞后
	吕梁市	0.490	中度协调—转型能力滞后
	黄石市	0.452	中度协调—转型能力滞后
	萍乡市	0.443	中度协调—转型能力滞后
	焦作市	0.44	中度协调—转型能力滞后
	临汾市	0.427	中度协调—转型能力滞后
	景德镇市	0.408	中度协调—转型能力滞后
	新余市	0.397	濒临失调—转型能力滞后
	郴州市	0.390	濒临失调—转型能力滞后
	荆门市	0.375	濒临失调—转型能力滞后
	潜江市	0.199	严重失调—转型能力滞后
西部地区	泸州市	0.646	良好协调—转型能力滞后
	玉溪市	0.579	中度协调—转型能力滞后
	铜仁市	0.576	中度协调—转型能力滞后
	兰州市	0.531	中度协调—转型能力滞后
	贺州市	0.526	中度协调—转型能力滞后
	红河州	0.508	中度协调—转型能力滞后
	来宾市	0.502	中度协调—转型能力滞后
	酒泉市	0.501	中度协调—转型能力滞后
	重庆市	0.501	中度协调—转型过程滞后
	兴安盟	0.497	中度协调—转型能力滞后
	昆明市	0.467	中度协调—转型能力滞后
	广安市	0.457	中度协调—转型能力滞后
	渭南市	0.453	中度协调—转型能力滞后
	白银市	0.443	中度协调—转型能力滞后
	乌海市	0.435	中度协调—转型能力滞后
	石嘴山市	0.425	中度协调—转型能力滞后
	铜川市	0.365	濒临失调—转型能力滞后
	包头市	0.356	濒临失调—同步受阻

在转型过程子系统中，东北地区 16 个城市的耦合度值大于 0.5，耦合类型为协调耦合时期和磨合时期；有 2 个城市的耦合度值较低，耦合类型为拮抗时期，分别是七台河市和伊春市；东北地区整体的耦合协调程度相对较低，除阜新市为勉强协调外，其他城市耦合协调程度均为濒临失调和轻度失调，表明东北地区资源枯竭型城市转型过程子系统相互间作用较强，但是相互协调的程度较低。东部地区城市整体的耦合度较高，所有城市的耦合度值均超过 0.5，整体耦合协调程度也较好，只有昌江县的耦合协调程度为轻度失调，表明东部地区资源枯竭型城市转型过程子系统相互协调的程度较高。中部地区城市的整体耦合度值较高，耦合类型均为磨合时期和协调耦合时期；整体耦合协调程度优于东部地区，其中赣州市和娄底市达到初级协调，潜江市的耦合协调度较差，为中度失调；中部地区资源枯竭型城市转型过程子系统相互协调的程度同样较高。西部地区城市整体耦合度较高，耦合协调度水平略优于中部地区。如表 4-6 所示。

表 4-6　资源枯竭型城市转型过程子系统耦合协调度情况

地区	城市	耦合度值	耦合类型	耦合协调度值	耦合协调程度
东北地区	阜新市	0.785 5	磨合时期	0.501 2	勉强协调
	黑河市	0.835 3	协调耦合时期	0.495 5	濒临失调
	朝阳市	0.751 8	磨合时期	0.471 9	濒临失调
	葫芦岛市	0.875 6	协调耦合时期	0.468 3	濒临失调
	长春市	0.790 4	磨合时期	0.448 5	濒临失调
	盘锦市	0.904 8	协调耦合时期	0.438 5	濒临失调
	延边州	0.784 5	磨合时期	0.438 0	濒临失调
	辽源市	0.688 3	磨合时期	0.425 9	濒临失调
	辽阳市	0.799 1	磨合时期	0.421 1	濒临失调
	抚顺市	0.703 3	磨合时期	0.411 1	濒临失调
	大兴安岭地区	0.687 3	磨合时期	0.383 6	轻度失调
	双鸭山市	0.743 6	磨合时期	0.374 5	轻度失调
	吉林市	0.770 1	磨合时期	0.370 6	轻度失调
	通化市	0.900 8	协调耦合时期	0.363 2	轻度失调
	鹤岗市	0.503 9	磨合时期	0.355 4	轻度失调
	七台河市	0.486 9	拮抗时期	0.349 5	轻度失调
	伊春市	0.405 6	拮抗时期	0.346 9	轻度失调
	白山市	0.854 6	协调耦合时期	0.312 1	轻度失调

表 4-6(续)

地区	城市	耦合度值	耦合类型	耦合协调度值	耦合协调程度
东部地区	徐州市	0.828 9	协调耦合时期	0.555 6	勉强协调
	淄博市	0.845 9	协调耦合时期	0.512 3	勉强协调
	泰安市	0.837 8	协调耦合时期	0.495 3	濒临失调
	石家庄市	0.874 9	协调耦合时期	0.484 5	濒临失调
	韶关市	0.834 2	协调耦合时期	0.474 0	濒临失调
	张家口市	0.754 3	磨合时期	0.455 0	濒临失调
	枣庄市	0.876 0	协调耦合时期	0.452 5	濒临失调
	承德市	0.689 7	磨合时期	0.439 0	濒临失调
	昌江县	0.585 6	磨合时期	0.313 0	轻度失调
中部地区	赣州市	0.901 8	协调耦合时期	0.635 3	初级协调
	娄底市	0.741 6	磨合时期	0.628 6	初级协调
	荆州市	0.850 0	协调耦合时期	0.586 6	勉强协调
	衡阳市	0.952 2	协调耦合时期	0.574 2	勉强协调
	三门峡市	0.902 5	协调耦合时期	0.568 5	勉强协调
	铜陵市	0.882 9	协调耦合时期	0.544 2	勉强协调
	濮阳市	0.828 2	协调耦合时期	0.519 2	勉强协调
	吕梁市	0.682 7	磨合时期	0.511 8	勉强协调
	焦作市	0.843 3	协调耦合时期	0.493 8	濒临失调
	黄石市	0.838 7	协调耦合时期	0.492 3	濒临失调
	淮北市	0.695 3	磨合时期	0.491 5	濒临失调
	萍乡市	0.808 9	协调耦合时期	0.488 3	濒临失调
	临汾市	0.808 9	协调耦合时期	0.466 8	濒临失调
	新余市	0.795 4	磨合时期	0.456 8	濒临失调
	郴州市	0.788 7	磨合时期	0.456 4	濒临失调
	景德镇市	0.672 9	磨合时期	0.452 9	濒临失调
	荆门市	0.554 0	磨合时期	0.402 1	濒临失调
	潜江市	0.523 4	磨合时期	0.285 4	中度失调
西部地区	泸州市	0.907 2	协调耦合时期	0.651 9	初级协调
	玉溪市	0.899 4	协调耦合时期	0.574 9	勉强协调
	铜仁市	0.750 2	磨合时期	0.631 7	初级协调
	兰州市	0.930 3	协调耦合时期	0.545 2	勉强协调

表 4-6(续)

地区	城市	耦合度值	耦合类型	耦合协调度值	耦合协调程度
西部地区	贺州市	0.841 1	协调耦合时期	0.567 3	勉强协调
	红河州	0.753 3	磨合时期	0.551 3	勉强协调
	来宾市	0.914 8	协调耦合时期	0.531 1	勉强协调
	酒泉市	0.786 2	磨合时期	0.544 1	勉强协调
	重庆市	0.899 0	协调耦合时期	0.542 1	勉强协调
	兴安盟	0.808 0	协调耦合时期	0.556 7	勉强协调
	昆明市	0.911 1	协调耦合时期	0.506 2	勉强协调
	广安市	0.526 6	磨合时期	0.447 4	濒临失调
	渭南市	0.824 0	协调耦合时期	0.503 0	勉强协调
	白银市	0.812 9	协调耦合时期	0.469 7	濒临失调
	乌海市	0.809 3	协调耦合时期	0.472 1	濒临失调
	石嘴山市	0.767 0	磨合时期	0.446 5	濒临失调
	铜川市	0.872 8	协调耦合时期	0.435 9	濒临失调
	包头市	0.787 8	磨合时期	0.403 4	濒临失调

在转型能力子系统中，东北地区、东部地区、中部地区和西部地区的耦合度值和耦合协调度值都不理想，其中有 19 个城市的耦合协调程度为严重失调，而程度在勉强协调及以上的城市只有 3 个。如表 4-7 所示，耦合度值低是因为转型能力子系统里分为自身转型能力和获取外来援助的能力，这两类能力本身有些冲突，当自身转型能力强时对外来援助的需求就会降低，因此两者间的相互作用关系就不会那么强。耦合协调度值低也表明自身转型能力和获取外来援助的能力的协调性不好，从长远发展来看，城市的转型应更多依靠自身的转型能力，需要不断提升自身转型能力。

表 4-7　资源枯竭型城市转型能力子系统耦合协调度情况

地区	城市	耦合度值	耦合类型	耦合协调度值	耦合协调程度
东北地区	长春市	0.805 7	协调耦合时期	0.502 9	勉强协调
	盘锦市	0.554 9	磨合时期	0.330 3	轻度失调
	辽源市	0.624 6	磨合时期	0.242 9	中度失调
	白山市	0.776 8	磨合时期	0.231 6	中度失调
	吉林市	0.813 4	协调耦合时期	0.226 6	中度失调

表 4-7(续)

地区	城市	耦合度值	耦合类型	耦合协调度值	耦合协调程度
东北地区	辽阳市	0.620 1	磨合时期	0.225 1	中度失调
	抚顺市	0.663 5	磨合时期	0.200 8	中度失调
	延边州	0.832 8	协调耦合时期	0.198 8	严重失调
	黑河市	0.621 6	磨合时期	0.195 2	严重失调
	朝阳市	0.863 4	协调耦合时期	0.177 2	严重失调
	七台河市	0.237 7	低耦合时期	0.176 8	严重失调
	通化市	0.867 8	协调耦合时期	0.172 8	严重失调
	葫芦岛市	0.870 4	协调耦合时期	0.172 7	严重失调
	双鸭山市	0.689 4	磨合时期	0.168 7	严重失调
	鹤岗市	0.722 9	磨合时期	0.155 4	严重失调
	阜新市	0.899 6	协调耦合时期	0.147 4	严重失调
	大兴安岭地区	0.517 4	磨合时期	0.139 1	严重失调
	伊春市	0.877 7	协调耦合时期	0.137 9	严重失调
东部地区	徐州市	0.582 6	磨合时期	0.425 5	濒临失调
	淄博市	0.734 8	磨合时期	0.389 5	轻度失调
	石家庄市	0.599 1	磨合时期	0.384 8	轻度失调
	泰安市	0.756 5	磨合时期	0.308 3	轻度失调
	枣庄市	0.829 4	协调耦合时期	0.253 7	中度失调
	张家口市	0.737 2	磨合时期	0.247 9	中度失调
	承德市	0.677 5	磨合时期	0.233 4	中度失调
	韶关市	0.431 1	拮抗时期	0.200 3	中度失调
	昌江县	0.375 7	拮抗时期	0.151 7	严重失调
中部地区	吕梁市	0.852 6	协调耦合时期	0.344 9	轻度失调
	淮北市	0.637 2	磨合时期	0.339 8	轻度失调
	赣州市	0.822 2	协调耦合时期	0.328 8	轻度失调
	衡阳市	0.546 4	磨合时期	0.326 4	轻度失调
	三门峡市	0.540 3	磨合时期	0.322 9	轻度失调
	铜陵市	0.502 2	磨合时期	0.314 1	轻度失调
	新余市	0.505 2	磨合时期	0.293 8	中度失调
	焦作市	0.645 6	磨合时期	0.293 4	中度失调
	濮阳市	0.615 4	磨合时期	0.285 3	中度失调

表 4-7(续)

地区	城市	耦合度值	耦合类型	耦合协调度值	耦合协调程度
中部地区	郴州市	0.545 9	磨合时期	0.270 7	中度失调
	娄底市	0.506 7	磨合时期	0.265 2	中度失调
	黄石市	0.385 8	拮抗时期	0.254 1	中度失调
	萍乡市	0.603 5	磨合时期	0.250 1	中度失调
	荆州市	0.526 0	磨合时期	0.246 9	中度失调
	临汾市	0.773 6	磨合时期	0.228 8	中度失调
	潜江市	0.348 1	拮抗时期	0.223 4	中度失调
	荆门市	0.337 4	拮抗时期	0.221 7	中度失调
	景德镇市	0.358 8	拮抗时期	0.214 0	中度失调
西部地区	重庆市	0.981 6	协调耦合时期	0.945 8	优质协调
	昆明市	0.825 1	协调耦合时期	0.509 5	勉强协调
	包头市	0.586 6	磨合时期	0.378 2	轻度失调
	泸州市	0.631 9	磨合时期	0.320 7	轻度失调
	兰州市	0.594 2	磨合时期	0.318 9	轻度失调
	红河州	0.716 4	磨合时期	0.303 2	轻度失调
	渭南市	0.698 9	磨合时期	0.259 4	中度失调
	玉溪市	0.280 6	低耦合时期	0.255 2	中度失调
	乌海市	0.274 5	低耦合时期	0.218 4	中度失调
	铜川市	0.364 4	拮抗时期	0.216 3	中度失调
	铜仁市	0.536 8	磨合时期	0.203 3	中度失调
	兴安盟	0.802 1	协调耦合时期	0.194 6	严重失调
	酒泉市	0.602 5	磨合时期	0.187 6	严重失调
	石嘴山市	0.292 7	低耦合时期	0.184 6	严重失调
	白银市	0.487 2	拮抗时期	0.183 5	严重失调
	广安市	0.755 5	磨合时期	0.179 6	严重失调
	贺州市	0.660 0	磨合时期	0.178 3	严重失调
	来宾市	0.742 0	磨合时期	0.168 9	严重失调

4.5 资源枯竭型城市转型能力和转型过程聚类分析

采用 SPSS 软件，对全国 63 个资源枯竭型城市进行聚类分析，采用 K 均值聚类法，通过迭代，将 63 个城市分到 5 个类别中，使得每个城市与其所属类的中心或均值的差距之和最小。经过计算，得出 5 个类别的最终聚类中心，并依据此中心划分城市，结果如表 4-8 和表 4-9 所示。

表 4-8 最终聚类中心

类别	1	2	3	4	5
转型能力	0.065 5	0.055 8	0.240 6	0.970 7	0.071 1
转型过程	0.337 8	0.241 0	0.274 2	0.402 4	0.479 9

表 4-9 资源枯竭型城市转型能力子系统耦合协调度情况

类别	数量	城市
第一类	20 个	兴安盟、朝阳市、黑河市、淮北市、铜陵市、焦作市、黄石市、潜江市、荆门市、荆州市、衡阳市、来宾市、广安市、红河州、玉溪市、铜川市、渭南市、酒泉市、兰州市、濮阳市
第二类	31 个	张家口市、承德市、吕梁市、临汾市、乌海市、包头市、阜新市、盘锦市、抚顺市、辽阳市、葫芦岛市、辽源市、白山市、吉林市、延边州、通化市、伊春市、大兴安岭地区、鹤岗市、双鸭山市、萍乡市、景德镇市、新余市、枣庄市、泰安市、淄博市、郴州市、韶关市、昌江县、白银市、石嘴山市
第三类	5 个	昆明市、徐州市、长春市、石家庄市、七台河市
第四类	1 个	重庆市
第五类	6 个	三门峡市、贺州市、娄底市、铜仁市、泸州市、赣州市

依据聚类分析结果，处于第一类的城市有 20 个，这些城市的转型能力相对较弱，排在中游靠后的位置，但是在转型过程方面排在中上游水平。处于第二类的城市有 31 个，这些城市转型过程很不理想，排名靠后，这些城市的转型能力各有不同，不过大部分的城市转型能力也处于中等偏后的位置；处于第三类的城市有 5 个，这些城市拥有很强的转型能力，但是除昆明市外，徐州市、长春市、石家庄市和七台河市的转型过程排名却在中等及以下水平；处于第四类的城市只有 1 个，为重庆市，重庆市的转型能力很强，取得的转型效果也非常好；处于第五类的城市有 6 个，分别是三门峡市、贺州市、娄底市、铜仁市、泸州市和赣州市，这些城市的转型能力一般，但是取得了非常好的转型效果。

4.6 本章小结

本章从资源枯竭型城市转型绿色发展的内涵出发，构建其绿色发展的评价指标体系，从单一指标的变化评价资源枯竭型城市的经济发展水平和速度、城市发展水平和居民生活质量、资源利用效率和环境改善程度，再通过熵权法模型计算得出的各指标权重，代入资源型城市各评价指标的具体数据，得出综合指数，评价资源枯竭型城市的转型过程和转型能力。得到以下结论：

（1）转型过程方面：东部地区城市经济发展水平和居民生活水平提升显著，但在资源利用和环境改善方面仍需提升；东北地区城市的城市发展水平和环境改善情况较好，但经济发展水平仍需提升；中部地区城市经济、城市发展和环境改善情况均较好；西部地区城市经济、城市发展和环境改善情况较好，但资源消耗量增大。

（2）转型能力方面：东部地区大部分城市的转型能力较为平均，城市的转型能力在前列、中段和末尾均有分布。转型能力最强的为徐州市，作为江苏省唯一的资源型城市，加上特殊的地理位置，其城市转型得到江苏省政府以及徐州市政府的财政方面的大力支持。转型能力排名最后的城市是昌江县，昌江县经济社会发展中还存在不少短板，安全生产、环境保护问题仍较突出，民生工作离人民群众期盼仍有差距，因此转型发展缓慢，昌江县需应积极探索资源枯竭型城市转型发展之路，着力培育重点产业，走出资源困境。中部地区城市的整体转型能力相对较好，没有转型能力排在后十位的城市。转型能力最强的为吕梁市。转型能力排在末尾的是临汾市，临汾“一煤独大”问题突出，转型发展任务十分艰巨。近几年临汾在转型发展上做了大量的工作，但是变化还是低水平、低层次的，未来仍有很长的路要走。西部地区城市的转型能力两极分化，转型能力排在前列和末尾的城市都较多。重庆市在西部地区的转型能力排名第一，同时在所有城市中排名第一，已经成功进入城市转型发展阶段。来宾市转型能力排在末尾，由于国家发展政策倾斜以及地理位置差异，其转型仍有很长一段路要走。东北地区大部分城市的转型能力排名靠后，由于片面倚重工业尤其是资源型工业的发展模式，使众多资源型城市难以走出单一的产业结构，老工业基地的增长速度持续放缓。

（3）耦合协调度分析中，资源枯竭型城市转型能力和转型过程的耦合协调度分析结果表明，四个地区的整体耦合协调度表现为西部地区优于中部地区，中部地区优于东部地区，东部地区优于东北地区。在亚类型中，大部分的城市都表现为转型能力滞后，表明这些城市的转型效果或多或少都超过其转型能力本来能够带来的效果。资源枯竭型城市转型过程子系统的耦合协调度分析结果表明，东北地区城市转型过程子系统相互间作用较强，但是相互协调的程度较低。东部地区城市整体的耦合度较高，整体耦合协调程度也较好，其转型过程子系统相互协调的程度较高。中部地区城市的整体耦合度值较高，整体耦合协调程度优于东部地区；西部地区城市整体耦合度较高，耦合协调度水平略优于中部地区。资源枯竭型城市转型能力子系统的耦合协调度分析结果表明，四个地区城市的整体耦合度值和耦合协调度值都不理想，其中有 19 个城市的耦合协调程度为严重失调，而程度在勉强协调及以上的城市只有 3 个。耦合度值低是因为自身转型能力和获取外来援助的能力的冲突，因此两者间的相互作用关系不强。耦合协调度值低也表明自身转型能力和获取外来援助的能力的协调性不好，从长远发展来看，城市的转型应更多依靠自身的转型能力，需要不断提升自身转型能力。

（4）聚类分析将城市划分为五个梯队，第一梯队城市的特点为转型能力中等且转型效果一般，有荆门市、朝阳市等 20 个城市；第二梯队城市的转型能力较弱且转型效果不好，有吉林市、鹤岗市等 31 个城市；第三梯队城市的特点为转型能力强但转型效果不太好或未达预期，有昆明市、徐州市等 5 个城市；第四梯队城市的特点为转型能力强且转型效果好，只有重庆市 1 个城市；第五梯队城市的特点为转型能力中等，但是取得了非常好的转型效果，有三门峡市、贺州市等 6 个城市。

参考文献

[1] 张龙德.甘肃省资源型城市经济转型问题研究[D].兰州：兰州大学，2009.

[2] WAN L J，HAN L S. The establishment of ecological civilization evaluation indicators system of resource-based cities based on principal component analysis[C]//2014 International Conference on Management Science & Engineering 21th Annual Conference Proceedings. August 17－19，2014，Helsinki，Finland. IEEE，2014：271-277.

[3] WANG D，SHI Y，WAN K. Integrated evaluation of the carrying capacities of mineral resource-based cities considering synergy between subsystems [J]. Ecological Indicators，2020，108：105701.

[4] LI Z D，ZHOU Z. Fuzzy comprehensive evaluation of decoupling economic growth from environment costs in China's resource－based cities[J]. Mathematical Problems in Engineering，2020，2020：1-14.

[5] 赵敏,储佩佩.中国省域农村产业融合水平的空间收敛性与分异特征[J].资源与产业,2023,25(1):51-66.

[6] 刘彦随,方相林.中国土地资源开发整治与新型城镇化建设研究[M].北京:新华出版社,2015:7.

[7] 曹雅楠,陈思颖.城市经济转型对收缩城市发展和人民生活的影响[J].山西建筑,2021,47(24):188-191.

[8] 王少剑,崔子恬,林靖杰,等.珠三角地区城镇化与生态韧性的耦合协调研究[J].地理学报,2021,76(4):973-991.

[9] 王成,唐宁.重庆市乡村三生空间功能耦合协调的时空特征与格局演化[J].地理研究,2018,37(6):1100-1114.

[10] 和佳慧,吴映梅,李婵.城市韧性与科技创新耦合协调发展研究:以成渝地区双城经济圈为例[J].资源开发与市场,2022,38(1):46-52.

[11] 姚型浩.我国省会城市韧性现状、耦合协调度和影响因素分析[D].杭州:浙江大学,2022.

5 资源枯竭型城市发展潜力综合评价

5.1 评价思路

资源枯竭型城市是指矿产资源开发进入后期、晚期或末期阶段，其累计采出储量已达到可采储量的70%以上的城市。在资源枯竭型城市中，受经济利益的驱使，长期以来“掠夺式”的开采模式对矿产资源造成极大的浪费，生态环境也遭到严重破坏[1-4]。

习近平总书记在党的十八届五中全会第二次全体会议上的讲话鲜明提出要坚持创新、协调、绿色、开放、共享的发展理念[5]。在中国共产党第二十次全国代表大会上的报告中，总书记也强调贯彻新发展理念是新时代我国发展壮大的必由之路。新发展理念，是影响我国发展全局的一场重大变革，是实现更高质量、更有效率、更加公平、更可持续发展的必由之路。本书对资源枯竭型城市发展潜力的评价主要从创新、协调、绿色、开放、共享五方面考察。

创新是引领发展的第一动力，协调是持续健康发展的内在要求，绿色是永续发展的必要条件和人民对美好生活追求的重要体现，开放是国家繁荣发展的必由之路，共享是中国特色社会主义的本质要求，坚持创新发展、协调发展、绿色发展、开放发展、共享发展是关系我国发展全局的一场深刻变革，全党全国要统一思想、协调行动、开拓前进[6]。

随着我国城市发展水平的不断提升和城市体量的不断扩大，保持城市的可持续发展尤为重要。关于人和经济的关系，与以往经济发展以来资源环境消耗的发展模式不同，绿色城市要求经济发展与资源环境消耗脱钩[7,8]。受资源环境约束、耕地保护政策、生态文明建设等因素影响，外延扩张式的城市发展模式难以为继。随着中国新型城镇化建设进入稳步增长阶段，资源枯竭型城市在科技创新、人地协调、绿色低碳、开放包容、共创共享这五个维度的资质足以体现其综合发展水平[9,10]。

5.2 指标体系构建及评价方法

对资源枯竭型城市发展状况的评价是多元且复杂的问题，不仅要考虑不同城市的具体因素，还要结合社会及政府部门对先进城市的期待与诉求，把主观与客观、定性与定量有机联系。资源枯竭型城市发展潜力综合评价指标和因子选取的合理性和科学性，决定着评价过程的可行性以及评价结果的可靠性，所选指标要能够充分反映研究城市现阶段各方面的发展情况。本书参照“创新、协调、绿色、开放、共享”的新发展理念，并以这 5 个维度为准则层，设计了 11 个次准则层，将层次分析法(Analytic Hierarchy Process，AHP)与模糊理论相结合[11]，详细体系如图 5-1 和表 5-1 所示。

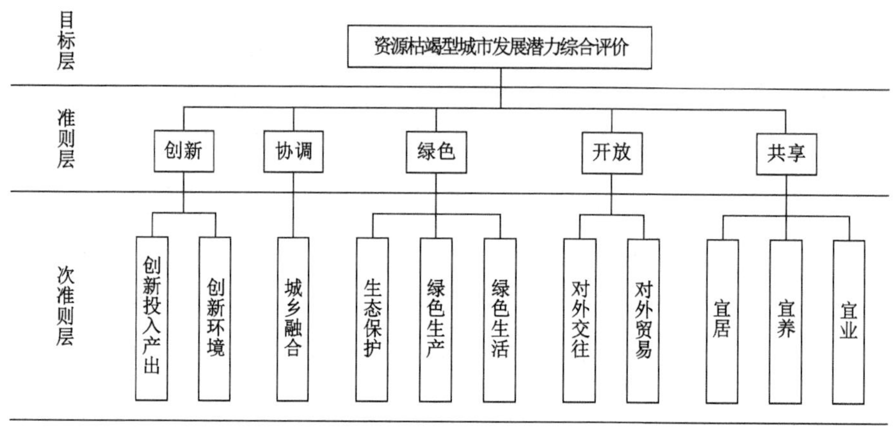

图 5-1　指标框架图

表 5-1　城市发展潜力综合评价指标体系的构建

次准则层	指标层	单位	指标类型
创新投入产出	社会劳动生产率	万元/人	正
	研究与试验发展(R&D)经费投入强度	%	正
	每万人专利授权数	件	正
创新环境	每 10 万人中具有大学文化程度人口数量	人	正
	普通高等学校师生比		正
城乡融合	常住人口数量	万人	正
	常住人口城镇化率	%	正
	人均建设用地面积	m^2	正
	城乡居民人均可支配收入比		负
生态保护	森林覆盖率	%	正
	草地覆盖率	%	正

表 5-1(续)

次准则层	指标层	单位	指标类型
绿色生产	每万元 GDP 地耗	m^2	负
	每万元 GDP 水耗	m^3	负
绿色生活	年空气质量优良天数	天	正
对外交往	年旅游总人数	万人次	正
	年旅游总收入	亿元	正
对外贸易	进出口总额	亿元	正
宜居	人均生活用电量	kW·h/人	正
	道路网密度	km/km^2	正
	每千人口医疗卫生机构床位数	张	正
宜养	基本养老保险参保率	%	正
宜业	城镇年新增就业人数	万人	正

创新考核指标主要从创新投入产出、创新环境两个层面构建。创新投入产业选取的指标有社会劳动生产率、研究与试验发展(R&D)经费投入强度、每万人专利授权数;创新环境主要选取了每 10 万人中具有大学文化程度人口数量和普通高等学校师生比这两个指标。

城乡融合是人地协调的关键。终极目标是在社会发展战略上使城乡协调发展、共同繁荣,城乡差别逐渐消失,最终融为一体。城乡融合主要选取常住人口数量、常住人口城镇化率、人均建设用地面积、城乡居民人均可支配收入比四个指标检验各城市城乡发展一体化的程度。

要做到绿色低碳、增强可持续发展能力,从自然角度要注重环境保护、生态治理,从社会角度要推行清洁环保、无废少废的生产方式和简约适度、绿色低碳的生活方式。绿色考核指标主要从生态保护、绿色生产和绿色生活三个方面考虑。生态保护主要包括森林覆盖率、草地覆盖率;绿色生产选取每万元 GDP 地耗和每万元 GDP 水耗;绿色生活主要选取了年空气质量优良天数。

经济全球化已成为不可逆转的时代潮流。只有进一步走向世界、发展更高层次的开放型经济,建设更高水平的开放型经济新体制,才能全面提升投资质量和水平、推动外经外贸高质量发展。开放发展,是衡量一个城市对外交流程度以及城市影响力的重要维度。开放考核指标主要从对外交往、对外贸易两方面进行构建。对外交往包括年旅游总人数、年旅游总收入;对外贸易的具体指标为进出口总额。

自然资源部发布的《社区生活圈规划技术指南》对“社区生活圈”做了明确

定义:在适宜的日常步行范围内,满足城乡居民全生命周期工作与生活等各类需求的基本单元,融合“宜业、宜居、宜游、宜养、宜学”多元功能,引领面向未来、健康低碳的美好生活方式。本书认为,各城市应当践行“人民城市人民建,人民城市为人民”的理念,共享考核指标从宜居、宜养、宜业三个主要方面设置。宜居选取了人均生活用电量、道路网密度、每千人口医疗卫生机构床位数三个指标;宜养从基本养老保险参保率的角度评价;宜业选取城镇年新增就业人数。

5.3 资源枯竭型城市发展潜力综合评价

按照前文构建的资源枯竭型城市发展潜力综合评价体系,对 63 个目标城市进行具体评价,覆盖河北、山西、内蒙古、辽宁、江苏、安徽、江西、山东、河南、湖北等 23 个省级行政区。评价对象来自东部地区、中部地区、西部地区和东北地区,体现了各类城市的差异性。

5.3.1 资源枯竭型城市发展潜力综合评价

由于不同城市之间重点依赖的资源和发展阶段不同,直接比较不具备科学性。本部分对各发展维度的评分进行比较,目的是要找出资源枯竭型城市在发展过程中存在的共性问题,以及在地域上所呈现出的主要特点。

(1) 城市创新评分

在评价各资源枯竭型城市的创新能力方面,本书从创新投入产出、创新环境两个角度,选取具体的对应指标进行评价。由结果可知,创新评分排名第一的是徐州市,其得分为 70.881,最后一名是来宾市,得分为 23.171。在所研究的资源枯竭型城市中,创新评分在平均值 44.334 及以上的城市有 25 个,说明超过半数的城市其创新能力低于平均水平。如表 5-2 所示。

各城市在创新发展中所呈现出的主要特点是:

第一,创新环境对城市发展创新能力的贡献作用较为突出,而创新投入产出的作用相对不显著。从指标层来看,提高居民受教育程度、增强高等教育质量是多数城市提高创新能力的主要动力,反映出在资源枯竭型城市发展过程中,培养优质的高素质人才、营造良好的创新环境来促进城市创新发展已经成为普遍共识。由于社会劳动生产率、研究与试验发展经费投入强度普遍较低,导致创新投入产出在资源枯竭型城市发展中的作用较小。此外,相对于创新能力较弱的城市来说,创新排名靠前的城市采取的对创新能力有较好促进作用的手段更为多样,而前者的各项手段均效果欠佳,也是其创新能力落后的原因。如排名第 1 位

表 5-2 创新评分排名位于前、中、后 10 位的城市及得分

城市	创新评分	创新排名	城市	创新评分	创新排名	城市	创新评分	创新排名
徐州市	70.881	1	淮北市	42.732	27	红河州	33.000	54
昆明市	69.264	2	承德市	42.723	28	双鸭山市	32.711	55
兰州市	68.567	3	白银市	42.471	29	衡阳市	32.424	56
淄博市	67.358	4	黑河市	42.379	30	兴安盟	31.380	57
盘锦市	67.196	5	渭南市	42.351	31	铜川市	31.176	58
长春市	65.723	6	辽阳市	42.242	32	铜仁市	30.471	59
景德镇市	65.096	7	荆门市	42.092	33	广安市	27.320	60
石家庄市	62.901	8	吉林市	41.788	34	贺州市	27.058	61
重庆市	61.114	9	白山市	41.672	35	辽源市	26.383	62
新余市	58.628	10	葫芦岛市	41.633	36	来宾市	23.171	63

的徐州市，除了较高的普通高校师生比，研究与试验发展经费投入强度、每万人专利授权数对其创新发展起到了推进作用，而排名 63 位的来宾市，创新能力的推进力量主要来源于高等学校师生比等。如图 5-2 所示。

第二，创新发展状况优良的城市通常其综合排名也较为靠前。通过对各个城市创新发展排名和发展潜力综合排名的交叉分析可以看出，当创新水平较低时，创新发展排名与发展综合排名之间的相关关系并不明显。如，创新发展排名第 56 位的衡阳市，在发展潜力综合排名中位列第 25 位，其原因在于衡阳市的开放发展排名较为靠前，协调发展、绿色发展、共享发展方面的排名也位于中等位置，提高了其综合发展评分。存在与之类似情况的还有双鸭山市、铜川市、铜仁市等。如图 5-3 所示。

（2）各城市协调评分

人地矛盾一直都是资源枯竭型城市面临的主要问题之一。2018 年习近平总书记在抚顺市调研时指出，在资源枯竭型城市发展转型过程中首先要解决好民生问题。建设平衡协调的社会环境，其重要性不言而喻。由 63 个资源枯竭型城市 2020 年数据计算所得的平均得分为 52.251，近 52.381％城市的协调评分在平均值以下，由此可以看出当前资源枯竭型城市在协调发展这一维度还存在提升的空间。排名第 1 位和第 63 位的分别是大兴安岭地区和铜仁市，两者的协调得分分别为 82.092 和 37.835。如表 5-3 所示。

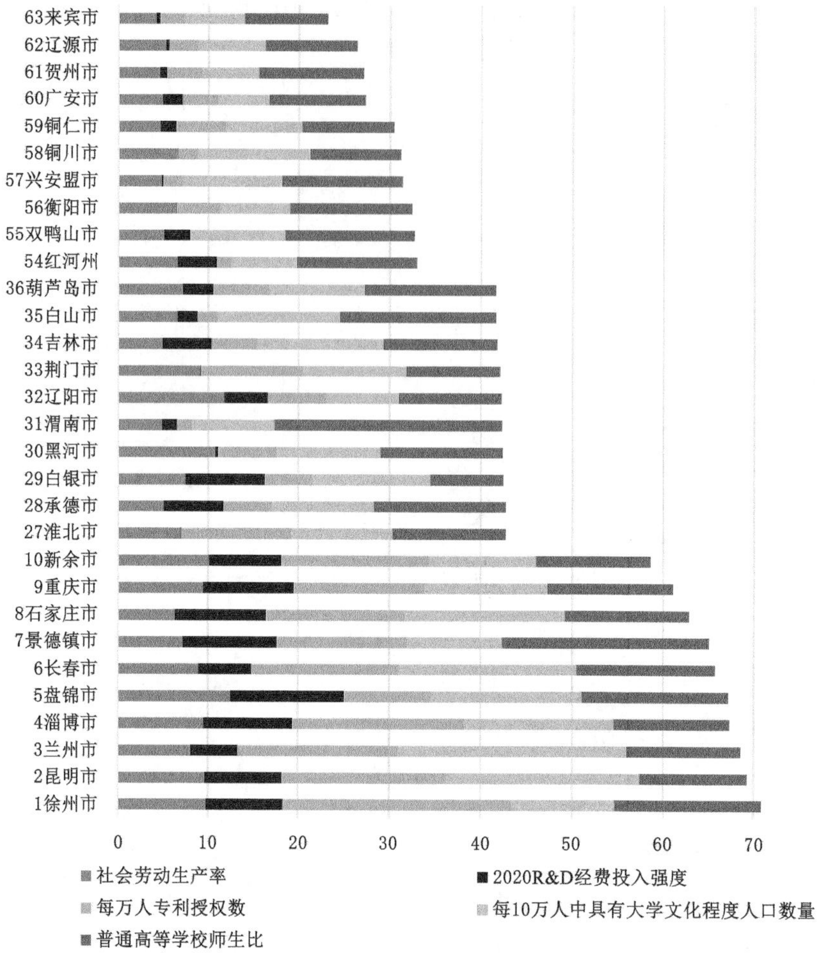

63来宾市
62辽源市
61贺州市
60广安市
59铜仁市
58铜川市
57兴安盟市
56衡阳市
55双鸭山市
54红河州
36葫芦岛市
35白山市
34吉林市
33荆门市
32辽阳市
31渭南市
30黑河市
29白银市
28承德市
27淮北市
10新余市
9重庆市
8石家庄市
7景德镇市
6长春市
5盘锦市
4淄博市
3兰州市
2昆明市
1徐州市
0
10
20
30
40
50
60
70
80
社会劳动生产率
2020R&D经费投入强度
每万人专利授权数
每10万人中具有大学文化程度人口数量
普通高等学校师生比

图 5-2　创新排名位居前、中、后 10 位的城市创新评分具体指标贡献情况

注：城市名称前面的数字为创新排名。

80
60
40
20
0
徐州市
昆明市
兰州市
淄博市
盘锦市
长春市
景德镇市
石家庄市
重庆市
新余市
红河州
双鸭山市
衡阳市
兴安盟
铜川市
铜仁市
广安市
贺州市
辽源市
来宾市
创新排名
综合排名

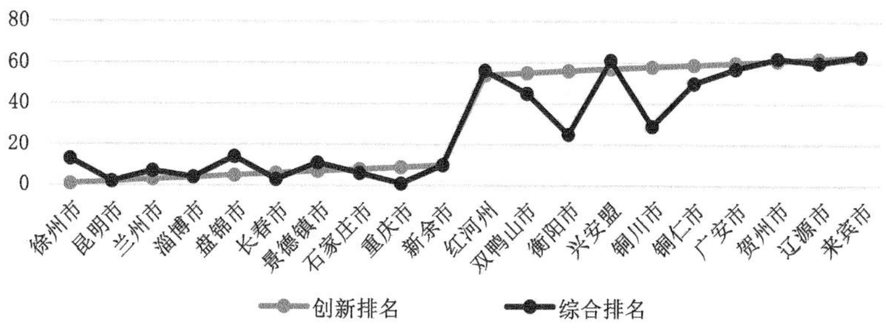

图 5-3　创新排名前 10 位和后 10 位的城市及其综合评分排名情况

表 5-3 协调评分排名位于前、中、后 10 位的城市及得分

城市	协调评分	协调排名	城市	协调评分	协调排名	城市	协调评分	协调排名
大兴安岭地区	82.092	1	石嘴山市	52.738	27	铜川市	43.658	54
伊春市	69.414	2	泰安市	52.700	28	广安市	43.486	55
乌海市	67.339	3	辽源市	52.429	29	娄底市	43.220	56
鹤岗市	66.877	4	昆明市	52.253	30	渭南市	42.401	57
黑河市	64.691	5	潜江市	52.218	31	濮阳市	41.668	58
双鸭山市	64.543	6	衡阳市	52.180	32	吕梁市	41.220	59
七台河市	62.597	7	石家庄市	52.046	33	贺州市	40.583	60
酒泉市	50.226	8	兰州市	52.009	34	红河州	40.102	61
盘锦市	58.683	9	朝阳市	51.872	35	来宾市	39.670	62
白山市	58.640	10	荆州市	51.451	36	铜仁市	37.835	63

根据各城市协调评分的计算结果来看，当前资源枯竭型城市在协调发展中的突出特点体现为：

第一，推进城镇化建设、缩小城乡差距是完善产业空间布局、推动城乡互补的主要因素。对于协调评分较高的城市来说，如大兴安岭地区、黑河市、酒泉市等地，常住人口城镇化率、人均建设用地面积、城乡居民可收入比均是促进其协调发展的主要因素，这些都有助于化解当前资源枯竭型城市在发展过程中产生的社会不安定因素，促进城乡融合，城市和谐发展。对于协调排名相对靠后的地区来说，常住人口城镇化率、人均建设用地面积、城乡居民可收入比等均处于较低的水平。如图 5-4 所示。

第二，创新发展所形成的效益未能有效支持城市协调发展。对城市发展协调排名与创新排名进行交叉分析，可以发现昆明市、兰州市、景德镇市、石家庄市等地，虽然其创新排名靠前，但是创新能力并未能有效支持城市协调发展。而伊春市、鹤岗市、黑河市、双鸭山市、七台河市、酒泉市，协调排名位列前八位，但是创新排名明显落后于协调发展排名。这说明在现阶段，通过资源枯竭型城市创新能力的提升带动城市城乡融合的内在动力机制尚未建立。

第三，财政支持有助于城市平稳和谐发展。从推动城市和谐稳定发展的外在因素来看，享受转移支付较多的黑龙江省、吉林省，其资源枯竭型城市在协调维度的排名总体高于其他地区，前 7 名中有 6 个黑龙江省的城市，说明了

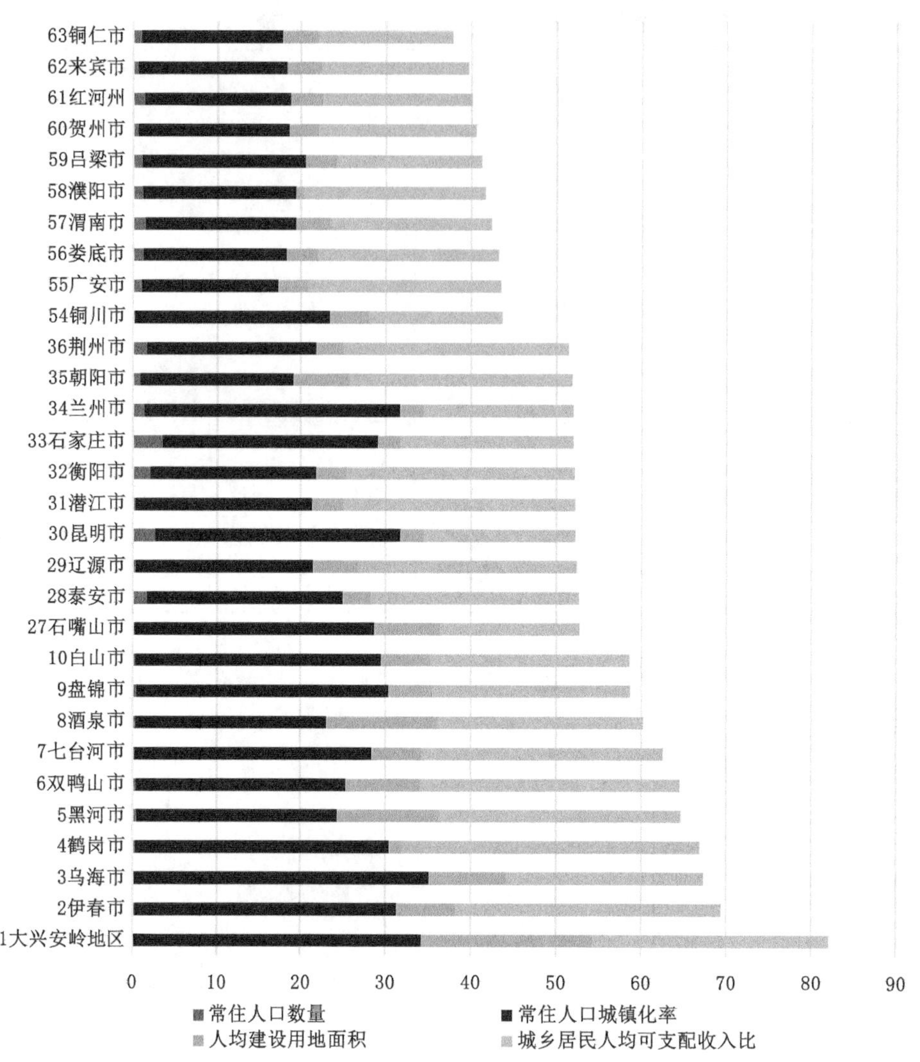

图 5-4 协调排名位居前、中、后 10 位的城市协调评分具体指标贡献情况

注：城市名称前面的数字为协调排名。

中央财政的支持有力地改善了受援助城市的社会状况，促进了区域协调发展，但同时这些城市的创新、开放、共享排名较低，反映出转移支付制度对资源枯竭型城市的总体发展起到的推进作用并不显著，难以深入扭转这些城市所处的发展困境。

(3) 城市绿色评分

与其他地区相比，资源枯竭型城市所面临的环境问题，除了一般城市都面临的大气污染、水体污染问题，更突出的还有过度开采矿产资源，从而导致破坏自然景观与区域生态、对土壤质量造成污染甚至退化、水土流失等。资源枯竭型城市要优化环境，关键是将矿山修复和绿色发展有机统一。从生态保护、绿色生产、绿色生活的角度，对资源枯竭型城市进行系统评价。从计算结果来看，排名第1的是昆明市，得分63.945，排名第63的是临汾市，得分29.303，说明资源枯竭型城市在绿色发展的问题上，由于城市生态基础薄弱、历史欠账多等原因，还有很长的路要走。如表5-4所示。

表5-4 绿色评分排名位于前、中、后10位的城市及得分

城市	绿色评分	绿色排名	城市	绿色评分	绿色排名	城市	绿色评分	绿色排名
昆明市	63.945	1	黄石市	41.528	27	辽阳市	32.071	54
重庆市	59.370	2	白银市	41.200	28	辽源市	31.962	55
玉溪市	55.743	3	泸州市	41.145	29	盘锦市	31.888	56
黑河市	55.205	4	抚顺市	40.700	30	七台河市	31.670	57
铜川市	54.816	5	贺州市	40.607	31	阜新市	31.554	58
包头市	52.752	6	大兴安岭地区	40.185	32	来宾市	31.019	59
三门峡市	52.459	7	衡阳市	39.923	33	石嘴山市	30.527	60
娄底市	48.677	8	伊春市	39.565	34	渭南市	30.402	61
景德镇市	47.031	9	广安市	38.525	35	荆州市	29.593	62
淄博市	46.761	10	石家庄市	37.910	36	临汾市	29.303	63

绿色发展评分的主要特点表现在：

第一，提高生产过程中的资源利用率，降低取得单位GDP所耗费的能源、建设用地、水，是城市绿色发展的关键举措。绿色维度的次准则层中的主要评价依据为绿色生产，一个城市的绿色发展水平往往取决于工业生产是否尊重自然、遵循可持续发展。昆明市、重庆市、淄博市等地绿色生产次准则层下的各项指标比较优秀，而七台河市、来宾市这一层面的指标比较不足，这也直接影响了此类城市绿色发展排名。如图5-5所示。

第二，当绿色生产和绿色生活两者同步推进建设时，对绿色发展的促进效果最好。通过分析绿色维度的次准则层可以发现，绿色发展排名相对靠前的城市中，绿色生产和绿色生活的相关指标都比较突出，而排名靠后的城市中，两者中至少有一项欠佳，影响了城市总体绿色发展的评分。这反映了当前资源枯竭型

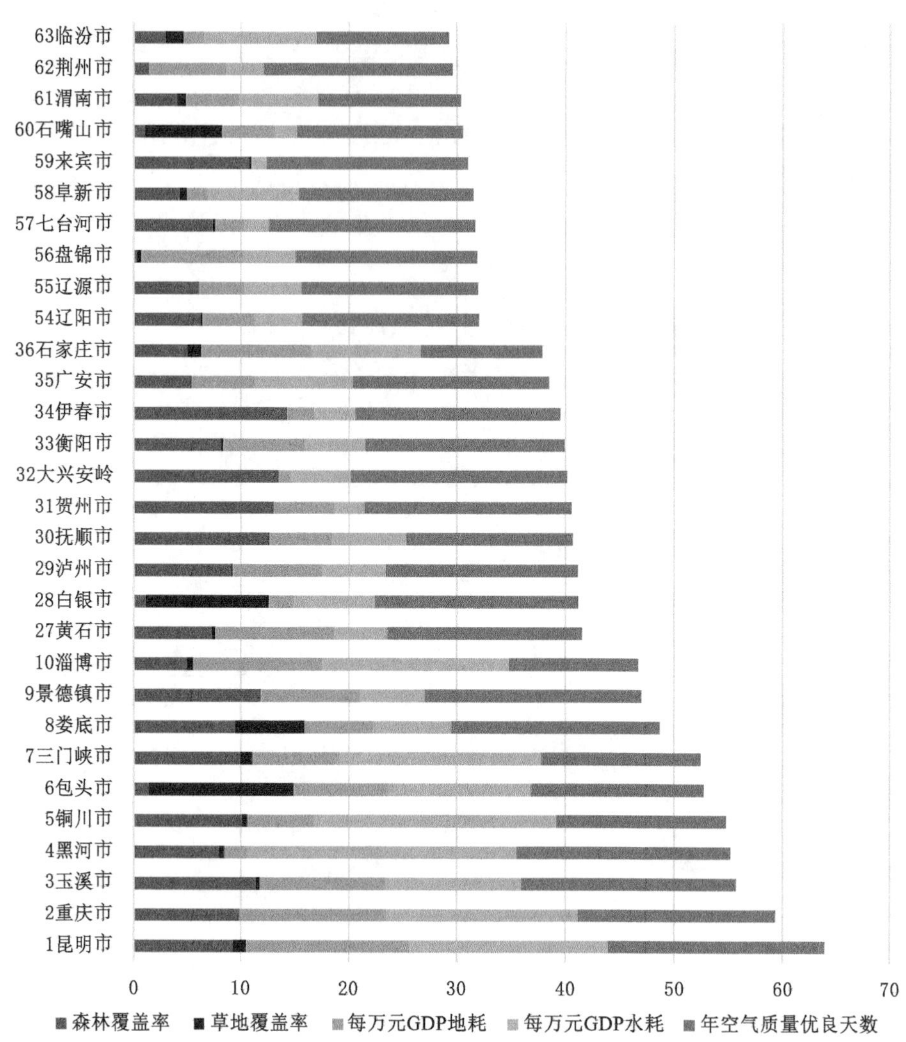

图 5-5　绿色排名位居前、中、后 10 位的城市绿色评分具体指标贡献情况

注：城市名称前面的数字为绿色排名。

城市在绿色生产、绿色生活方面的建设不够积极，实际上，仅依靠植树造林等生态治理难以深入解决环境问题，相关部门应采取措施加大土地资源节约集约利用力度；持续提升矿产资源综合开发利用能力；严格水资源节约利用；推进海洋资源合理利用；强化综合政策引导。从生产和生活方面着手，处理好保护与发展的关系，处理好人与自然的关系。

(4) 城市开放评分

在资源枯竭型城市的开放发展方面,本书从对外交往和对外贸易两个角度进行评价分析。从开放评分的计算结果来看,排名第6~8位的郴州市、衡阳市、泰安市,其创新排名、协调排名、绿色排名、共享排名均比较平庸,主要依靠开放这一维度较好的表现,将总体排名维持在中等偏上位置。此外,在63个资源枯竭型城市中,开放排名第1的昆明市,得分为72.335,排名第63的鹤岗市,得分为0.761,两者开放评分差达71.574。说明部分城市注重开放发展,并取得了不错的成效,但不同城市在这方面的差异较大。如表5-5所示。

表5-5 开放评分排名位于前、中、后10位的城市及得分

城市	开放评分	开放排名	城市	开放评分	开放排名	城市	开放评分	开放排名
昆明市	72.335	1	三门峡市	10.510	27	乌海市	2.082	54
重庆市	69.281	2	铜仁市	10.409	28	双鸭山市	1.988	55
赣州市	58.202	3	盘锦市	10.123	29	大兴安岭地区	1.927	56
长春市	47.384	4	黄石市	10.045	30	红河州	1.787	57
石家庄市	34.087	5	张家口市	9.943	31	昌江县	1.772	58
郴州市	29.713	6	铜陵市	8.163	32	七台河市	1.653	59
衡阳市	27.435	7	包头市	7.824	33	辽源市	1.432	60
泰安市	21.855	8	枣庄市	7.469	34	潜江市	1.063	61
淄博市	21.231	9	荆门市	7.378	35	石嘴山市	1.048	62
娄底市	19.844	10	朝阳市	7.007	36	鹤岗市	0.761	63

从开放发展评分的计算结果来看,资源枯竭型城市的开放发展能力呈现以下特点:

第一,城市的行政等级对开放发展具有一定的正相关影响。作为直辖市的重庆市是63个资源枯竭型城市中唯一的正省级城市,其开放评分为69.281,领先排名第3的赣州市10分以上。而地级市中,作为省会城市的昆明市、长春市、石家庄市、兰州市,也领先于绝大多数非省会城市,达到较高的开放程度。提升省会城市首位度,也是经济新常态之下区域协调发展的客观要求。但兰州市与其他省会城市存在些许差距,地理区位、地缘环境影响了其开放发展的能力。作为县级市的昌江黎族自治县、潜江市,开放排名分别为58、61。足以说明城市的行政等级在一定程度上,影响了城市的开放发展能力。

如表 5-6 所示。

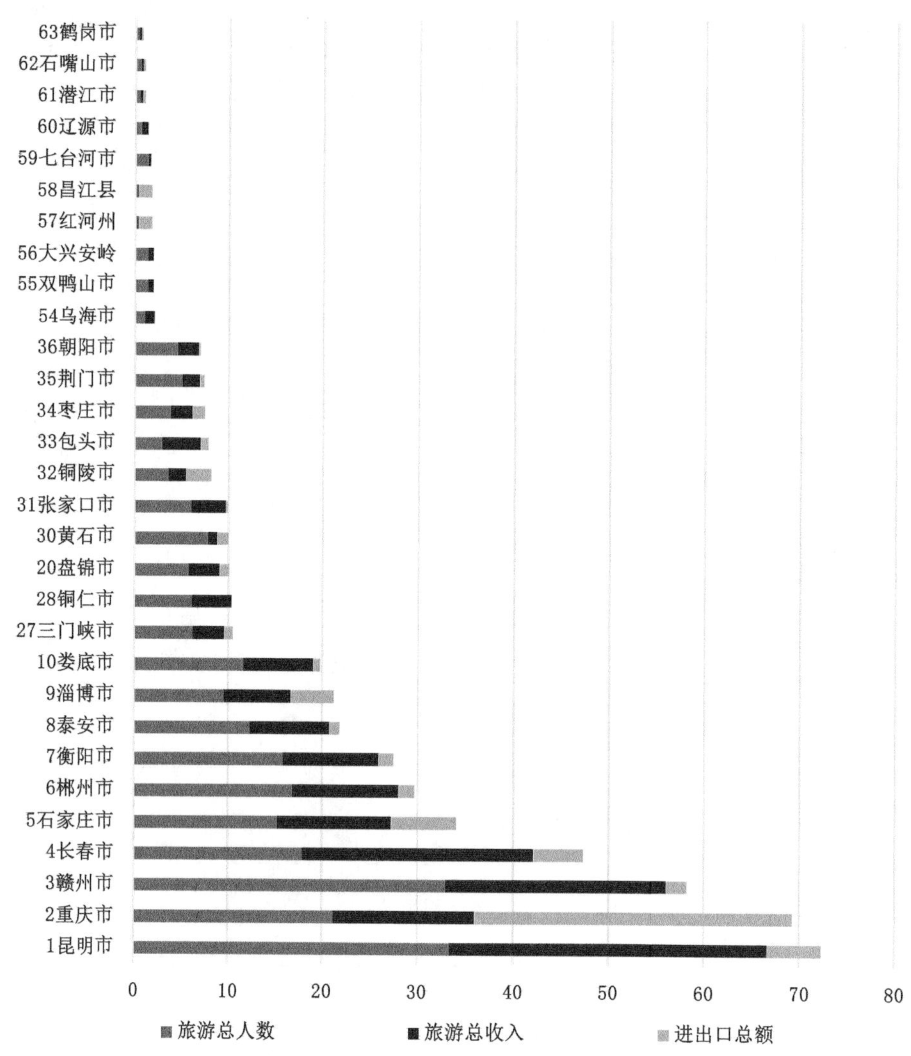

图 5-6　开放排名位居前、中、后 10 位的城市开放评分具体指标贡献情况

注:城市名称前面的数字为开放排名。

第二,部分城市的开放评分与协调评分之间存在着负相关关系。大兴安岭地区、伊春市、乌海市、鹤岗市、黑河市、双鸭山市、七台河市、白山市等城市,协调排名均比较靠前,而在开放排名中处于落后位置。这反映了城乡融合与开放包容,在部分城市存在一定程度的排斥关系。

(5) 城市共享评分

城市的共享评分，主要是从群众日常最基本的需求出发，关注反映生活、交通、医疗、养老、就业等情况。其最基本指标主要有人均生活用电量、道路网密度、每千人口医疗卫生机构床位数、基本养老保险参保率、城镇年新增就业人数。63 个资源枯竭型城市中，排名第 1 位的是重庆市，得分为 69.988，有 52.381% 的城市共享评分在平均值以上。如表 5-6 所示。

表 5-6 共享评分排名位于前、中、后 10 位的城市及得分

城市	共享评分	共享排名	城市	共享评分	共享排名	城市	共享评分	共享排名
重庆市	69.988	1	红河州	50.205	28	乌海市	41.458	54
萍乡市	69.537	2	焦作市	50.083	29	荆门市	41.395	55
铜川市	65.341	3	三门峡市	49.925	30	来宾市	39.881	56
黄石市	61.683	4	抚顺市	49.584	31	徐州市	37.222	57
淄博市	59.992	5	景德镇市	49.518	32	石嘴山市	34.556	58
白山市	59.361	6	辽源市	49.305	33	黑河市	33.893	59
铜陵市	59.180	7	广安市	48.285	34	酒泉市	33.128	60
枣庄市	56.809	8	衡阳市	483165	35	白银市	31.824	61
泸州市	56.610	9	吉林市	48.139	36	贺州市	31.766	62
荆州市	56.502	10	临汾市	47.956	37	兴安盟	26.685	63

共享评分的主要特点表现在：

第一，在资源枯竭型城市发展综合评价体系中，共享维度的次准则层中，宜居占主要作用，只要宜居的相关指标达到较高水平，其共享排名基本都相对靠前。而宜居指标较为逊色的兴安盟、贺州市、白银市、酒泉市、黑河市、石嘴山市等，其共享评分处于下游位置。如图 5-7 所示。

第二，协调发展与共享发展之间未呈现明显的正相关关系。城乡融合程度高的城市，其社会资源总量可能并不充裕，如乌海市、黑河市、酒泉市，其常住人口城镇化率、城乡居民可支配收入比等指标均比较优秀，体现其城乡差异小；但这些城市全市辖区内的生活、养老、就业等指标处于落后位置，反映了其总体生活质量仍处于不高的水平。

(6) 城市综合评分

2020 年，各资源枯竭型城市的综合评分中，排名第 1 位的是重庆市，得分为

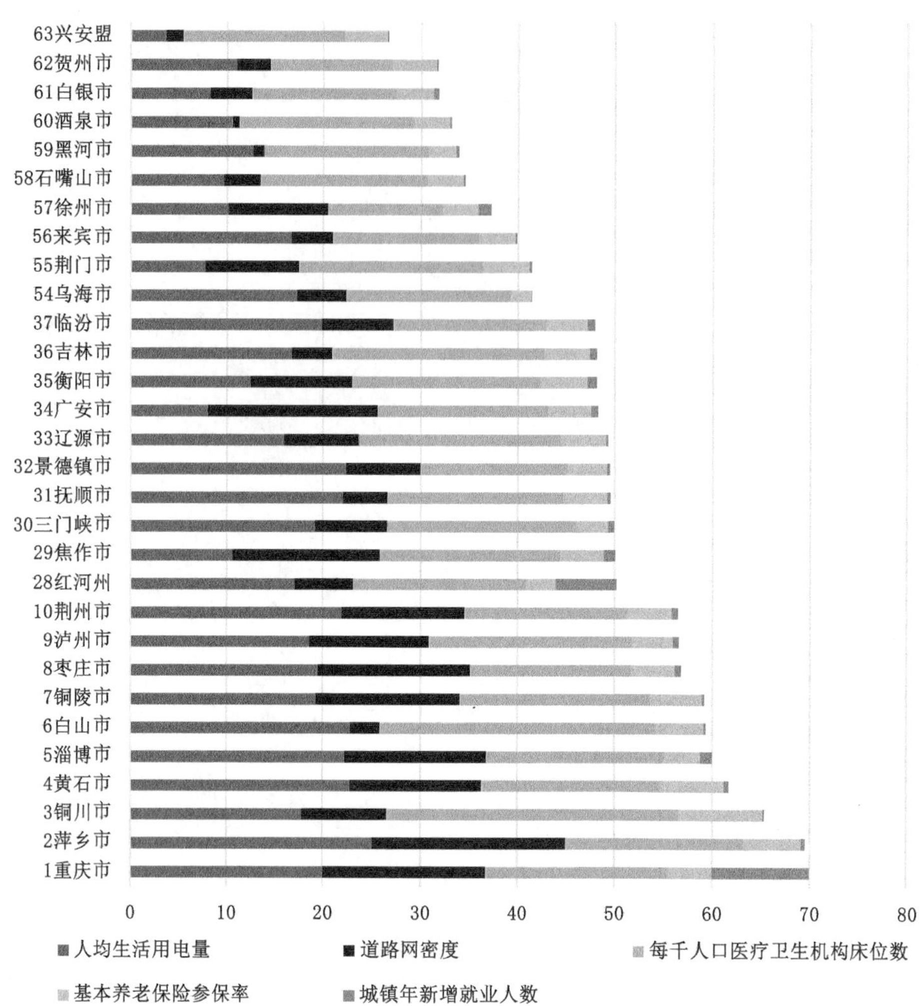

图 5-7　共享排名位居前、中、后 10 位的城市共享评分具体指标贡献情况

注:城市名称前面的数字为共享排名。

63.562,排名最后1位的是来宾市,得分为27.566,两者相差35.996,不同城市间的综合发展水平存在一定的差异。在63个评价城市中,有26个城市的发展潜力综合评分高于平均水平,占评价城市总数的41.27%。

表 5-7　综合评分排名位于前、中、后 10 位的城市及得分

城市	综合评分	综合排名	城市	综合评分	综合排名	城市	综合评分	综合排名
重庆市	63.562	1	娄底市	39.758	27	七台河市	34.680	54
昆明市	62.181	2	黑河市	39.734	28	张家口市	34.322	55
长春市	50.512	3	铜川市	39.653	29	红河州	34.041	56
淄博市	49.799	4	吉林市	39.406	30	广安市	33.881	57
赣州市	48.860	5	泸州市	39.214	31	昌江县	32.912	58
石家庄市	47.925	6	通化市	39.067	32	白银市	32.729	59
兰州市	46.037	7	韶关市	39.053	33	辽源市	32.302	60
萍乡市	46.025	8	枣庄市	38.662	34	兴安盟	29.973	61
大兴安岭地区	45.999	9	辽阳市	37.968	35	贺州市	29.392	62
新余市	45.471	10	承德市	37.698	36	来宾市	27.566	63

通过归纳分析，资源枯竭型城市发展潜力综合评分及排名具有以下特征：

第一，城市综合评分比较一般，总体发展水平并不出色。如图 5-8 所示在 63 个资源枯竭型城市中，发展综合评分比较集中，出现这一现象的原因在于，在综合选取的五个准则层中，协调与另外四个准则的评分存在一定的负相关关系，一定程度上降低了所有城市评分的离散程度。本书对研究城市发展潜力的评价，综合考虑了创新、协调、绿色、开放、共享五个原则，多角度考虑了资源枯竭型城

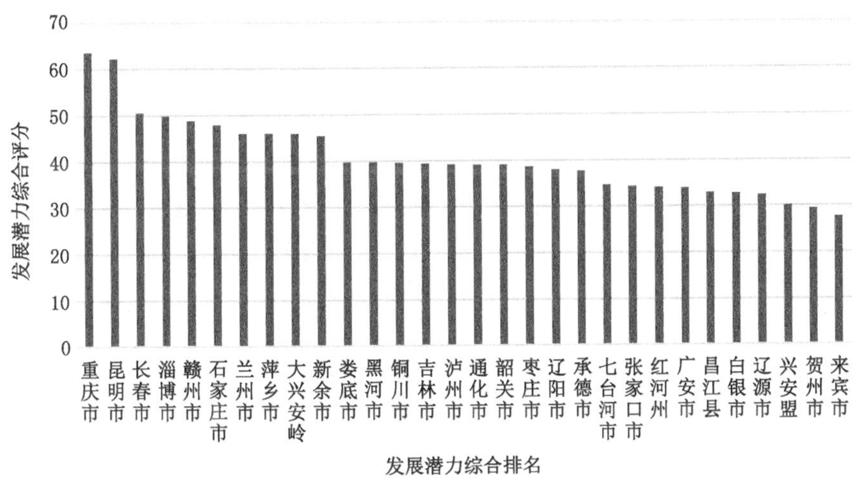

图 5-8　各城市综合排名及对应评分

市当前所面临的问题，以及政府、居民对高发展水平城市的设想。开放这一原则的细化评价上，绝大多数城市都得到了较低的评分，同时导致综合评分不理想，说明这是资源枯竭型城市的主要短板。

第二，综合评分较高的城市一般都具备良好的经济发展条件。一方面是经济发展基础条件较好，如良好的地理区位、发达的交通网，利于改变原有的资源依赖型经济发展模式。如研究城市中综合排名前 6 位的城市，经济总量偏高，远远高于综合排名后 6 位的城市。另一方面是经济制度条件和政策优势。如重庆市是中央直辖市、国务院批复确定的国家重要的中心城市之一、长江上游地区经济中心、成渝地区双城经济圈核心城市，建设有中国（重庆）自由贸易试验区、中新（重庆）战略性互联互通示范项目等战略项目。坚实的发展有基础，结合优良的外部条件，促就了这些高评分城市的快速发展。

表 5-8　发展综合排名前 6 位和后 6 位城市 2020 年国内生产总值及增速

城市名称	发展综合排名	GDP(亿元)	GDP 增速(%)
重庆市	1	25 002.79	3.9
昆明市	2	6 733.79	2.3
长春市	3	6 638.03	3.6
淄博市	4	3 673.54	2.5
赣州市	5	3 645.20	4.2
石家庄市	6	5 935.10	3.9
昌江县	58	124.12	−0.9
白银市	59	497.27	2.8
辽源市	60	429.90	3.7
兴安盟	61	547.92	3.5
贺州市	62	753.95	7.0
来宾市	63	705.72	6.3

5.3.2　按地区分类的发展潜力综合评价

城市所处地理位置是城市形成发展的重要因素，对城市的经济、人口等有很大影响，为探究区域地理位置对资源枯竭型城市的影响作用，将全国资源枯竭型城市按照地区分类，分别为东部地区、东北地区、中部地区和西部地区，分地区对资源枯竭型城市发展潜力进行综合评价。

(1) 东部地区

东部地区包括石家庄市、张家口市、承德市、淄博市、枣庄市、泰安市、徐州市、韶关市和昌江黎族自治县 9 个城市,分布于河北省、山东省、江苏省、广东省和海南省。

在创新方面,东部地区较为领先,6 个城市创新评分高于全国平均创新评分(44.336),东部地区平均创新评分为 50,比全国平均创新评分高 5.664。其中,徐州市、淄博市和石家庄市创新排名位于前十,可见东部地区创新能力较强。在协调发展方面,东部地区明显较为不足,东部地区平均协调评分低于全国,且只有 3 个城市评分高于平均评分。建设平衡协调的社会环境是资源枯竭型城市转型中的关键问题,其重要性不言而喻。东部地区虽然创新能力强,但是没有协调好民生问题,这对于资源枯竭型城市的转型十分不利,解决资源枯竭型城市的协调问题对于城市转型至关重要。在绿色方面,东部地区较为不足,东部地区绿色平均评分低于全国平均评分,且只有淄博市绿色排名位于前十,其他城市排名较靠后。"绿色"是五大发展理念之一,是人与自然和谐的价值取向,是当今世界发展的重要趋势,东部地区资源枯竭型城市的转型中,应该注重城市的绿色发展,以提升城市综合能力,促进城市转型。在开放方面,东部地区城市平均评分高于全国平均评分,开放程度较好,同时,高开放程度也带动东部地区创新能力的提高。从创新排名和开放排名来看,开放排名较好的城市,其创新排名也较好。在共享方面,东部地区共享平均评分高于全国平均评分,共享程度较高。

从综合评价来看,东部地区 9 个城市平均综合评价分数为 40.712,高于全国平均综合评分。综合评分高于平均综合评分的城市,综合排名都位于前 20 名,排名靠前。综合评分低于平均综合评分的城市,除了张家口市和昌江黎族自治县,排名均位于前 40 名。总体来看,东部地区城市综合评价较高。东部地区城市创新、开放和共享方面评分较好,而协调与绿色方面评分较低。东部地区对外开放水平高,人才流入多,有效促进了其创新能力的提升,促进区域经济发展,提升居民生活水平,提高城市共享水平。但创新开放所形成的效益未能有效支持城市协调发展。东部地区资源枯竭型城市面临的问题主要在协调与绿色方面,解决人地矛盾,协调绿色发展,是东部地区转型的关键。

(2) 东北地区

东北地区包括抚顺市、阜新市、辽阳市、盘锦市、朝阳市、葫芦岛市、长春市、吉林市、辽源市、通化市、白山市、延边朝鲜族自治州、鹤岗市、双鸭山市、伊春市、七台河市、黑河市和大兴安岭地区 18 个城市,分布于辽宁省、吉林省和黑龙江省。

东北地区是我国老工业区,由于 20 世纪长达六七十年的高强度开采,资源枯竭型城市较多。从创新方面来看,东北地区创新评分平均值低于全国,创新水平明显不足,除了长春市和盘锦市,其他城市均没有进入创新能力前十位。从协调方面来看,东北地区协调评分平均值为 59.179,比全国平均值高约 7 分,协调水平较高,且东北地区有 8 个城市进入了全国协调排名前十位。从绿色方面来看,东北地区绿色评分平均值低于全国,大部分城市绿色排名比较靠后。由此来看东北地区虽然协调水平较高,但是人地协调发展并未促进绿色水平的提高,东北地区绿色评分处于较差范围。从开放方面来看,东北地区开放评分平均值为 6.94,远远低于全国平均水平。东北地区作为老工业基地,长期以来对外开放水平低、发展起步晚,其次,东北地区北邻俄罗斯西部地区,地广人稀,东邻朝鲜,至今尚未对外开放,东北地区的对外开放发展较为艰难。从共享方面来看,东北地区共享评分平均值略高于全国,白山市进入共享排名前十位,其他大部分城市排名处于中等水平。

从综合评价来看,东北地区综合评分平均值为 39.035,低于全国平均水平。在协调与共享方面,东北地区评分较好,尤其是协调评分很高,人地协调,城乡融合发展。其次,共享受益于人地关系协调所带来的红利,人民生活安居乐业。然而,在创新、绿色和开放方面,东北地区明显处于落后态势,一方面,东北地区经济发展较为落后,人才流失严重,导致创新不足;另一方面,东北地区艰难的对外开放之路,也导致了其经济的落后与人才流失,两者互相有负层面影响。作为老牌工业基地,东北重工业居多,在绿色生活生产方面较为不足,空气污染严重,绿色评分低。东北地区资源枯竭型城市的转型工作,关键在于坚持不懈对外开放,提升区域创新水平,坚持绿色生产与绿色发展,努力进行重工业产业转型。

(3) 中部地区

中部地区包括临汾市、吕梁市、淮北市、铜陵市、焦作市、濮阳市、三门峡市、黄石市、荆门市、荆州市、潜江市、衡阳市、郴州市、娄底市、景德镇市、萍乡市、新余市和赣州市共 18 个城市,分布于山西省、河南省、安徽省、江西省、湖南省和湖北省。

中部地区在我国经济社会发展全局中占有重要地位,资源枯竭型城市的转型极为重要。从创新层面来看,中部地区创新评分平均值略高于全国平均水平,其中,景德镇市和新余市创新排名进入前十位,创新发展水平较高。从协调方面来看,中部地区协调评分平均值为 49.533,低于全国平均值约 3。仅有两个城市进入全国协调排名前 20 位,创新发展并未有效促进城市的协调发展,城市人地关系协调水平较差。从绿色层面来看,中部地区绿色评分平均值略低于全国平均水平。三门峡市、娄底市和景德镇市进入全国绿色排名前十位,大部分城市绿色排名位于中间部分,部分城市绿色排名过低,拉低了中部地区绿色评分平均值。从开放层面来看，中部地区对外开放水平较高，开放评分平均值为 16.004，比全国均值高约 3。其中，衡阳市、郴州市、娄底市和赣州市进入全国开放排名前十位，除潜江市排名较为落后，其他城市对外开放水平均处于中等及以上。从共享方面来看，中部地区共享评分平均值为 51.588，高于全国平均水平，其中，铜陵市、黄石市和萍乡市进入共享排名前十位，大部分城市共享排名位于中等及以上，中部地区共享程度较好。

从综合评价来看，中部地区综合评价平均分为 40.423，高于全国平均水平，综合评价较好。其中，萍乡市、新余市和赣州市综合评价评分排名进入前十位，其他城市大部分处于中等水平。中部地区创新、开放和共享互相促进，对外开放促进城市经济发展和创新水平的提升，促进人民生活水平，促进城市共享指数的提升，三个指数为正相关相互促进关系。中部地区协调与绿色发展情况较差，在对外开放与创新的同时，忽略了城市协调发展与绿色发展，开放创新没能够有效促进城市协调与绿色发展。在中部地区资源枯竭型城市的转型中，城市协调发展和绿色发展的作用同样不容小觑，五个方面全方位发展至关重要，“五位一体”助力资源枯竭型城市转型。

(4) 西部地区

西部地区包括包头市、乌海市、兴安盟、铜川市、渭南市、重庆市、泸州市、广安市、铜仁市、昆明市、玉溪市、红河哈尼族彝族自治州、贺州市、来宾市、兰州市、白银市、酒泉市和石嘴山市共 18 个城市。

西部地区地域辽阔，人口较为稀少，土地面积大。从创新方面来看，西部地区创新评分平均值为 43.129，低于全国平均水平，其中，重庆市、昆明市和兰州市进入全国创新排名前十位，有一半城市创新排名位于 50 位及以后，创新指数低，发展弱。从协调方面来看，西部地区协调评分平均值为 48.587，远低于全国平均水平，只有乌海市和酒泉市进入协调排名前十位，其他大部分城市位于排名中后范围，人地矛盾较大，区域发展不协调。从绿色方面来看，西部地区绿色评分平均值为 44.373，高于全国平均水平，城市绿色生产、生态保护和绿色生活水平高，其中，包头市、铜川市、重庆市、昆明市和玉溪市绿色排名位于全国前十位，其他大部分城市绿色排名位于中上游。从开放方面来看，西部地区开放评分平均值为 15.569，远高于全国平均水平，其中，昆明市和重庆市分别为开放排名第一和第二名，其他大部分城市排名位于中等及以上，对外开放水平较高。从共享方面来看，西部地区共享评分平均值为 45.823，远低于全国平均水平，人民生活宜居宜养宜业程度差。其中，重庆市、铜川市和泸州市进入共享排名前十位，其他大部分城市排名位于中后范围。

从综合评价来看，西部地区综合评价均值为 39.496，低于全国平均水平，综合评价较低，虽然重庆市、昆明市和兰州市进入全国综合排名前十位，但是西部地区发展不平衡，超过半数城市综合排名位于中后范围。2013 年，国家主席习近平提出“新丝绸之路经济带”，丝绸之路经济带地域辽阔，被称为 21 世纪的战略能源和资源基地。新丝绸之路经济带的提出带动了中部地区对外开放水平，但是限制于中部地区自然环境与交通情况，中部地区对外开放并未有效带动区域创新发展经济发展，创新水平低，经济发展较差，城市共享水平较差，宜居宜养宜业水平低。同时，中部地区协调和绿色发展较好，中部地区地广人稀，人地关系与城乡融合发展水平较好，在绿色生产生活和生态保护方面较强。

综合来看，四个地区资源枯竭型城市的发展优势各不相同。四个地区中，东部地区资源枯竭型城市数量最少，东部地区与中部地区创新水平、开放水平和共享水平较高，三者相互正方向促进，但是在协调与绿色方面较差，东部地区和中部地区应当协调好人地关系与绿色生态发展，形成“五位一体”共同发展态势，促进资源枯竭型城市转型。东北地区协调与共享水平较高，创新、绿色与开放水平较低，应当加大对外开放力度，提高创新水平和绿色发展水平。西部地区协调绿色开放水平高，创新与共享水平低，应当有效利用对外开放水平的优势，促进西部地区创新水平的提升和共享水平的发展。如表 5-9 所示。

表 5-9　各地区城市综合排名前十的城市及五个指标比较

地区	城市	创新	协调	绿色	开放	共享	综合排名
东部地区	淄博市	67.358	53.652	46.761	21.231	59.992	4
	石家庄市	62.901	52.046	37.910	34.087	52.681	6
东北地区	大兴安岭地区	51.569	82.092	40.185	1.927	54.223	9
	长春市	65.723	53.711	34.608	47.384	51.136	3
中部地区	萍乡市	45.506	53.846	44.290	16.948	69.537	8
	新余市	58.628	54.985	44.162	19.313	50.266	10
	赣州市	51.565	43.731	43.097	58.202	47.706	5
西部地区	重庆市	61.114	58.055	59.370	69.281	69.988	1
	昆明市	69.264	52.253	63.945	72.335	53.107	2
	兰州市	68.567	52.009	46.330	19.697	43.582	7

5.3.3　全国资源枯竭型城市发展潜力综合评价

如图 5-9，若将所有资源枯竭型城市的某一评价指标进行算数平均后的结果作为全国指数，那么 2020 年资源枯竭型城市全国综合评价指数为 39.803，其中，创新指数为 44.334，协调指数为 52.251，绿色指数为 40.599，开放指数为 13.065，共享指数为 48.765。从全国综合评价平均值和五个指标平均值来看，2020 年资源枯竭型城市转型发展形势不容乐观，综合评价指数低，从一定程度上反映出资源枯竭型城市转型效果不好。从五个分项指标来看，平均协调指标最高，反映了各城市在人地关系、城乡融合方面转型较好。相比之下，2020 年平均开放指数为 13.065，处于一个极低的水平，在一定程度上影响了综合评价指数。由此来看，资源枯竭型城市应当全面提高对外开放水平，积极主动扩大对外经济交往，放宽对外开放政策，切实提高对外开放水平，发展开放型经济。对外开放是中国的一项基本国策，《中华人民共和国国民经济和社会发展第十四个五年规划和 2035 年远景目标纲要》提出："全面提高对外开放水平，推进贸易和投资自由化便利化，持续深化商品和要素流动型开放，稳步拓展规则、规制、管理、标准等制度型开放。"同时，对外开放也是资源枯竭型城市转型的关键，是经济发展的关键，要紧跟时代对外开放的主流，对外开放提高城市经济发展水平，提升综合评价，促进资源枯竭型城市的转型工作。

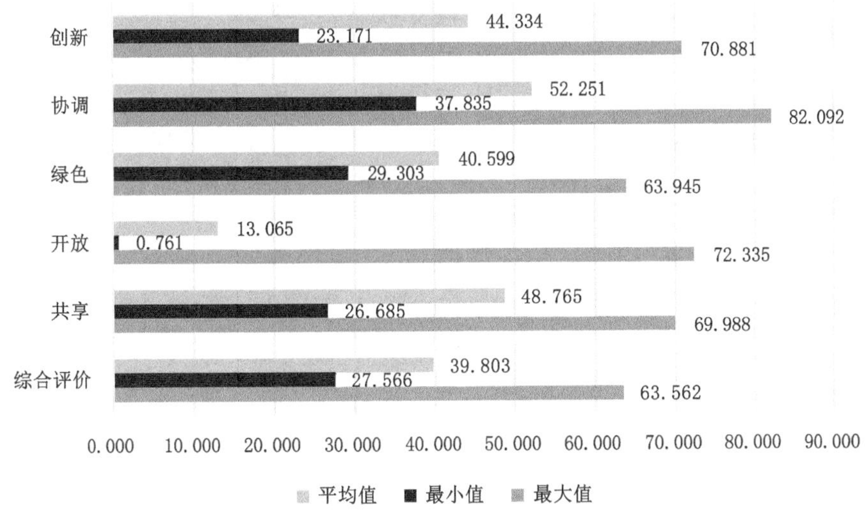

图 5-9　2020 年全国综合评价及五个指标的平均值及最大最小值评分

从次准则层来看，创新投入产出、生态保护、绿色生产和对外交往指数普遍偏低，对外贸易和宜业指数极低，如图 5-10 所示。其中，2020 年全国资源枯竭型城市中平均指数最低的是对外贸易指数，为 4.36。其次为宜业指数，为 8.19。这两项指标限制了创新水平、绿色生态和对外贸易在资源枯竭型城市中的转型中的作用，进而拉低了创新和开放两项指标的全国平均水平。对外开放水平低，难以拉动经济发展，导致城市就业难，宜业指数低。绿色生产指数不高，在一定程度上反映了城市所从事生产项目的多数是重工业或产生污染物较多的企业，或是由于创新难行和经济发展问题导致的污染物处理不彻底，存在较大污染问题。创新是引领发展的第一动力，是一个民族进步的灵魂，是一个国家兴旺发达的不竭动力，开放是繁荣发展的必由之路。在资源枯竭型城市的转型过程中，在创新、对外开放以及绿色生产方面存在明显不足，有很大的提升空间。在今后的工作中，应当加大这几个方面的投入力度，努力提升城市创新能力、对外开放水平，以及加快城市重工业和污染性企业的绿色转型。

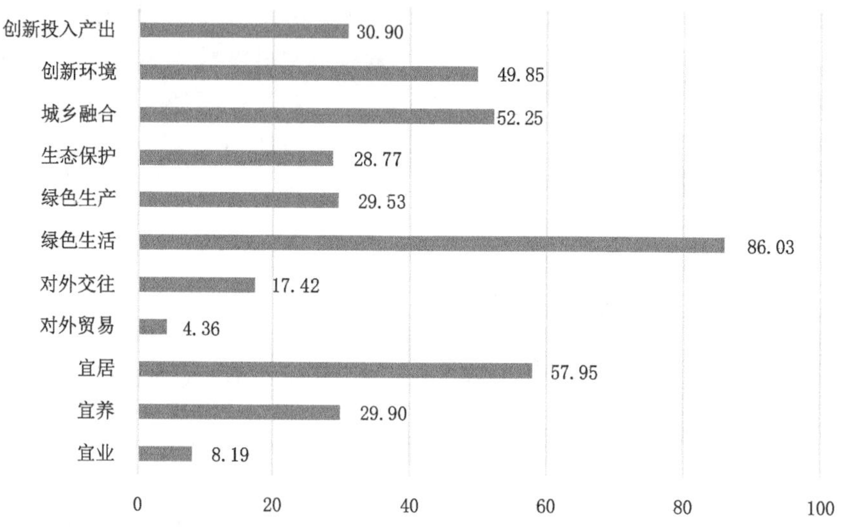

图 5-10　2020 年全国资源枯竭型城市次准则层指标评分平均值

在此准则层中，2020 年资源枯竭型城市平均指数较高的是绿色生活指数，达到了 86.03，宜居指数和城乡融合指数也都超过了 50。在一定程度上反映了资源枯竭型城市在这几个方面的转型效果较好。年空气质量优良天数是决定绿色生活指数较高的原因，近年来，我国环境保护政策已经形成了一个完整的体系，具体包括三大政策八项制度，即“预防为主，防治结合”，“谁污染，谁治理”，“强化环境管理”这三项政策和“环境影响评价”“三同时”“排污收费”“环境保护目标责任”“城市环境综合整治定量考核”“排污申请登记与许可证”“限期治理”“集中控制”八项制度。人们保护环境的觉悟不断提升，在城市各处可以看到空气质量检测设备，空气质量的好坏不仅反映了城市环境问题，也影响着人们的身体健康。绿色生活的全国平均指数高，在一定程度上反映了城市空气质量都比较好，在这一方面转型比较成功。宜居指数和城乡融合指数平均值高，反映了在居民生活水平高，养老保险参保人数多，城乡融合程度好，人地矛盾小，协调程度较好。但是与绿色生活平均指数相比，宜居程度和城乡融合协调程度还有较大提升空间，资源枯竭型城市应当继续保持并提升在这些方面的转型工作，进而带动城市综合指数提升。

5.4　资源枯竭型城市发展潜力耦合协调度研究

根据资源枯竭型城市发展潜力的五个分项评分，计算 63 个资源枯竭型城市的发展潜力耦合协调度，将计算结果按照表 5-10 中的标准进行划分，极度失调、严重失调、中度失调、轻度失调、濒临失调、勉强协调、初级协调、中级协调、良好协调、优质协调的城市个数分别为 0、0、2、7、17、22、10、3、2、0，大部分城市集中在勉强协调的等级，具体情况如表 5-11 所示。

表 5-10　耦合协调度等级划分标准

耦合协调程度	协调等级	耦合协调度 D 值区间	城市个数
极度失调	1	(0.0～0.1)	0
严重失调	2	[0.1～0.2)	0
中度失调	3	[0.2～0.3)	2
轻度失调	4	[0.3～0.4)	7
濒临失调	5	[0.4～0.5)	17
勉强协调	6	[0.5～0.6)	22
初级协调	7	[0.6～0.7)	10
中级协调	8	[0.7～0.8)	3
良好协调	9	[0.8～0.9)	2
优质协调	10	[0.9～1.0)	0

表 5-11　资源枯竭型城市发展潜力耦合协调度情况

城市名称	耦合协调度 D 值	协调等级	耦合协调程度
河北省石家庄市	0.710	8	中级协调
河北省张家口市	0.493	5	濒临失调
河北省承德市	0.533	6	勉强协调
山西省临汾市	0.541	6	勉强协调
山西省吕梁市	0.465	5	濒临失调

表 5-11(续)

城市名称	耦合协调度 D 值	协调等级	耦合协调程度
内蒙古自治区包头市	0.586	6	勉强协调
内蒙古自治区乌海市	0.494	5	濒临失调
内蒙古自治区兴安盟	0.298	3	中度失调
辽宁省抚顺市	0.526	6	勉强协调
辽宁省阜新市	0.483	5	濒临失调
辽宁省辽阳市	0.533	6	勉强协调
辽宁省盘锦市	0.613	7	初级协调
辽宁省朝阳市	0.499	5	濒临失调
辽宁省葫芦岛市	0.499	5	濒临失调
吉林省长春市	0.735	8	中级协调
吉林省吉林市	0.583	6	勉强协调
吉林省辽源市	0.374	4	轻度失调
吉林省通化市	0.534	6	勉强协调
吉林省白山市	0.540	6	勉强协调
吉林省延边朝鲜族自治州	0.364	4	轻度失调
黑龙江省鹤岗市	0.429	5	濒临失调
黑龙江省双鸭山市	0.465	5	濒临失调
黑龙江省伊春市	0.535	6	勉强协调
黑龙江省七台河市	0.427	5	濒临失调
黑龙江省黑河市	0.448	5	濒临失调
黑龙江省大兴安岭地区	0.532	6	勉强协调
江苏省徐州市	0.626	7	初级协调
安徽省淮北市	0.513	6	勉强协调
安徽省铜陵市	0.579	6	勉强协调
江西省景德镇市	0.614	7	初级协调
江西省萍乡市	0.687	7	初级协调
江西省新余市	0.669	7	初级协调
江西省赣州市	0.668	7	初级协调
山东省淄博市	0.728	8	中级协调
山东省枣庄市	0.565	6	勉强协调
山东省泰安市	0.643	7	初级协调

表 5-11(续)

城市名称	耦合协调度 D 值	协调等级	耦合协调程度
河南省焦作市	0.615	7	初级协调
河南省三门峡市	0.588	6	勉强协调
河南省濮阳市	0.467	5	濒临失调
湖北省黄石市	0.612	7	初级协调
湖北省荆门市	0.478	5	濒临失调
湖北省荆州市	0.568	6	勉强协调
湖北省潜江市	0.454	5	濒临失调
湖南省衡阳市	0.592	6	勉强协调
湖南省郴州市	0.590	6	勉强协调
湖南省娄底市	0.556	6	勉强协调
广东省韶关市	0.516	6	勉强协调
广西壮族自治区贺州市	0.339	4	轻度失调
广西壮族自治区来宾市	0.245	3	中度失调
海南省昌江黎族自治县	0.387	4	轻度失调
重庆市	0.876	9	良好协调
四川省泸州市	0.568	6	勉强协调
四川省广安市	0.449	5	濒临失调
贵州省铜仁市	0.384	4	轻度失调
云南省昆明市	0.822	9	良好协调
云南省玉溪市	0.562	6	勉强协调
云南省红河哈尼族彝族自治州	0.382	4	轻度失调
陕西省铜川市	0.480	5	濒临失调
陕西省渭南市	0.537	6	勉强协调
甘肃省兰州市	0.624	7	初级协调
甘肃省白银市	0.409	5	濒临失调
甘肃省酒泉市	0.493	5	濒临失调
宁夏回族自治区石嘴山市	0.368	4	轻度失调

(1) 从资源枯竭型城市发展潜力的耦合协调度来看,可将 63 个城市划分为 3 类:① 高协调度城市,占比 14.29%,包括良好协调:重庆市、昆明市;中级协调:石家庄市、长春市、淄博市;初级协调:盘锦市、徐州市、景德镇市、萍乡市、新

余市、赣州市、泰安市、焦作市、黄石市、兰州市。② 中等协调度城市，占61.90%，包括勉强协调：承德市、临汾市、包头市、抚顺市、辽阳市、吉林市等；濒临失调：张家口市、吕梁市、乌海市、阜新市、朝阳市、葫芦岛市。③ 低协调度城市，占比23.81%，包括轻度失调：辽源市、延边朝鲜族自治州、贺州市、昌江黎族自治县、铜仁市、红河哈尼族彝族自治州、石嘴山市；中度失调：兴安盟、来宾市。

(2) 从耦合协调度的总体分布类型看，63 个资源枯竭型城市发展潜力的耦合协调度数值跨度在 0.245～0.876 之间，其中勉强协调和濒临失调共占总样本数的 61.90%，表明大部分资源枯竭型城市处于失调与协调之间的过渡阶段。

(3) 中国资源枯竭型城市的发展潜力耦合协调度似乎和区域经济发展水平存在很大的空间对应关系，即经济相对发达的城市，如重庆市、昆明市，协调度都较高，而经济落后的来宾市、兴安盟协调度较低。城市间的发展程度和协调度均存在较大差距，再加上区域政策的差异作用，资源枯竭型城市各维度的耦合协调程度势必存在一定的差异。

5.5 资源枯竭型城市发展潜力聚类分析

采用 K 均值聚类算法对发展潜力评价结果进行聚类分类。依据创新评分、协调评分、绿色评分、开放评分、共享评分 5 个准则，将城市分为 2 个等级，采用欧式距离，选择迭代的最大次数为 20，聚类后的结果见表 5-12 和表 5-13。

表 5-12　资源枯竭型城市发展潜力最终聚类中心

	1	2
创新评分	61.683 7	41.393 3
协调评分	55.246 1	53.227 2
绿色评分	55.205 7	46.264 9
开放评分	52.440 1	12.772 7
共享评分	53.294 8	46.660 8

表 5-13　资源枯竭型城市发展潜力聚类情况

城市名称	聚类	距离
河北省石家庄市	潜力巨大类	18.031 3
河北省张家口市	潜力一般类	10.728 3
河北省承德市	潜力一般类	9.237 5

表 5-13(续)

城市名称	聚类	距离
山西省临汾市	潜力一般类	8.231 9
山西省吕梁市	潜力一般类	16.147 5
内蒙古自治区包头市	潜力一般类	21.693 1
内蒙古自治区乌海市	潜力一般类	24.611 0
内蒙古自治区兴安盟	潜力一般类	23.035 7
辽宁省抚顺市	潜力一般类	12.346 4
辽宁省阜新市	潜力一般类	9.015 1
辽宁省辽阳市	潜力一般类	5.537 0
辽宁省盘锦市	潜力一般类	25.295 5
辽宁省朝阳市	潜力一般类	8.191 8
辽宁省葫芦岛市	潜力一般类	6.296 8
吉林省长春市	潜力巨大类	15.017 2
吉林省吉林市	潜力一般类	10.924 4
吉林省辽源市	潜力一般类	18.918 1
吉林省通化市	潜力一般类	12.096 9
吉林省白山市	潜力一般类	13.418 1
吉林省延边朝鲜族自治州	潜力一般类	21.864 3
黑龙江省鹤岗市	潜力一般类	17.544 6
黑龙江省双鸭山市	潜力一般类	18.193 2
黑龙江省伊春市	潜力一般类	17.402 3
黑龙江省七台河市	潜力一般类	16.908 9
黑龙江省黑河市	潜力一般类	23.252 0
黑龙江省大兴安岭地区	潜力一般类	31.412 9
江苏省徐州市	潜力一般类	31.846 9
安徽省淮北市	潜力一般类	10.782 3
安徽省铜陵市	潜力一般类	15.959 3
江西省景德镇市	潜力一般类	25.521 9
江西省萍乡市	潜力一般类	26.186 1
江西省新余市	潜力一般类	19.763 6
江西省赣州市	潜力巨大类	18.526 8
山东省淄博市	潜力巨大类	28.492 0

表 5-13(续)

城市名称	聚类	距离
山东省枣庄市	潜力一般类	10.889 4
山东省泰安市	潜力一般类	17.110 4
河南省焦作市	潜力一般类	21.255 5
河南省三门峡市	潜力一般类	13.074 0
河南省濮阳市	潜力一般类	11.665 2
湖北省黄石市	潜力一般类	17.221 1
湖北省荆门市	潜力一般类	14.755 0
湖北省荆州市	潜力一般类	11.272 1
湖北省潜江市	潜力一般类	8.675 8
湖南省衡阳市	潜力一般类	22.121 9
湖南省郴州市	潜力一般类	21.854 6
湖南省娄底市	潜力一般类	20.493 8
广东省韶关市	潜力一般类	10.577 1
广西壮族自治区贺州市	潜力一般类	23.612 2
广西壮族自治区来宾市	潜力一般类	27.014 9
海南省昌江黎族自治县	潜力一般类	16.667 7
重庆市	潜力巨大类	26.769 5
四川省泸州市	潜力一般类	15.710 3
四川省广安市	潜力一般类	23.674 8
贵州省铜仁市	潜力一般类	21.939 2
云南省昆明市	潜力巨大类	27.039 4
云南省玉溪市	潜力一般类	16.721 4
云南省红河哈尼族彝族自治州	潜力一般类	17.066 0
陕西省铜川市	潜力一般类	33.845 0
陕西省渭南市	潜力一般类	15.604 1
甘肃省兰州市	潜力一般类	29.879 2
甘肃省白银市	潜力一般类	16.154 9
甘肃省酒泉市	潜力一般类	17.043 7
宁夏回族自治区石嘴山市	潜力一般类	24.092 5

表 5-12 表示各资源枯竭型城市发展潜力各项准则的聚类结果，可以看出 63

个城市被聚为 2 类,2 类的中心分别为(61.683 7,55.246 1,55.205 7,52.440 1,53.294 8)和(41.393 3,53.227 2,46.264 9,12.772 7,46.660 8),聚成的 2 类按照潜力大小划分,Cluster 1 为潜力巨大类,Cluster 2 为潜力一般类。两者在 5 维空间的欧氏距离为 45.97。如图 5-11,潜力巨大类对比潜力一般类,最终聚类中心的各项能力都要强一些,在开放评分和创新评分上尤为明显。

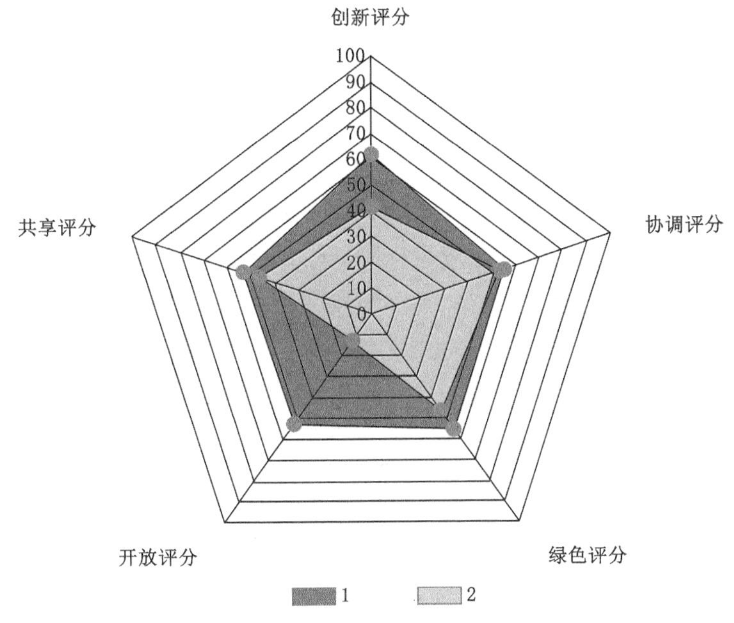

图 5-11 最终聚类中心评分对比

表 5-13 为资源枯竭型城市发展潜力的聚类分布及与聚类中心的距离。从总体情况来看,石家庄市、长春市、赣州市、淄博市、重庆市、昆明市属于潜力巨大类城市,占总数的 9.52%,而张家口市、承德市等其他城市属于潜力一般类城市,占总数的 90.48%。其中,潜力巨大类城市与 5.4.4 中的高协调度城市有较大的重合度,这表明协调状况好的城市,不但各维度之间在高水平上相互促进,而且通常属于具有巨大发展潜力的那类城市。

5.6 本章小结

资源型城市是伴随自然资源的开发利用而形成或发展起来的城市,其在我国区域经济发展中占有举足轻重的地位。随着可开采自然资源的逐渐减少,中国资源型城市经济转型正面临着重大的经济、社会和资源环境问题。如今,众多资源型城市践行新发展理念，实施转型发展，取得了阶段性成果，但仍处于爬坡过坎的关键阶段。要对这些城市的发展质量进行科学有效地评估，亟须建立客观完善的城市发展潜力综合评价体系。

本书基于新发展理念，从创新、协调、绿色、开放、共享这五个维度，设计了11个次准则层，将层次分析法(AHP)与模糊理论相结合，构建了科学健全的城市发展潜力综合评价体系。对63个目标城市进行系统评价并进行耦合协调度研究与聚类分析，结果表明：① 各城市综合评分比较一般，总体发展水平并不出色。② 综合评分较高的城市一般都具备良好的经济发展条件。③ 从地区来看，四个地区资源枯竭型城市的发展优势各不相同，东部地区与中部地区创新水平、开放水平和共享水平较高，三者相互正方向促进，但是在协调与绿色方面较差。东北地区协调与共享水平较高，创新、绿色与开放水平较低。西部地区协调、绿色、开放水平高，创新与共享水平低。④ 将所有资源枯竭型城市的某一评价指标进行算数平均后的结果作为全国指数，2020年地级资源枯竭型城市全国综合指数为39.803，其中，创新指数为44.334，协调指数为52.251，绿色指数为40.599，开放指数为13.065，共享指数为48.765，综合评价指数低，开放指数处于极低的水平。⑤ 通过耦合协调度研究发现，大部分资源枯竭型城市处于失调与协调之间的过渡阶段。⑥ 63个资源枯竭型城市中，发展潜力巨大的有重庆市、昆明市、长春市、淄博市、赣州市、石家庄市，且均属于良好协调或中级协调城市。由此来看，资源枯竭型城市应当全面提高对外开放水平，积极主动扩大对外经济交往，放宽对外开放政策，切实提高对外开放水平，发展开放型经济。

参考文献

[1] 王树义，郭少青. 资源枯竭型城市可持续发展对策研究[J]. 中国软科学，2012(1)：1-13.

[2] 孙天阳，陆毅，成丽红. 资源枯竭型城市扶助政策实施效果、长效机制与产业升级[J]. 中国工业经济，2020(7)：98-116.

[3] 陈浩，方杏村. 资源开发、产业结构与经济增长：基于资源枯竭型城市面板数据的实证分析[J]. 贵州社会科学，2014(12)：114-119.

[4] LI H，LONG R，CHEN H. Economic transition policies in Chinese resource-based cities：an overview of government efforts[J]. Energy Policy，2013，55：251-260.

[5] 习近平. 在省部级主要领导干部学习贯彻党的十八届五中全会精神专题研讨班上的讲话[N]. 人民日报，2016-05-10(2).

[6] 韩文秀.完整准确全面理解和贯彻新发展理念(深入学习贯彻习近平新时代中国特色社会主义思想)[N].人民日报,2021-03-22(09).

[7] ZHANG H, XIONG L, LI L, et al. Political incentives, transformation efficiency and resource-exhausted cities[J]. Journal of Cleaner Production, 2018,196:1418-1428.

[8] JIANG Y, TIAN S, XU Z, et al. Decoupling environmental impact from economic growth to achieve Sustainable Development Goals in China[J]. Journal of Environmental Management,2022,312:114978.

[9] 蒋南平,向仁康.中国经济绿色发展的若干问题[J].当代经济研究,2013(2):50-54.

[10] 杨保军,陈鹏,董珂,等.生态文明背景下的国土空间规划体系构建[J].城市规划学刊,2019(4):16-23.

[11] 张吉军.模糊层次分析法(FAHP)[J].模糊系统与数学,2000,14(2):82-88.

6 资源枯竭型城市协调发展分析

6.1 资源枯竭型城市耦合协调原理

耦合理论源于物理学，反映了多个系统之间或者组成系统的要素之间，通过相互作用、相互影响，彼此间产生相互促进或者制约的现象和规律[1]。当系统之间呈现相互促进时为良性协调发展，当系统间发展呈现相互抑制或一快一慢时，则为不良协调发展。系统间相互作用程度的有效度量，一般采用耦合度和能够进一步反映系统整体发展情况的协调度进行测度[2]。耦合理论最初主要用于电力技术学、地质学等自然科学，随着研究的深入，逐渐由自然科学进入到人文社会科学领域。如：李二玲和崔之珍利用协整检验和耦合协调模型分析了 2005—2014 年国家、省级和地市级尺度下的区域创新能力与经济发展水平耦合协调发展的时空演化特征[3]。杨秀平和张大成分析了旅游经济和新型城镇化耦合协调发展的机理，并利用耦合协调度模型对兰州市旅游经济与新型城镇化耦合协调发展水平进行了测度[4]。张鹏岩等利用耦合协调度模型对中原经济区 2003—2013 年的人口城镇化与土地城镇化的耦合协调关系进行了研究[5]。综上可知，借助耦合协调理论进行中国资源枯竭型城市与发展现状、发展能力、发展潜力的研究是符合耦合协调理论的基本内涵的，也能够有效地揭示其耦合协调度的作用程度。

6.2 资源枯竭型城市评价体系与耦合分析方法

6.2.1 资源枯竭型城市协调发展的评价体系

推动资源枯竭型城市转型升级，促进这些城市可持续发展，对于维护国家能源资源安全、推动新型工业化和新型城镇化、促进社会和谐稳定和民族团结、建设资源节约和环境友好型社会具有重要意义。

(1) 发展现状

资源枯竭型城市的发展现状与其协调发展之间存在着密切的关联，因为只有了解当前的发展状况，才能够更好地制定协调发展的策略和措施，实现经济、社会和环境的协同进步。了解当前的经济、社会和环境状况，可以帮助资源枯竭型城市的决策者识别出哪些方面需要优先发展，哪些方面需要加强调控。例如，如果当前经济增长过快，可能需要采取一些措施来调控经济，以防止经济过热而引发的问题。同时资源枯竭型城市的协调发展也需要根据发展现状制定不同的策略和措施。例如，针对不同地区的发展差异和发展需求，可以采取不同的发展策略，如产业结构调整、区域协调发展等。只有针对不同的发展现状，制定出具有针对性的协调发展措施，才能够实现经济、社会和环境的协同进步。资源枯竭型城市的协调发展也需要不断适应发展现状的变化。随着时代的变迁、科技的发展以及人们对经济、社会和环境发展的需求的不断变化，发展现状也会不断变化。协调发展也需要不断地根据发展现状的变化进行调整和改进，以保持协调发展的效果。所以只有深入了解当前的发展现状，制定出具有针对性的协调发展措施，不断适应发展现状的变化，才能够实现经济、社会和环境的协同进步。

（2）转型能力

资源枯竭型城市的协调发展方面离不开转型能力的重要作用，资源枯竭型城市的转型能力可以帮助其适应环境变化。在不断变化的市场和社会环境中，资源枯竭型城市需要不断地调整自己的战略模式，如果没有转型能力，可能会因为无法适应环境变化而被淘汰。转型能力还可以帮助资源枯竭型城市开拓新的领域和市场。随着科技的发展和社会的进步，新的行业和市场正在不断涌现，拥有转型能力便可以更快地适应新的环境，并在新的领域中获得竞争优势。

（3）发展潜力

资源枯竭型城市的发展潜力可以为其协调发展提供重要的条件，如果一个地区的发展潜力很大，那么这个地区的经济、社会、环境等各个方面都有可能得到快速发展，从而为协调发展提供了条件。如果某个地区或者行业的发展潜力很大，那么这个地区或者行业就有更多的机会和动力去促进协调发展，包括推动经济、社会、环境等各方面的发展协调、平衡。发展潜力对协调发展的重要影响还体现在它能够促进全面发展。发展潜力往往是指某个地区或者行业在未来发展中所具备的多种潜在能力，包括经济、社会、文化、环境等各方面的潜力。如果这些潜力得到充分发挥，就可以促进全面发展，从而实现协调发展。所以资源枯竭型城市的协调发展脱离不开其发展潜力的巨大贡献。

发展现状、转型能力和发展潜力是资源枯竭型城市转型发展分析的关键要素。通过深入评估这些因素，可以为城市制定合适的转型策略和政策，促进城市从资源依赖型向可持续发展型转变。图 6-1 展示了资源枯竭型城市转型发展的评价体系，通过全面评估发展现状、转型能力和发展潜力之间的联系，城市可以更有针对性地规划和实施转型策略，并且可以为城市的未来发展奠定坚实的基础。

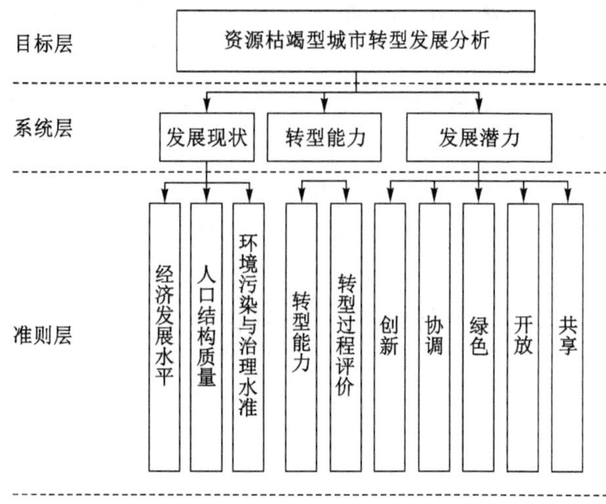

图 6-1 资源枯竭型城市转型发展的评价体系

6.2.2 资源枯竭型城市协调发展的耦合协调度模型与等级划分

(1) 资源枯竭型城市协调发展的耦合度模型

耦合度是系统中各模块之间相互联系紧密程度的一种度量[6]，研究资源枯竭型城市协调发展的耦合度可以定量地反映出发展现状、转型能力、发展潜力三个系统之间的相互作用关系。根据“耦合”概念将发展现状、转型能力、发展潜力三个功能系统通过各自的耦合元素(指标)产生相互作用、彼此影响的现象定义为资源枯竭型城市“发展现状—转型能力—发展潜力”功能的耦合，构建资源枯竭型城市协调发展的耦合度模型，进行多方位的评价分析，计算公式如下：

$$C=n\times\frac{\sqrt[n]{U_1\times U_2\times U_3\times\cdots\times U_n}}{U_1+U_2+U_3+\cdots+U_n} \tag{6-1}$$

式(6-1)中：$U_1,U_2,U_3,\cdots U_n$为n个系统的耦合指标，本书选用发展现状、转型能力、发展潜力三个系统构成的耦合度模型，故选用$n=3$个耦合指标。C为“发展现状-转型能力-发展潜力”功能之间的耦合度，$C\in[0,1]$，C值越大说明三个系统之间的耦合程度越高，相互作用关系越强烈。

同理，为了能够进一步地了解资源枯竭型城市“发展现状-转型能力-发展潜力”功能之间的相互作用关系，本书同时构建了资源枯竭型城市的“发展现状-转型能力”“发展现状-发展潜力”和“转型能力-发展潜力”功能的耦合度模型，其计算公式如式(6-2)至式(6-5)：

$$C=n\times\frac{\sqrt[n]{U_1\times U_2\times U_3\times\cdots\times U_n}}{U_1+U_2+U_3+\cdots+U_n}\tag{6-2}$$

$$C_1=2\times\frac{\sqrt[2]{U_1\times U_2}}{U_1+U_2}\tag{6-3}$$

$$C_2=2\times\frac{\sqrt[2]{U_1\times U_3}}{U_1+U_3}\tag{6-4}$$

$$C_3=2\times\frac{\sqrt[2]{U_2\times U_3}}{U_2+U_3}\tag{6-5}$$

式中：U_1、U_2、U_3分别为发展现状耦合指标、转型能力耦合指标和发展潜力耦合指标，C_1、C_2、C_3分别为资源枯竭型城市“发展现状-转型能力”“发展现状-发展潜力”和“转型能力-发展潜力”功能之间的耦合度。

(2) 资源枯竭型城市协调发展的耦合协调度模型

资源枯竭型城市的协调发展，利用耦合度模型，虽然能够揭示出各个系统之间的耦合程度和相互作用的强烈程度，但是仅仅依靠耦合度模型，是无法反映出“发展现状-转型能力-发展潜力”功能之间的协调发展水平。因此本书引入耦合协调指数，构建出资源枯竭型城市的耦合协调度模型，其计算公式如下：

$$D=\sqrt{C\times T}\tag{6-6}$$

$$T=\alpha U_1+\beta U_2+\gamma U_3\tag{6-7}$$

式(6-7)中：α、β、γ分别为U_1、U_2、U_3的权重，考虑到资源枯竭型城市协调发展与发展现状、转型能力和发展潜力之间的相互作用关系，认为这三个系统对资源枯竭型城市的协调发展具有同样不可替代的重要作用，因此对α、β、γ的权重赋值为1/3，T为“发展现状-转型能力-发展潜力”功能的综合协调指数。D为资源枯竭型城市“发展现状-转型能力-发展潜力”功能之间的耦合协调度。

同理，分别构建资源枯竭型城市的“发展现状-转型能力”“发展现状-发展潜力”和“转型能力-发展潜力”功能的耦合协调度模型，其计算公式如式(6-8)至式(6-11)：

$$D_i=\sqrt{C_i\times T_i}\tag{6-8}$$

$$T_1=\alpha U_1+\beta U_2\tag{6-9}$$

$$T_2=\alpha U_1+\gamma U_3\tag{6-10}$$

$$T_3=\beta U_2+\gamma U_3\tag{6-11}$$

式中：“发展现状-转型能力”“发展现状-发展潜力”和“转型能力-发展潜力”的权重α、β、γ赋值为1/2，T_1、T_2、T_3分别为“发展现状-转型能力”“发展现状-发展潜力”和“转型能力-发展潜力”功能之间的综合协调指数，D_i为“发展现状-转型能力”“发展现状-发展潜力”和“转型能力-发展潜力”功能之间的耦合协调度，$i=1,2,3$。

(3) 资源枯竭型城市协调发展的耦合协调度等级划分

为明确资源枯竭型城市协调发展的耦合协调程度，结合各资源枯竭型城市的发展实际及已有研究确定的耦合协调度等级划分标准，采用均匀分步法以0.1为等间隔将“发展现状-转型能力-发展潜力”的耦合协调度值划分为10类：

表 6-1　耦合协调度等级划分标准

耦合协调度 D 值区间	协调等级	耦合协调程度
(0.0～0.1)	1	极度失调
[0.1～0.2)	2	严重失调
[0.2～0.3)	3	中度失调
[0.3～0.4)	4	轻度失调
[0.4～0.5)	5	濒临失调
[0.5～0.6)	6	勉强协调
[0.6～0.7)	7	初级协调
[0.7～0.8)	8	中级协调
[0.8～0.9)	9	良好协调
[0.9～1.0)	10	优质协调

6.3　资源枯竭型城市协调发展的耦合协调度分析

6.3.1　三系统间的耦合协调度分析

(1) 从城市的角度进行剖析

根据表6-2信息，有些城市的耦合度较高，但是协调能力不足，如来宾市、玉溪市和酒泉市，其耦合度与协调度的差值分别达到了0.918、0.838和0.828。其中来宾市两者之差达到了最高，这说明来宾市内部各个部分之间的相互依存程度很高，但是其相互配合协调的程度比较低。这可能是因为来宾市内部的各个部分之间存在一些不良的相互影响，比如存在互相竞争、冲突甚至是相互排斥的情况。这些因素会影响到系统内部的协调度，使得系统难以顺畅运转。另外，还可能存在一些组织和管理上的问题，导致来宾市内部的各个部分之间协调不够紧密。根据表格还可以发现有些城市的协调能力较强，但是耦合度不够高，其中红河哈尼族彝族自治州的情况最为显著，可能是因为它位于中国的边远地区，距离其他城市比较遥远，因此与其他地区的联系不是很紧密。根据表格中的数据，耦合协调度的值都集中在 0.4 到 0.6 之间。这意味着大多数地区的耦合协调度处于中等水平，既不是非常高，也不是非常低。这也说明了耦合和协调这两个概念在地区之间是相对平衡的。

(2) 从资源类型的角度进行剖析

由表 6-2 内容可以看出，我国各行业、各区域之间的耦合协调度普遍偏低。大多数行业和地区要么处于失去协调的边缘，要么处于轻度失衡状态。只有少数行业和地区实现了适度的协同。煤炭行业似乎是中国经济失衡的一个主要因素，涉及几乎所有失衡的地区，林业产业的不平衡程度也较高，而石油和钨业则实现了适度的协调。

(3) 从所属区域的角度进行剖析

从表 6-2 数据中可以看出，不同区域的耦合协调度情况不同，通过计算所属地区耦合协调度的平均值，发现东部地区和中部地区的耦合协调度相对较高，达到 0.4，协调等级为濒临协调，耦合协调程度一般。东北地区的耦合协调度最低，仅有 0.34，协调等级为轻度失调，耦合协调程度相对较差。近年来东北地区人口流动较大，煤炭、铁矿石等资源枯竭，并且其产业结构十分单一，主要以重工业为主且都为老旧工业，缺乏行业竞争能力，这可能是其耦合协调度平均值最低的原因[7,8]。不同区域的协调等级也不同，其中东、中、西区占据了协调等级为濒临失调和轻度失调的大部分，东北地区则主要集中在协调等级为轻度失调和中度失调的范围内。

表 6-2 三系统间的耦合协调度结果

地级市	资源类型	所属区域	耦合度 C 值	协调指数 T 值	耦合协调度 D 值	协调等级	耦合协调程度
张家口市	煤	东	0.693	0.269	0.432	5	濒临失调
承德市	煤	东	0.868	0.143	0.352	4	轻度失调
石家庄市	煤	东	0.974	0.318	0.557	6	勉强协调
吕梁市	煤	中	0.943	0.19	0.424	5	濒临失调
临汾市	煤	中	0.872	0.161	0.375	4	轻度失调
兴安盟	森工	西	0.426	0.173	0.272	3	中度失调
乌海市	煤	西	0.817	0.226	0.43	5	濒临失调
包头市	煤	西	0.784	0.197	0.393	4	轻度失调

表 6-2(续)

地级市	资源类型	所属区域	耦合度 C 值	协调指数 T 值	耦合协调度 D 值	协调等级	耦合协调程度
阜新市	煤	东北	0.695	0.162	0.336	4	轻度失调
盘锦市	石油	东北	0.939	0.182	0.413	5	濒临失调
抚顺市	煤	东北	0.555	0.17	0.307	4	轻度失调
朝阳市	煤	东北	0.696	0.207	0.38	4	轻度失调
辽阳市	铁	东北	0.756	0.137	0.322	4	轻度失调
葫芦岛市	钼、煤	东北	0.73	0.122	0.299	3	中度失调
辽源市	煤	东北	0.557	0.283	0.397	4	轻度失调
白山市	煤	东北	0.644	0.154	0.314	4	轻度失调
吉林市	森工	东北	0.716	0.11	0.281	3	中度失调
长春市	煤	东北	0.977	0.325	0.564	6	勉强协调
延边朝鲜族自治州	森工	东北	0.665	0.177	0.343	4	轻度失调
通化市	煤	东北	0.551	0.105	0.241	3	中度失调
伊春市	森工	东北	0.699	0.129	0.3	4	轻度失调
大兴安岭地区	森工	东北	0.603	0.15	0.3	4	轻度失调
七台河市	煤	东北	0.907	0.228	0.455	5	濒临失调
黑河市	森工	东北	0.906	0.129	0.342	4	轻度失调
鹤岗市	煤	东北	0.567	0.145	0.287	3	中度失调
双鸭山市	煤	东北	0.551	0.194	0.327	4	轻度失调
徐州市	煤	东	0.973	0.37	0.6	6	勉强协调
淮北市	煤	中	0.953	0.217	0.454	5	濒临失调
铜陵市	铜	中	0.894	0.235	0.458	5	濒临失调
萍乡市	煤	中	0.771	0.241	0.431	5	濒临失调
景德镇市	瓷	中	0.685	0.263	0.424	5	濒临失调
新余市	铁	中	0.808	0.27	0.467	5	濒临失调
赣州市	钨	中	0.885	0.347	0.554	6	勉强协调
枣庄市	煤	东	0.65	0.281	0.427	5	濒临失调
泰安市	煤	东	0.891	0.234	0.456	5	濒临失调
淄博市	煤	东	0.908	0.306	0.528	6	勉强协调
焦作市	煤	中	0.849	0.251	0.462	5	濒临失调
三门峡市	金	中	0.912	0.239	0.467	5	濒临失调

表 6-2(续)

地级市	资源类型	所属区域	耦合度 C 值	协调指数 T 值	耦合协调度 D 值	协调等级	耦合协调程度
濮阳市	石油	中	0.921	0.149	0.371	4	轻度失调
黄石市	铁铜煤和硅灰石	中	0.818	0.23	0.434	5	濒临失调
潜江市	石油	中	0.837	0.146	0.349	4	轻度失调
荆门市	磷	中	0.894	0.197	0.42	5	濒临失调
荆州市	煤	中	0.908	0.177	0.4	5	濒临失调
郴州市	煤	中	0.869	0.227	0.444	5	濒临失调
娄底市	锑煤	中	0.917	0.24	0.469	5	濒临失调
衡阳市	煤、铅、锌	中	0.939	0.239	0.474	5	濒临失调
韶关市	煤、铁	东	0.812	0.175	0.377	4	轻度失调
来宾市	煤	西	0.976	0.058	0.238	3	中度失调
贺州市	锡	西	0.598	0.053	0.178	2	严重失调
昌江县	铁	东	0.596	0.068	0.202	3	中度失调
重庆市	煤	西	1	0.99	0.995	10	优质协调
广安市	煤	西	0.705	0.162	0.338	4	轻度失调
泸州市	天然气	西	0.958	0.182	0.418	5	濒临失调
铜仁市	汞	西	0.724	0.166	0.347	4	轻度失调
红河哈尼族彝族自治州	锡	西	0.65	0.404	0.513	6	勉强协调
昆明市	铜	西	0.985	0.363	0.598	6	勉强协调
玉溪市	铜	西	0.999	0.161	0.401	5	濒临失调
铜川市	煤	西	0.814	0.202	0.405	5	濒临失调
渭南市	金	西	0.93	0.229	0.461	5	濒临失调
白银市	银、铜	西	0.574	0.199	0.338	4	轻度失调
酒泉市	石油	西	0.945	0.117	0.332	4	轻度失调
兰州市	煤	西	0.968	0.224	0.466	5	濒临失调
石嘴山市	煤	西	0.853	0.182	0.394	4	轻度失调

6.3.2 两系统间的耦合协调度分析

(1) 从城市的角度进行剖析

从表 6-3 中可以看到,大部分城市都呈现出一种趋势,那就是如果“发展现状-转型能力”、“发展现状-发展潜力”和“转型能力-发展潜力”中有一项指标很低,那么其他两项指标也不会太高,总体结果趋于平稳,不会出现极端的情况。例如耦合协调度均相对较差的贺州市,其 U_1-U_2、U_1-U_3 和 U_2-U_3 的耦合协调度分别为 0.237、0.127 和 0.187,而重庆市的 U_1-U_2、U_1-U_3 和 U_2-U_3 的耦合协调度分别为 0.995、0.995 和 0.995。这可能是两座城市资源类型的不同,可以发现重庆市是以煤炭资源为主,而贺州市是以锡为资源发展,资源类型的不同以及丰度可能会影响到其产业和经济结构,进而影响到耦合协调度。

(2) 从资源类型的角度进行剖析

由表 6-3 中的信息可以大致了解到,不同资源之间的影响程度也是有所不同的。例如,以煤为资源的城市的 U_1-U_2、U_1-U_3、U_2-U_3 的耦合协调程度均相对较高,这有可能是受到了国家相关产业政策、财税政策、土地政策和就业政策的帮助,也有可能是煤炭转型使得城市环境质量提升,更多的企业进驻,增加了就业渠道,改善了人民的生活质量[9]。而以森工为资源的城市的 U_1-U_2 的程度较低,这说明以森工为资源的城市其发展现状和转型能力在一定范围内发展并不协调,这很有可能是由于全球经济不景气以及绿色环保意识的提升,使得木材需求量相对减少,导致森工资源转化的市场需求不足;也有可能是森工资源的开发、利用和转化过程中存在着技术落后的情况,如木材的加工技术和利用效率低下等,也会影响到“发展现状-转型能力”的耦合协调度。

(3) 从所属区域的角度进行剖析

根据表 6-3,我们可以看到不同区域的耦合协调程度各不相同,有些区域处于濒临失调的状态,而有些区域则勉强协调。同时,对表格进行了二次分析,对各个地区的 U_1-U_2、U_1-U_3、U_2-U_3 分别计算了平均值,发现各个地区的情况趋于一致,其 U_1-U_3 的值普遍高于 U_1-U_2 和 U_2-U_3,这说明资源枯竭型城市的发展现状和发展潜力之间的耦合协调程度相对较高,也说明各个地区发展现状和发展潜力之间联系紧密,能够相互促进。

表 6-3　两系统耦合协调度分析结果

地级市	资源类型	所属区域	耦合协调度 D 值		
			U_1-U_2	U_1-U_3	U_2-U_3
张家口市	煤	东	0.323	0.520	0.479
承德市	煤	东	0.307	0.429	0.331
石家庄	煤	东	0.568	0.589	0.515
吕梁市	煤	中	0.377	0.441	0.456

表 6-3(续)

地级市	资源类型	所属区域	耦合协调度 D 值		
			U_1-U_2	U_1-U_3	U_2-U_3
临汾市	煤	中	0.335	0.458	0.343
兴安盟	森工	西	0.175	0.264	0.434
乌海市	煤	西	0.359	0.541	0.408
包头市	煤	西	0.461	0.425	0.311
阜新市	煤	东北	0.254	0.433	0.344
盘锦市	石油	东北	0.374	0.466	0.405
抚顺市	煤	东北	0.228	0.489	0.259
朝阳市	煤	东北	0.284	0.438	0.441
辽阳市	铁	东北	0.263	0.429	0.296
葫芦岛市	钼、煤	东北	0.231	0.380	0.303
辽源市	煤	东北	0.274	0.455	0.503
白山市	煤	东北	0.230	0.406	0.333
吉林市	森工	东北	0.233	0.393	0.241
长春市	煤	东北	0.55	0.608	0.535
延边朝鲜族自治州	森工	东北	0.255	0.448	0.353
通化市	煤	东北	0.173	0.373	0.215
伊春市	森工	东北	0.226	0.369	0.324
大兴安岭地区	森工	东北	0.225	0.451	0.267
七台河市	煤	东北	0.395	0.462	0.516
黑河市	森工	东北	0.294	0.364	0.373
鹤岗市	煤	东北	0.206	0.430	0.266
双鸭山市	煤	东北	0.228	0.465	0.329
徐州市	煤	东	0.553	0.63	0.619
淮北市	煤	中	0.409	0.469	0.489
铜陵市	铜	中	0.390	0.504	0.489
萍乡市	煤	中	0.343	0.541	0.432
景德镇市	瓷	中	0.319	0.551	0.434
新余市	铁	中	0.378	0.565	0.476
赣州市	钨	中	0.468	0.608	0.597
枣庄市	煤	东	0.313	0.548	0.455

表 6-3(续)

地级市	资源类型	所属区域	耦合协调度 D 值		
			U_1-U_2	U_1-U_3	U_2-U_3
泰安市	煤	东	0.398	0.539	0.442
淄博市	煤	东	0.466	0.613	0.514
焦作市	煤	中	0.381	0.529	0.488
三门峡市	金	中	0.405	0.477	0.525
濮阳市	石油	中	0.324	0.382	0.412
黄石市	铁、铜、煤、硅灰石	中	0.351	0.501	0.465
潜江市	石油	中	0.286	0.376	0.397
荆门市	磷	中	0.358	0.470	0.440
荆州市	煤	中	0.345	0.431	0.432
郴州市	煤	中	0.374	0.515	0.456
娄底市	锑煤	中	0.409	0.482	0.523
衡阳市	煤、铅、锌	中	0.420	0.502	0.505
韶关市	煤、铁	东	0.308	0.463	0.374
来宾市	煤	西	0.236	0.223	0.255
贺州市	锡	西	0.237	0.127	0.187
昌江县	铁	东	0.146	0.197	0.287
重庆市	煤	西	0.995	0.995	0.995
广安市	煤	西	0.254	0.379	0.400
泸州市	天然气	西	0.388	0.408	0.463
铜仁市	汞	西	0.287	0.302	0.481
红河哈尼族彝族自治州	锡	西	0.374	0.568	0.634
昆明市	铜	西	0.594	0.633	0.569
玉溪市	铜	西	0.395	0.404	0.403
铜川市	煤	西	0.326	0.461	0.443
渭南市	金	西	0.416	0.527	0.448
白银市	银、铜	西	0.235	0.413	0.397
酒泉市	石油	西	0.310	0.376	0.314
兰州市	煤	西	0.454	0.509	0.437
石嘴山市	煤	西	0.358	0.490	0.348

6.4 资源枯竭型城市协调发展的聚类分析

为了能够更加深入地了解资源枯竭型城市的协调发展，本书采用了聚类分析方法，聚类分析是一种用于分类和分组的方法[10,11]，通过聚类分析，可以将具有相似特征的样本或变量分为一组，以便对数据进行更全面、更细致的分析，发现数据中隐藏的规律和特征，从而深入了解数据的本质。

使用聚类分析对样本进行分类，使用 Kmeans 聚类分析方法，从表 6-4 可以看出：最终聚类得到 5 类群体，此 5 类群体的占比分别是 2.00%，40.00%，9.00%，33.00%，16.00%。另外，类别 1 的占比最少，只有 2.00%，而类别 2 的占比最多，达到了 40.00%。

表 6-4 聚类类别基本情况汇总

聚类类别	频数	百分比/%
类别 1	1	2.00
类别 2	25	40.00
类别 3	6	9.00
类别 4	21	33.00
类别 5	10	16.00
合计	63	100

表 6-5 聚类中心基本情况汇总

	1	2	3	4	5
转型能力	0.781 6	0.141 2	0.155 1	0.133 9	0.199 1
发展现状	5.816 5	−0.261 5	−0.216 1	−0.441 5	1.129 1
发展潜力	3.648	0.201 5	1.798 5	−0.826 5	−0.212 1

由最终的聚类中心表（表 6-5）并结合表 6-4 可以得知，类别 1 的频数为 1，只占到了总体的 2.00%，并且其中心点值明显大于其他类别，可以发现，在发展能力、发展现状和发展潜力方面，类别 1 都表现得十分出色。

表 6-6 聚类城市基本情况

所在地级市	聚类	距离
张家口市	3	0.439
承德市	4	0.362
石家庄市	5	0.693
吕梁市	4	0.466
临汾市	4	0.669
兴安盟	2	0.878
乌海市	2	0.669
包头市	5	1.442
阜新市	2	0.344
盘锦市	4	0.606
抚顺市	2	0.611
朝阳市	2	0.546
辽阳市	4	0.307
葫芦岛市	4	0.267
辽源市	3	0.568
白山市	2	0.459
吉林市	4	0.385
长春市	5	0.484
延边朝鲜族自治州	2	0.204
通化市	4	0.130
伊春市	4	0.494
大兴安岭地区	4	0.511
七台河市	2	0.168
黑河市	4	0.172
鹤岗市	2	0.503
双鸭山市	2	0.407
徐州市	5	1.034
淮北市	2	0.470
铜陵市	2	0.217
萍乡市	2	0.566
景德镇市	3	0.649

表 6-6(续)

所在地级市	聚类	距离
新余市	2	0.829
赣州市	3	0.735
枣庄市	3	0.213
泰安市	5	0.696
淄博市	5	0.809
焦作市	2	0.480
三门峡市	2	0.094
濮阳市	4	0.180
黄石市	2	0.310
潜江市	4	0.428
荆门市	2	0.349
荆州市	4	0.471
郴州市	2	0.333
娄底市	2	0.115
衡阳市	2	0.336
韶关市	2	0.438
来宾市	4	0.991
贺州市	4	1.294
昌江县	4	0.771
重庆市	1	0.000
广安市	2	0.561
泸州市	4	0.180
铜仁市	4	0.594
红河哈尼族彝族自治州	3	1.488
昆明市	5	0.817
玉溪市	4	0.437
铜川市	2	0.122
渭南市	5	0.628
白银市	2	0.747
酒泉市	4	0.445
兰州市	5	0.565
石嘴山市	5	0.748

从聚类成员表中，可以清晰地看出每个地级市所属的类别，针对各个系统都表现出色的类别 1，我们对重庆市进行了深入的研究，发现重庆市过去几年中在推动城市转型升级和经济发展方面取得了很多成就。在城市发展方面，重庆市持续加强城市规划和建设，以提升城市的吸引力和竞争力。该市加速推进城市轨道交通建设，建成了多条地铁线路，此外重庆市还大力发展旅游业，提升旅游基础设施和旅游服务水平，吸引了越来越多的游客前来旅游[12]。在经济发展方面，重庆市也逐步加强了对制造业的支持，鼓励企业加大研发投入，提高产品质量和技术水平。同时，该市也在积极拓展新兴产业，如互联网、人工智能、智能制造等领域，吸引了大量优秀的企业和人才。各个方面的发展，各个系统之间的相互作用和协调配合才使得重庆市达到了优质协调。类别 2 中的荆门市，近年来面临着巨大的转型压力，农业产业结构发生变化，工业产业结构也发生变化，生态环境治理也亟待解决，导致其发展现状不容乐观。类别 3 中，张家口市的发展潜力很高，经研究发现，2022 年张家口市是第 24 届冬奥会赛区之一，冬奥会的举办使得张家口的形象得到了提升，并且近年来张家口市大力发展旅游业，为未来的发展奠定了十足的基础。类别 4 中，贺州市的发展潜力相对较低，经研究发现，贺州市作为广西壮族自治区的一个重要城市，其交通并不发达，也面临着一定的环境污染治理问题，并且广西壮族自治区人才难以引进，故其发展潜力得不到提高。类别 5 中以长春市为例，可以发现长春市的发展能力较强，这与其强大的工业基础息息相关，作为中国汽车产业的发源地之一，技术先进，并且其科创能力也十分突出，拥有着大批高水平科研机构如吉林大学、长春理工大学和中国科学院长春光学精密机械与物理研究所等，因此其转型能力十分出色。

6.5 本章小结

本章从资源枯竭型城市的发展现状、转型能力和发展潜力三大系统出发，为了能够反映发展现状、转型能力和发展潜力之间的协调发展状况，建立了耦合协调度模型分析资源枯竭型城市协调发展的发展现状、转型能力、发展潜力三个系统的相互作用关系。为进一步分析各系统间的影响状况，分别建立了“发展现状-转型能力”“转型能力-发展潜力”和“发展现状-发展潜力”的耦合协调度模型，以多方位视角分析资源枯竭型城市的耦合协调程度。最终又通过聚类分析统计方法对各城市进行了更加深入的分析。得到以下结论：

(1) 三系统耦合协调度分析：以城市方位分析，大部分城市的发展处于一种相对的协调发展程度。但也有如来宾市一样的城市表现出耦合度高而协调度低的状况，可能是其内部的各个部分之间存在一些不良的相互影响导致的。也有少部分地级市出现耦合度低而协调度高的状况。从资源方位分析，发现以煤炭为资源的地区，大部分都发展失衡，而以钨和石油为资源的地区能够实现适度的协调。从所属区域的方位分析，发现在中部和东部地区的发展状况相对较好，东北地区的发展最差，分析可能是其产业结构单一，多数为重工业等老旧工业，缺乏竞争能力。

（2）两系统耦合协调度分析：发现只要其中有一项指标表现不佳，另外的两个指标也会受其影响。研究发现贺州市三项指标都不高，而重庆市的发展相对协调，这可能是两座城市的资源类型和丰度不同引起的。从资源方位分析，以煤炭为资源的城市，其两系统之间的相互作用程度更好，而以森林工业为资源的城市，其发展往往处于失衡的状态，这很有可能与国家倡导的生态保护政策有关[13,14]。从所属区域方位分析，发现各个地区的情况趋于一致，各个地区发展现状和发展潜力之间联系紧密能够相互促进。

（3）聚类分析：可以将数据分为 5 个类别，此 5 类群体的占比分别是 2.00％，40.00％，9.00％，33.00％，16.00％。其中重庆市的发展状况最优，这与其大力发展交通道路、发展旅游业和拓展新兴产业有很大关系。但大部分城市的协调发展能力并不高，这与其发展现状、转型能力和发展潜力的失衡有很大关联。

参考文献

[1] 高庆彦．中国城镇化与基本公共服务耦合协调时空演变及优化调控[D]．昆明：云南师范大学，2021.

[2] TANG Z. An integrated approach to evaluating the coupling coordination between tourism and the environment[J]. Tourism Management，2015，46：11-19.

[3] 李二玲，崔之珍．中国区域创新能力与经济发展水平的耦合协调分析[J]．地理科学，2018，38(9)：1412-1421.

[4] 杨秀平，张大成．旅游经济与新型城镇化耦合协调关系研究：以兰州市为例[J]．生态经济，2018(8)：112-117.

[5] 张鹏岩，杨丹，李二玲，等．人口城镇化与土地城镇化的耦合协调关系：以中原经济区为例[J]．经济地理，2017，37(8)：145-154.

[6] 孟令冉．江苏省乡村生态系统健康评价与耦合调控研究[D]．徐州：中国矿业大学，2020.

[7] XIAO W，HU Z，LI J，et al. A study of land reclamation and ecological

restoration in a resource-exhausted city-a case study of Huaibei in China [J]. International Journal of Mining, Reclamation and Environment, 2011, 25(4): 332-341.

[8] LI Y, LI Y, ZHOU Y, et al. Investigation of a coupling model of coordination between urbanization and the environment [J]. Journal of Environmental Management, 2012, 98: 127-133.

[9] ZHANG H, XIONG L, LI L, et al. Political incentives, transformation efficiency and resource-exhausted cities[J]. Journal of Cleaner Production, 2018, 196: 1418-1428.

[10] LU H, LIU M, SONG W. Place—based policies, government intervention, and regional innovation: evidence from China's Resource-Exhausted City program[J]. Resources Policy, 2022, 75: 102438.

[11] YU W, PENG Y, YAO X. The effects of China's supporting policy for resource-exhausted cities on local energy efficiency: an empirical study based on 284 cities in China[J]. Energy Economics, 2022, 112: 106165.

[12] Duran B S, Odell P L. Cluster analysis: a survey[M]. Springer Science & Business Media, 2013.

[13] BLASHFIELD R K, ALDENDERFER M S. The literature on cluster analysis[J]. Multivariate Behavioral Research, 1978, 13(3): 271-295.

[14] YUAN Q, SONG H J, CHEN N, et al. Roles of tourism involvement and place attachment in determining residents' attitudes toward industrial heritage tourism in a resource-exhausted city in China[J]. Sustainability, 2019, 11(19): 5151.

7 资源枯竭型城市转型发展对策和建议

7.1 资源枯竭型城市转型发展的动力来源

资源枯竭地区的转型发展是一个世界性难题[1]。我国正处于高质量发展的新阶段，立足本地实际，坚持新发展理念，统筹规划富裕生活、丰富内涵、高效生态的实施，是资源枯竭型城市转型发展的动力根源。推动资源枯竭型城市可持续、高质量发展对于实现我国区域协调发展和整体迈向现代化具有重要意义。不断优化产业结构，提升城市品质，加大政策扶持，持续增强推动资源枯竭型城市绿色低碳发展的内生动力，为资源枯竭型城市迈向现代化奠定坚实基础。

7.1.1 富裕生活

资源枯竭型城市的经济困难主要是由主导资源型产业陷入萧条引发的，不仅使原来积累的历史矛盾更加尖锐，而且引发了一系列新的社会经济问题。这些问题在微观上表现为资源型企业生产滑坡、市场低迷、债务负担沉重、冗员过多、企业办社会负担重、经济效益低下等；在宏观上则表现为城市经济效益低下、就业压力加大、基础设施落后等。另外，从产业结构的层次性来看，经济发展中的粗放型、低技术含量是资源型城市普遍存在的问题[2]。部分资源枯竭型城市经济发展得分低的原因之一在于其过度依赖自然资源，形成了以第二产业为主体产业，第一、第三产业发展相对滞后的现象，产业结构单一，产业结构多元化基础薄弱，经济发展缓慢。

针对经济发展能力不足的特点，其发展转型的动力根源在于依据自身特色[3]，按照高质量发展的要求，大力优化产业结构，加快循环经济型产业体系建设，全面推进循环型工业、农业、服务业的发展，逐步摆脱传统路径依赖，开新篇、布新局、走新路，实现新发展。坚定不移地将产业结构优化升级作为形成转型动力的重中之重，加快淘汰落后产能，推动传统产业升级，努力培育新兴产业，实现新旧动能转换，走出一条结构持续优化的转型之路[4]。

（1）在工业转型方面，坚持工业为主、企业为尊、集群发展，依托龙头企业、大项目带动，注重建链、延链、补链、强链，促进产业链延伸、价值链提升，推动产业集群发展。如高端化工产业，积极应对短链企业整合重组的新形势，加快向精细化工、化学新材料延伸，走炼化、精细化学、新材料一体化的路子。以创新驱动发展为经济工作的核心引领，聚焦高质量产业、高质量园区、高质量企业、高质量项目，逐一明确产业载体、政策体系、推进机制、主导项目，集中精力突破高端化工、新能源新材料、生物医药、装备制造等优势高端新兴产业。围绕重点产业科学延伸产业链，提升产业水平，营造政策洼地、服务高地，促使一大批高附加值、核心竞争力强的骨干企业迅速崛起。

(2) 在农业转型发展方面，以当地优势农业资源为依托，扶植壮大一批农业产业化骨干企业和农村经济合作组织，引导粮棉、水产、畜牧、果蔬等优势产业聚集发展，推进农业标准化生产，大面积发展观光农业、设施农业、休闲农业绿色生态型经济，培育了一批专业镇、专业村，为资源枯竭型城市特色优势农产品的脱颖而出打下坚实基础。坚持质量兴农、绿色兴农、效益优先，加快转变农业生产方式，大力构建现代农业产业体系、生产体系、经营体系，大力推进质量变革、效率变革、动力变革。打造引爆力强的旅游综合体，统筹谋划、一体布局石油文化游、湿地文化游、观光旅游、休闲旅游、度假旅游、康养旅游、研学旅游，把文化旅游业打造成为新生的支柱产业。推进新旧动能转换中聚焦高质量园区，放大园区聚集效应、支撑效应、引领效应，完善产业空间布局，做大主导产业，创新体制机制，有目标、有方向地推动园区发展，不断提升园区承载力、吸引力、凝聚力。

(3) 在服务业发展方面，利用政策手段出台科学完善的促进服务业发展政策体系，明确进一步促进现代服务业发展的思路，本着“有所为、有所不为”和发挥比较优势的原则，调整优化服务业结构，突出重点产业，实施分类指导，发展现代物流、信息与软件服务、金融服务、社区服务业等占用资源少、污染小、吸收就业岗位多的行业，突出培育文化创意、旅游、商贸服务等成长型服务业。坚持从生产端入手，用改革的办法推进结构调整，有力地推进了更大优势产业集聚集约发展，促进主导产业向“微笑曲线”两端延伸，提升产业链和价值链，全力稳增长、促改革、惠民生、防风险，全区新业态、新技术、新模式持续涌现，有效带动了产业结构升级和经济结构调整，为加快新旧动能转换提供了强有力的支撑。

推行体制、产业和科技创新，是资源枯竭型城市谋求华丽转身的核心动力。积极推进创新能力建设，科技、发改、财政等相关部门加大科技资金投入，大力实行产学研联合，援手循环经济关键技术的开发与推广，最大程度推进产业关联和资源充分利用，攻克重点产业领域发展的核心技术难关，促进产业结构优化升级，持续深入走好经济社会可持续健康发展的转型之路。

7.1.2 丰富人口

随着我国自然资源的逐渐枯竭以及经济发展格局的转变，使得各资源枯竭型城市逐渐转变经济发展的模式，但在实际的转变过程中，由于缺乏必要的人才资源，使得相关工作难以得到科学、高效的发展[5]。资源枯竭型城市在过去发展经济的过程中基本上发展的是劳动密集产业以及开采业，这种经济发展模式使得该区从业人员的文化水平较低，缺乏大量掌握高技术的高素质人才，资源枯竭型城市在人才资源方面存在着较大的滞后性。由于资源型城市在实际的发展过程中面临着资源枯竭的难题，这种情况的出现就使得该区不能提供较多的工作岗位，因为大部门技术人员被闲置，导致城市在发展经济的过程中难以高效地调动相关人才的积极性，难以有效推动相应的人才为社会发展起到推动作用，故而最终阻碍了经济发展以及城市建设。由于资源枯竭型城市主要发展劳动密集型产业以及资源开采业，不仅对于高新技术人才的引进力度不大，本地区既有的高素质人才也呈现出较为严重的外流现象[6]。事实上，在后期经济转型的过程中，由于经济发展滞缓，无法为招揽人才而制定一些福利政策，继而使得这些地区的专业人才流失严重，经济转型工作受到阻碍，不利于该市的经济发展以及城市的建设。

推动资源枯竭型城市加强人口结构模式转型的根源在于加强对于人才发展规划理念的转变[7]。在这一过程中，需要营造“尊重劳动、重视知识、关注人才、注重创造”的社会氛围，并遵循时代发展的趋势以及人才成长的规律，适时地引进人才。还需要相关部门建立健全一套完整的人才资源规划[8]，从而将人才引进以及发展规划作为城市发展的战略环节，继而以此为基础，推动人才资源的引进、培养和开发。

在人才引进以及发展规划的作用过程中，需要相关部门加强对于城市环境的构建，继而推动人才的引进工作。相关部门可以从三个方面着手：一是加强城市环境以及基础设施的建设，通过这一外在环境的改善，增强城市对于人才的吸引力。二是加大政策的扶持和引导，通过政策的扶持，为相关的科研机构提供资金支持，并解决引进人才的子女读书等问题，消除人才的后顾之忧；持续加大民生投入，重点解决居民就业创业、学校建设、棚户区改造等民生问题，提高城镇、农村居民人均可支配收入，扎实推进教育、医疗等民生工程目标，增强城市引进人才的吸引力。三是做好人才引进公共服务。为了吸引和留住大学生人才群体，安排见习岗位、选派“一村一名大学生”“三支一扶”，为返籍报到人员发放就业技能及创业培训卡，免费提供培训，努力扩大人才储备和有效供给，将引才引智工作触角延伸到发达地区，发挥多部门协作的作用，将招商引资和招才引智相结合，拓展对外合作渠道。

例如吉林省辽源市为破解高端创新人才匮乏的难题，市人社局总结推广柔性用才经验、支持企业引进国内外人才智力：积极引进国内外人才智力，推广“户口不迁、关系不转、不求所有、但求所用”的柔性引才方式，与多所大专院校和科研机构建立校地合作、校企合作关系，引进智力成果和创新技术[9]。

7.1.3 高效生态

多数矿产资源型企业在开采初期只注重经济效益，极少考虑生态效益。随着资源的枯竭，增长后劲也如同一个个矿井被逐步掏空。留给这些资源型城市的，往往是生态环境恶化、经济严重衰退、贫困人口增多，且多年难以得到根本缓解。由于开采粗放、效能低下，造成生态环境紊乱，城市污染严重。待资源枯竭时，带来的不仅仅是城市生产资料的缺乏，更重要的是城市环境的恶化：地表塌陷，造成地面建筑及城市基础设施变形或破坏，直接影响人身安全，降低了城市基础设施的服务功能。水土流失严重、有害气体及矿物灰尘大量排放，严重影响空气质量，造成雾霾天气频繁、水资源和土壤等受到各类重金属污染等。由于采矿后塌陷的土地在很长时期内无法得到有效的利用，继而成为城市垃圾场，造成植被不生、细菌繁殖，致使城市生态环境十分恶劣。城区烟囱林立、厂房遍地，悬空管道和分割交叉的铁路、公路道口纵横交错。而且资源枯竭城市大都有些“底色”，如煤城多呈黑色，水泥城则满眼褐灰。

推动资源枯竭型城市环境保护与治理转型的根源在于深化资源枯竭城市生态修复的法制政策支持，基于科技支持转变发展循环经济[10]。

明确资源开发企业作为责任主体，应依法承担资源补偿、生态建设和环境整治等相关责任。将生态环境恢复治理成本内化为企业生产成本，使利益主体与责任主体利责对等，确保生态修复切实到位。建立生态补偿制度，通过完善产权机制、价格机制，交易机制、市场机制等，引导生态环境资源供求，使生态利益主体关系更加紧密。加快建立国民经济绿色核算体系，国民经济成本核算充分考虑生态环境成本，经济增长率应充分考虑环境效应。对资源枯竭的城市应给予政策倾斜，中央、省和地方各级政府要给予必要的生态修复资金和相关政策支持。尽快把生态文明理念融入经济发展的每个环节，对可能产生环境影响的事项，逐步完善环境信息发布和重大项目公示、听证制度，健全公共参与机制，对造成生态环境决策失误的，实行问题和责任追究制，对达不到环保标准的项目，坚决不以牺牲环境为代价去换取一时的经济增长，实行“一票否决”。建立完善生态效益地区转移支付办法，确定生态修复区域和转移支付领域，突出重点生态地区转移支付力，设立专项资金支持重点生态修复区建设。引导和推动各级地方政府财政转移支付制度改革，鼓励引导跨省之间的转移支付，实施跨省生态保护和生态共建。

扩大生态治理成果，坚定不移向大气污染宣战，持之以恒抓好水系环境治理，积极开展土壤污染状况详查，有序实施农业面源污染修复，坚持绿色发展战略，打造一批绿色产品、绿色工厂、绿色农业园区，营造生态经济新形态，提高资源利用效率，推动形成人与自然和谐发展的现代化建设新格局。大力引入科技元素，发展资源回收、再生性资源产业和环保产业，改造高消耗的传统产业，实现资源型城市在传统产业中的绿色生态转型[11]。在提高资源利用效率、替代资源能源开发、降低污染物排放、废弃物转化等方面，也应提升技术，以降低生态修复成本，增加再利用可性。目前，由于国内资源枯竭型城市范围广、分布不均，科技水平差异也较大，应坚持生态技术由东向西延伸、由沿海向内地拓展、落后地区因地制宜创新等做法。以推进美丽乡村标准化建设为契机，加大基础设施投入，持续改善国土绿化行动，常态化推进环境综合整治[12]。

7.2 资源枯竭型城市转型发展新动能的对策建议

资源枯竭型城市曾是我国重要的能源资源保障基地，为支撑经济社会发展作出了重要贡献。推动资源枯竭型城市可持续、高质量发展对于实现我国区域协调发展和整体迈向现代化具有重要意义。应持续推动资源枯竭型城市加快产业转型升级，增强转型内生动力，聚焦民生福祉改善，提升人民生活幸福感，深化生态环境保护，优化转型发展外部环境，加快推进资源枯竭型城市可持续发展，为其迈向现代化奠定坚实基础。

7.2.1 加快产业转型升级，增强转型内生动力

(1) 着力夯实政策体系，形成推动资源枯竭型城市高质量发展的强大动力

制定整体发展规划，全面发挥规划、组织、统筹的作用，联合各部门，将产业持续发展作为核心目标，将产业融合作为基础原则，将提高传统产业发展水平和推动现代化服务产业转型作为指导方针，制订系统性产业布局方案；健全跟踪检查机制，构建正确评估制度，根据评定产业发展升级的成效进行全面反馈与维护，掌握产业整体布局，从根本上解决城市产业布局和内在发展机制的顽疾。立足新发展阶段，贯彻新发展理念，服务构建新发展格局，着眼资源枯竭型城市实际，进一步明确资源枯竭型城市全面转型高质量发展的战略定位、发展目标和战略布局，不断明晰资源枯竭型城市转型发展的方向和路径，重构产业体系，重塑发展优势，夯实转型支撑[13]。坚持把项目建设作为推动资源枯竭城市全面转型高质量发展的主抓手，建立完善系列项目建设制度措施，推动转型发展的项目支撑接续有力。

(2) 借助优势优化产业结构，提升转型发展内在动力

依托当地自然资源、地理区位和生态环境等优势，不断优化产业结构，提升转型发展内在动力。因地制宜、对症下药，重新打造具备竞争优势的产业，这种转变可使城市摆脱传统资源产业制约，将传统单一型产业结构转变为多元化产业结构。大力推进产学研融合，积极应用城市原有资源，生产具备城市特色且具有竞争优势的新兴产品，推动城市特色产业发展升级[14]。着眼长远，逐步建立长效机制，探索健全资源性产品价格形成机制、落实接续替代产业扶持机制、健全资源开发补偿机制等，为资源枯竭型城市转型形成内生动力创造条件。大力发展清洁能源，稳妥有序推进核电产业发展，积极发展热带农业、清洁能源和全域旅游，深入实施农业生产品种培优、品质提升、品牌打造和标准化生产提升行动。

(3) 完善城市产业链条，增强产业转型系统性

延伸资源产业链条[15]。城市在产业转型升级进程中，合理应用互联网技术，加快技术创新，淘汰陈旧产能，改造传统产业，从而提高产业整体加工水平，提升产业附加值和影响力，让现代化技术在城市产业发展中扮演好“发动机”角色，促使城市产业链逐渐向更高层次延伸。壮大替代产业。以现代互联网技术为依托，加快原有产业和现代化产业的深度融合，突破产业界限，降低产业门槛，使传统产业和新兴产业产生“化学反应”，给我国资源枯竭型城市发展带来新的动力，打造新兴产业。

(4) 强化创新驱动，引领产业转型

坚持创新是第一动力，在壮大创新主体、提升创新平台上持续发力。推进传统产业蝶变升级、新兴产业规模倍增、未来产业破冰布局。出台配套政策措施，调动各方力量，充分发挥市场在资源配置中的决定性作用，积极吸引各类主体，特别是优质企业主体参与到资源枯竭型城市转型发展中来，形成可持续发展的源头活水。加大创新开放力度，实现由资源驱动向创新驱动、开放驱动转型。支持有条件的城市参与国家重大科技基础设施建设，建设成果转化和产业化基地。鼓励资源枯竭型城市与高等院校、科研院所联合建设科研创新平台。加大对外通道建设力度，推动与周边中心城市、省会城市的合作，加强跨区域产业合作园区建设，探索“飞地经济”发展模式。加快融入共建“一带一路”，培育跨境资源能源贸易产业，以市场为导向开展资源能源国际产能合作，建设境外资源能源开发基地。

7.2.2 聚焦民生福祉改善，提升人民生活幸福感

随着我国资源型城市资源的不断枯竭，部分资源枯竭型城市的经济、社会状况急剧恶化，本应发挥重要作用的社会保障体系也困难重重，其化解城市矛盾、

保障人们生活的作用未能充分发挥。2021 年,《"十四五"特殊类型地区振兴发展规划》《推进资源型地区高质量发展"十四五"实施方案》等文件出台,明确"十四五"时期继续支持资源枯竭地区可持续发展,强调资源枯竭地区首先要解决好民生问题,保障好困难群众生活,大力培育接续替代产业,不断增强转型发展的协调性和平衡性。不断健全体制机制保障。加大精准扶持力度和建立长效机制同步推进,不断增强对资源枯竭型城市转型体制机制保障的精准性和有效性。

(1) 探索、构建与资源枯竭型城市相适应的社会保障体系或机制

目前,资源枯竭型城市转型体制机制保障以社会保险为主、以社会救助和社会福利为辅,个人、企业和政府共同承担费用。资源枯竭型城市社会保障制度需在坚持这一基本方向的前提下,结合自身经济状况,将重点放在养老、医疗、失业、城市最低生活保障四个方面,逐步探索出适合资源枯竭型城市自身的社会保障制度,切实解决资源枯竭型城市由于资源枯竭所带来的一切经济、社会问题,努力构建和谐稳定的资源枯竭型城市环境,促进其可持续发展[16]。

(2) 不断完善城市设施和功能,实现城市智慧化、生态化和韧性转型

推动城市空间结构优化、功能完善和品质提升,把产业转型升级和促进城市更新改造有机结合、同步谋划,使矿城合一的城市形态转变为功能综合的城市形态[17]。积极推进资源枯竭型城市老城区、城区老工业区、独立工矿区改造,鼓励与央企合作推进企业搬迁和转型升级。加大交通基础设施和供水供气、垃圾污水等公共服务设施建设投入力度,逐步嵌入教育、体育以及文化等社会性基础设施,营造城市生活和教育的良好环境。依托人工智能、5G、大数据等构建城市交通智慧大脑,推动城市治理精细化转型。深入开展城乡大气、水、土壤等污染综合治理,加强退出矿区、历史遗留矿山生态修复和尾矿库综合治理,规范推进工矿废弃地、采煤塌陷地复垦利用。建设城市生态绿色廊道并完善绿地系统。开展城市"静脉产业"基地建设,推动城市典型废弃物的集聚化、协同化处理。不断提高政府宏观调控和资源配置科学性,加大应急公共设施建设投入力度,提升资源枯竭型城市应对经济风险、自然风险、卫生风险以及社会风险等的防御能力。

(3) 加大资金资源投入力度,改善人民群众生活状况

深入贯彻以人民为中心的发展思想,在看病就医、社会保障和乡村建设等方面持续用力,不断改善人民群众生活状况。首先,加大资金支持力度。面对资源枯竭带来的一系列突出的经济、社会问题,国家必须加大财政支付力度,以解决产业转型过程中,破产、关闭企业集中出现的企业职工的经济补偿、安置,清还拖欠企业职工和离退休人员工资、退休金、各项社会保险费用等问题,保证整个城市产业转型的顺利进行。其次,要加大再就业中心的投入力度,提高下岗职工的职业技能。地方政府应与经济发达的城市建立劳务输出关系,通过政府间的沟

通来定向培养,促进劳务输出。最大限度地促进劳动力转移,降低当地就业和社保压力。第三,加强对失业保险、城市居民最低生活保障的监管力度。对于失业保险,鉴于资源枯竭型城市劳动力资源严重过剩所带来的就业压力,应强化失业保险的培训功能和就业服务的系统功能。最后,加强省际医疗机构合作,积极引进先进医疗服务[18]。加强社会保障,重点加大对困难群体帮扶力度,拨付专项资金支持符合条件的困难群众参加城乡居民养老保险和医疗保险,稳步扩大社会保险覆盖面,努力实现应保尽保,改善人民群众生活状况。

7.2.3 强化生态环境保护,优化转型发展外部环境

(1) 践行"双碳"目标,推进绿色转型

全面贯彻国家、省碳达峰碳中和决策部署,以生态保护和高质量发展为引领,不断完善政策措施,深入推进生态文明建设。强力实施绿色低碳转型战略,开展碳达峰路径研究,研究制定能源低碳转型发展、科技支撑碳达峰碳中和的行动方案,推进重点领域、重点行业节能降碳。推进能源结构持续优化,加强能耗"双控"管理,提高能源利用效率。

(2) 重点提升产业发展质量,实现产业绿色化、循环化、低碳化转型

高起点布局资源型相关产业,鼓励资源类企业进行低碳化、绿色化、智能化技术改造和升级,加快淘汰落后产能,构建制造业产品全生命周期绿色管理体系,鼓励废弃物减量、资源化利用和无害化处置。培育工业互联网生态体系,着力推动工业互联网与传统产业深度融合,以"工业大脑"助推企业数字化转型。支持在有条件的城市打造产业链完整、特色鲜明、主业突出的资源精深加工产业基地。完善资源型产业退出机制,处理好过剩产能和"僵尸企业"等历史遗留问题。培育壮大优势替代产业,在有条件的城市发展风电、光伏发电、生物质能等新能源产业,因地制宜利用沙漠、戈壁、荒漠以及采煤沉陷区、露天矿排土场、关停矿区建设风电光伏发电基地。支持发展生物医药、新一代信息技术、装备制造、节能环保等新兴产业。建设各类资源产品、重要工业产品和商贸产品区域性物流中心,积极发展资源型产业托管服务、工程和管理咨询等服务业。

(3) 加快推进生态文明建设,统筹污染防治工程

环境治理与生态修复秉承"谁开采、谁治理,边开采、边治理"的原则,因地制宜,尽快制定资源型城市工业废地和矿山生态修复方案[19]。根据地方实际,将城市工业废地和矿山环境治理任务细化分解,科学安排生态修复进度,在不同阶段划定重点修复区域和适宜的修复模式。强化工业废弃地环境治理的责任落实,将生态修复工作落实到各级地方政府和各相关部门,明确责任与分工。建立多部门联动的工作小组,简化生态修复的审批流程,确保城市工业废地和矿山环

境修复工作有序快速推进。统筹做好大气污染防治、土壤污染治理、水生态环境保护等生态修复重点工作[20]，大力实施减排、抑尘、治车、控秸等精细化大气管控措施，持续加大矿山修复、黄土裸露整治力度，深入推进污水治理。

(4) 深化环保意识建设，加快形成绿色低碳生活方式

把生态文明教育纳入国民教育体系，增强全民节约意识、环保意识、生态意识。因地制宜推行垃圾分类制度，加快快递包装绿色转型，加强塑料污染全链条防治。深入开展绿色生活创建行动。建立绿色消费激励机制，推进绿色产品认证、标识体系建设，营造绿色低碳生活新时尚。将社区环境治理纳入正在进行的城市市容和环境卫生治理立法范畴，赋予环境保护部门及综合执法部门以权力，对社区污染环境的行为予以治理；依托街道、社区开展工作，广泛吸纳大、中、小学生及低保户等作为志愿者成立环境保护社会团体，从加强社区环境保护管理入手，开展环境保护意识教育，检举环境违法行为，使公众在改善生活环境、加强自我约束的同时逐步关注重大环境事件、监督政府环境治理[21]。

努力构建接续替代产业多元化发展新格局，持续增强转型发展的内生动力，推动现代化转型体系建设，形成新的经济增长点，改善民生福祉和生态环境，实现凤凰涅槃，走上高质量发展的新轨道，不仅是推动共同富裕取得实质性进展的客观要求，更是加快动能转变，实现资源枯竭型城市高质量转型发展的必然选择。

参考文献

[1] WANG H. Study on the transformation strategy for resource－exhausted cities in view of sustainable development[M]//Advances in Intelligent and Soft Computing. Berlin，Heidelberg：Springer Berlin Heidelberg，2012：511-520.

[2] 朱建春，赵楠. 近十年国内资源枯竭型城市研究的文献综述[J]. 商场现代化，2011(32)：81-83.

[3] LI L，LI M，MA S，et al. Does the construction of innovative cities promote urban green innovation? [J]. Journal of Environmental Management，2022，318：115605.

[4] 成秋林. 资源枯竭地区，如何打造高质量转型发展新引擎[J]. 中国经济周刊，2019(13)：104-106.

[5] 叶年炜. 资源枯竭型城市转型中人才发展规划研究[J]. 人力资源管理，2016(12)：57.

[6] SUN Y, LIAO W C. Resource-Exhausted City Transition to continue industrial development[J]. China Economic Review,2021,67:101623.

[7] GUO S, ZHANG Y, QIAN X, et al. Urbanization and CO_2 emissions in resource-exhausted cities: evidence from Xuzhou city, China[J]. Natural Hazards,2019,99(2):807-826.

[8] JIN Y,ZHOU G,LIU Y,et al. Resilience difference between growing and shrinking resource-exhausted cities and its influencing factors[J]. Journal of Urban Affairs,2022:1-17.

[9] 王宝勋.资源枯竭型城市的引才之路:吉林辽源以人才发展引领产业转型[J].中国人才,2011(8):39-40.

[10] 高怀军.资源枯竭型城市生态修复和再利用研究[J].宏观经济管理,2015(2):50-52.

[11] LI X,ZHUANG X. Eco-city problems:industry-city-ecology,urbanization development assessment in resource－exhausted cities[J]. Sustainability,2022,15(1):166.

[12] 杨佩,唐娟娟,李凯悦.创新谋变,转型升级只有进行时——省政协十一届二十三次常委会围绕"产业转型升级"专题议政[J].协商论坛,2017,No.391(10):16-19.

[13] 本报评论员.激发改革创新澎湃动力:一论贯彻落实中山两会精神[N].中山日报,2021-02-07(1).

[14] 杨玲玲."互联网＋"背景下资源枯竭型城市产业转型升级的策略研究[J].中国管理信息化,2022(6):148-150.

[15] SUN Y, LIAO W C. Resource-Exhausted City Transition to continue industrial development[J]. China Economic Review,2021,67:101623.

[16] 贾宝先.资源枯竭型城市转型中的社会保障机制探索[J].重庆科技学院学报(社会科学版),2012(13):40-41.

[17] ZHAO X Z. Analysis on the environment risk of the resource exhausted mining cities[J]. Applied Mechanics and Materials,2013,392:966-970.

[18] 徐向峰,孙康,侯强.资源枯竭型城市社会保障制度的完善[J].长春工业大学学报(社会科学版),2008(3):74-76.

[19] 段利鹏.东北地区资源枯竭型城市收缩的特征、机制与调控研究[D].长春:东北师范大学,2021.

[20] HAN Q, GE S, YU J. he relationship between ecological environment protection and social development to Chinese Resource－exhausted Cities

[C]//Proceedings of the 2016 International Conference on Public Management (ICPM 2016). July 15－17,2016. Kunming,China. Paris, France:Atlantis Press,2016:55-58.

[21] 杨福军.阜新市环境治理问题研究[J].中国资源综合利用,2018,36(8):145-154.